PASHTO

AN ELEMENTARY TEXTBOOK, VOLUME 2

پښتو

لومړی کتاب

دوهم ټوک

Rahmon Inomkhojayev

This textbook, as well as other language materials for Central Asian Languages produced by CeLCAR, is supported by a Title-VI grant from the Department of Education.

Library of Congress Cataloging-in-Publication Data

Inomkhojayev, Rahmon.
  Pashto : an elementary textbook / Rahmon Inomkhojayev.
    2 v. cm.
  Includes index.
  ISBN 978-1-58901-773-3 (v. 1 : pbk. : alk. paper) -- ISBN 978-1-58901-774-0 (v. 2 : pbk. : alk. paper)
  1. Pashto language--Textbooks for foreign speakers--English. I. Title.
  PK6727.5.E5I56 2011
  491'.59382421--dc22
                        2011014438

20 19   10 9 8 7 6 5 4 3

CONTENTS

SCOPE AND SEQUENCE

Chapter	Language Use	Language Tools	Language and Culture
1. فصلونه او د هوا حالت Seasons and the Weather	- Speaking about seasons, air quality, and weather conditions	- The future tense of the verb ول 'to be' - Conditional sentences - Future-tense expressions in Pashto - Comparative and superlative expressions in Pashto	- Afghanistan: The landscape and climate - Afghan folk customs and superstitions.
2. اختر مو مبارك شه! Happy Holiday!	- Speaking about holiday activities - Expressing holiday greetings - Reading calendars - Learning about Navruz - Giving the date	- Dates in Pashto - Simple past tense of verbs - Accusative case of pronouns - Passive voice of verbs	- Calendars in Afghanistan - Navruz Holiday
3. دغه سړی مو وپېژاند؟ (د وګړو تعریفول) Did You Recognize This Man? (Describing People)	- Describing one's body characteristics - Describing one's appearance	- Inflection of adjectives - Relative or adjectival clauses	- Afghan nonverbal language
4. څه تکلیف لرې؟ (د ډاکتر په معاینه خانه کښې) What Seems to Be the Problem? (At the Doctor)	- Learning the names of body parts - Going to a doctor and describing your health problems - Buying medicine in a pharmacy	- Agreement of the word خپل - Use of temporal conjunctions - Directional pronouns - Coordinating conjunctions in Pashto	- Traditional Afghan Healthcare
5. ورزش Sports	- Talking about sports and sporting competitions - Discussing one's favorite sports and teams	- Use of the infinitive and the verbal nouns - Causal subordinate clause - Particle به [bə] with the past tense	- The Afghan national game Wuzloba 'The goat game'

Chapter	Language Use	Language Tools	Language and Culture
6. په رستوران کښې (افغاني ډوډۍ) At a Restaurant (Afghan Food)	- Speaking about Afghan food, people cooking and serving at restaurants, food utensils - Ordering food, complaining - Describing Afghan table customs	- Instrumental case - Forming attributive expressions	- Etiquette of eating food in Afghan culture
7. د منو کیلو په څو دي؟ (په بازار کښې سودا اخیستل) How Much is a Kilogram of Apples? (Making a Purchase at the Bazaar)	- Learning the names of fruits and vegetables - Bargaining and making purchase at the bazaar	- The verb خوښېدل 'to like' - Units of weight - Classifiers	- Afghan money - Making purchase at the bazaar
8. آسماني رنګه کمیس غواړم (د رخت په پلورنځي کښې سودا اخیستل) I Want a Blue Shirt (Shopping at a Store)	- Buying clothes and footwear - Discussing about sizes, colors, and fashions - Expressing intention	- Use of the Present Participle - The verb غوښتل 'to wish, want'	- Afghan national clothing

ACKNOWLEDGMENTS

I would like to express my sincere gratitude to the staff of Indiana University and the team at the Center for Languages of the Central Asian Region (CeLCAR) at IU, especially to Chigdem Balim, Paul Foster, and Christopher Atwood, directors of CeLCAR during my years of service, for the opportunity to work on this project and for their careful oversight of my work on the textbook, which I greatly appreciate.

I also wish to express appreciation to all my colleagues at CeLCAR for their support: to Mikael Thompson, Dave Baer, and Amber Kennedy Kent for their editing and proofreading of the English text; Jim Woods and Tomas Tudek for layout and design; Nasrullo Khodjaerov and Manizha Ayoubi for providing photo and video materials from Afghanistan and for technical support.

A special acknowledgment to Najibulla Musafer, a distinguished Afghan photojournalist, Joshua Norman and Andrea Cadwell, talented learners of Pashto, who kindly provided many authentic pictures from Afghanistan which greatly helped in designing the book to maintain the cultural background of the textbook. Very special thanks go to Sukhrob Karimov for his highly dedicated work and creativity in formatting, layout and design, and technical support.

Much appreciation goes to my Afghan colleagues and supporters, without whose help and participation this textbook could not have been completed. First, I offer my thanks to Khwaga Kakar, who began work on the project and collected authentic materials, including video clips from Afghanistan. Also, I am thankful to Aimal Khan Momand and Yar Mohammad Bahrami Ahmadzai, who proofread the Pashto text at various stages. I highly appreciate the support of Rahman Arman, my colleague at CeLCAR, who made a permanent contribution by carefully proofreading the Pashto text, recording the listening exercises, and completing writing tutorials in Flash format. I truly appreciate it. My sincere thanks to Zalmay Yawar, an extremely kind and supportive person, who took part in editing the Pashto text and recording the listening exercises of the textbook. I am also thankful to Basheer Laiq and his colleagues, and to Masood Habibi for their excellent job in recording texts, exercises, and vocabulary.

I would like to recognize Farooq Babrakzay, who kindly reviewed the draft of the textbook and made important corrections and helpful suggestions.

I am grateful to the "Afghan Post" monthly, "Maaref" and "Malalai" magazines, and Afghan television and radio stations for allowing me to use and adapt some of their authentic materials for the textbook.

I also wish to express appreciation to the staff of Georgetown University Press for their support. Special acknowledgments go to Gail Grella, acquisitions editor, for her support and encouragement.

PREFACE

Our goal in the development of *Pashto: An Elementary Textbook* at the Center for Languages for the Central Asian Region (CeLCAR) at Indiana University is to create instructional materials that make a difference in the classroom and provide instructors with a wide array of activities to make their classes interactive. The books offer a thematically organized and integrative approach to the Pashto language and Afghan culture combined with current innovations in foreign language teaching. Some of these innovations include the functional approach to grammar; an emphasis on integrated skills development; and the use of various authentic materials, especially the videos filmed in the different regions of Afghanistan. We believe that a large number of the activities provided in the textbook will help students develop strong speaking, listening, reading, and writing skills.

This textbook is distinguished by the following features:

- the emphasis on communicative activities and tasks;
- the step-by-step development of language skills;
- the presentation of Afghan culture, integrated into various texts;
- opportunities for classroom practice.

Besides emphasizing Afghan culture, the textbook contains universal topics and contemporary themes that are meaningful to learners. While developing activities, we kept in mind the idea that languages are best learned when real-world tasks become the focus of language activities. Therefore, we organized the sequence of our activities by providing students with:

- sources for gaining information in Pashto, such as texts, listening materials, real-life dialogues, and videos;
- the linguistic tools for understanding those sources;
- tasks, activities, and questions to use their linguistics skills and evaluate their own progress.

All audio and video for this book can be found online at guptextbooks.com. Overall, we hope that our materials will make a difference in your classroom and that you will enjoy teaching and learning Pashto from this textbook.

NOTE TO THE INSTRUCTOR

The elementary Pashto textbooks are developed specifically for classroom use. Their purpose is to provide learners and their instructors with a wide selection of materials and task-oriented, communicative activities to facilitate the development of language learning. The textbooks are divided into sixteen thematic chapters in two volumes of eight chapters that cover topics commonly found in beginning textbooks, such as work, study, family, shopping, and travel. Language learners who successfully complete the elementary Pashto textbooks are expected to be able to:

- read simple texts on familiar topics and understand the main ideas;
- engage in conversations on a number of familiar, everyday topics;
- understand native speakers who are accustomed to dealing with learners of Pashto;
- write short texts in Pashto on familiar topics;
- form simple sentences and understand the basic sentence structures of Pashto;
- recognize more complicated structures and vocabulary;
- be aware of Afghan culture related to daily life.

Organization of the Text

The textbooks consist of sixteen chapters, with each chapter divided into eight parts. The best way of approaching each part is explained below.

Part I: Let's Get Started

This part is dedicated to the acquisition and activation of new vocabulary used throughout the chapter. The recorded vocabulary list can be found online at guptextbooks.com. We suggest that students study the new vocabulary at home by listening to the recordings and completing the activities independently. We believe that class time should be devoted to practicing the new vocabulary by completing the various interactive activities provided throughout the textbooks. It is important that the students practice the contextualized vocabulary as they read, listen, and engage in speaking with you and their classmates.

Part II: Language Points

In this part grammar points are presented, followed by supporting activities. Grammar points may be introduced within or after Part I. Also, the grammar summary section of the textbooks provides supplementary materials as needed by chapter for some grammatical topics discussed. These materials contain additional details and further information to help learners gain more complete knowledge about the language points. As the course instructor, you might use Part I and grammar summary merely to draw your students' attention to a specific grammar point. As with vocabulary, we encourage the students to read the grammar points at home before the class. We believe that the grammar points are written in accessible language, and in general should not require lengthy explanations from the instructor. This allows the instructor to more effectively use classroom time completing the follow-up activities and practicing the new grammar.

Part III: Listen

This part includes language materials and activities aimed at improving the learners' listening skills. You will find exercises based on texts, dialogues, and conversations based on real-life topics and using more common and frequently used vocabulary, phrases, and idioms. The cultural elements are embedded in dialogues and texts. So, listening to dialogues and texts will improve your listening skills, and at the same time you will learn how to speak on similar topics to improve your pragmatic competence.

Part IV: Let's Speak Pashto!

This section includes texts, dialogues, and activities to reinforce reading, listening, writing, and especially speaking skills. Most of these activities encourage students to work with a classmate or in a small group. As the activities require knowledge of the vocabulary and structures newly introduced in Parts I and II, it is advisable that this section be introduced after these parts.

In Part IV you will find a number of short texts followed by comprehension questions and interactive activities. These texts are not meant to be translated into English but rather skimmed, analyzed, and discussed in Pashto as much as possible.

This part also includes activities requiring students to use Pashto by creating their own dialogues, role-playing, preparing brief presentations, and writing stories. Some dialogues and reading texts usually precede these activities and serve as models. Thus, students should have an opportunity to read and listen to the new vocabulary and grammar in a meaningful and relevant context before they attempt to create their own. However, it is also important that you, as an instructor, provide them with these models before expecting your students to produce certain forms.

Furthermore, activities in Part IV are aimed at language acquisition, and we expect students to make errors while engaging in them. We recommend that you do not correct these errors while your students are actively engaged. Rather, it is better to draw their attention to only the most important errors after they have completed the activity. These errors are not going to become permanent, and most importantly, they are not going to affect your students' language development. With the sufficient input of Pashto, over time your students' ability to produce the language in the correct form will increase.

Part V: Afghan Realia

This section includes short video clips filmed in Afghanistan. The purpose of these video clips is to introduce students to authentic use of the Pashto language. The activities given in this section do not require learners to understand every single word or grammatical structure. Instead, students are encouraged to grasp the main idea and to be attentive to some nonlinguistic features introduced in these videos. As the speakers use authentic language, it might be useful to revisit these video clips later in the course when students become more proficient in Pashto.

Part VI: Additional Exercises

This part of the chapter is designed to enhance students' abilities to understand the grammar points introduced in Part II, and read, write, and listen to Pashto as they progress throughout the textbook. These activities have been designed to provide students with a deeper understanding of Pashto. The activities and exercises in this section have various formats: some of them are open-ended and require individualized responses; others are more structured and allow only one possible response. Many of these activities can be assigned as homework and will help students activate vocabulary and practice new grammar points outside of class.

Part VII: Vocabulary

This section includes a list of phrases and new words used in the chapter. Certain vocabulary items are contextualized in a sentence to give students an opportunity to better understand the use of these words. Phrases and vocabulary are recorded by the speakers of eastern and western dialects of Pashto. Learners are encouraged to listen to them in order to practice the correct pronunciation.

Cultural Notes

Every chapter includes notes describing elements of Afghan culture and giving information about specific points of Afghan life and history. These notes vary in length. As an instructor, you might give further explanations regarding their content if they are needed. Moreover, you may follow them up with short discussions that would encourage students to compare and contrast these cultural aspects with their own culture. Furthermore, some chapters include commonly used proverbs and superstitions in Pashto. However, the explanation of these proverbs is not provided, for it is hoped that this will provide an opportunity for interesting discussion between you and your students about the meaning and the use of these proverbs.

NOTE TO THE STUDENT

If you have studied a foreign language before, you know that language learning requires motivation and effort. This is especially true for learning a language such as Pashto, which can be structurally very different from your native tongue. As you start to learn Pashto, you might feel lost, as both the structure and vocabulary do not easily correspond to those in your native language. However, do not let the first impression discourage you. Once you master the basics you will notice an amazing consistency in Pashto grammar. It's true that you will have to learn things like prepositions, postpositions, genders, ergative sentences, and some sounds that do not have any correspondence in English! However, while speaking Pashto, you will also notice many similarities with your mother tongue and languages that you have studied before.

Vocabulary is different!

Keep this in mind. Unlike learning Spanish, German, or French, there will be very few cognates, and the bulk of the vocabulary is going to be totally unfamiliar. Try various ways to learn new words. Some people use flash cards, while others make a list, or divide the words based on themes. Other strategies may include making interesting and catchy sentences using the new vocabulary, or making word clusters on a piece of paper. No matter what you do, make sure to go back to your vocabulary list or flash cards often, even once the chapter is over.

Read ahead!

The structural points in the textbook are explained in clear, accessible language. You do not need to wait for your instructor to explain each grammar point in the classroom. Instead, come to class prepared by studying the grammar points ahead of time. In this way you will have more time to practice instead of trying to understand and process what was just explained to you.

Participate and speak up!

Remember that actively engaging in conversations with your instructor and classmates helps you to acquire Pashto faster and better. Listen actively to your instructor's speech; concentrate on structures and vocabulary he or she is using. When working in small groups or in pairs, listen to your classmates and improve upon their efforts, if possible. Most important, speak up! And don't be afraid to make mistakes! That is how we learn.

Create an environment!

Learning a less commonly taught language such as Pashto might feel isolating. Your instructor and the textbook may seem to be the only source for learning about Pashto and its speakers. However, you can find a number of sources on the web: listen to online radio, watch movies, or listen to Afghan music. Always remember that in language acquisition input is king! These extra activities can be an excellent source of input. Even though you might not understand everything, you will still be exposed to Pashto outside of the classroom.

Stay motivated!

Remember that motivation is very important in language learning. Set realistic objectives for yourself and try to achieve them. Always stay positive.

We hope that your language learning experience will be exciting and fruitful. Good luck!

ABBREVIATIONS USED IN THE TEXTBOOK

adj	– adjective
f	– feminine
impf	– imperfective
m	– masculine
n	– noun
PaPE	– past personal ending
PaS	– past stem
pf	– perfective
PPE	– present personal ending
PS	– present stem
v	– verb

ج	– جمع (plural)
ښ	– ښځینه (feminine)
م	– مفرد (singular)
ن	– نارینه (masculine)

لومړی لوست
CHAPTER ONE

فصلونه او د هوا حالت
SEASONS AND THE WEATHER

IN THIS CHAPTER

Let's Get Started د درس پيل

In this chapter, you will learn vocabulary related to seasons, air quality, and weather conditions.

Exercise 1: ۱ تمرين: غوږ ونيسئ او مشق وکړئ.
Listen and practice.

ژمی

منی

اوړی، دوبی

پسرلی

لمر

واوره

باران

تندر

طوفان

باد

ږلۍ

سيلاب

د بوډۍ ټال، شنه زرغونه

برف کوچ
د واورو ښويېدنه

سپوږمۍ

اوريځ

آسمان

Exercise 2: ۲ تمرین: عکسونه له فصلونو سره ونښلوئ.

Match the pictures of weather with the names of the seasons in which they are most likely to occur. Discuss your answers with a classmate.

پسرلی
اوړی
منی
ژمی

Exercise 3: ۳ تمرین: دا کوم فصل دئ؟

Read the following definitions. Then write the name of the season being described in the space next to the definition.

په دې فصل کښې ژر ژر باران اوري، کله کله ږلۍ هم اوري، باد لګېږي، تالنده غړنبېږي، تندر برېښي. معمولاً هوا معتدله وي، ونې زرغونېږي او ګلان غوړېږي. همدا رنګه په دې فصل کښې کله کله سخت باران کېږي، سېلاب راوځي، کورونه او کښتونه خرابوي.	
په دې فصل کښې هوا ډېره سړه وي، اکثراً واوره اوري، په غرونو کښې واوره ښويېږي او سړکونه بندوي؛ خلك تاوده کالي اغوندي، ونې بيدېږي.	
په دې فصل کښې هوا ډېره ګرمه وي، په غرونو کښې واوره اوبه کېږي، باران ډېر لږ اوري، په ننګرهار ولايت کښې د هوا رطوبت لوړېږي، هلکان په سيند کښې لامبو وهي، محصلان سبق نه وايي، استراحت کوي.	
په دې فصل کښې هوا ورو ورو سړېږي، د ونو پاڼې رژېږي، مېوې پخېږي، په ښوونځيو او پوهنتونونو کښې سبقونه پيلېږي.	

Exercise 4: ۴ تمرین: جملې جوړې کړئ.

A. Using the definitions in exercise 3 as a reference, figure out which verb you should use when describing the items related to seasons and weather listed in the first column. Write an original sentence for each item.

جمله	فعل	کلمې
		باران
		واوره
		ږلۍ
		باد
		تالنده
		تندر
		سېلاب
		رطوبت
		هوا

B. Now, figure out which nouns you can associate with the following verbs used in the previous definitions. Write original sentences using the pairs you formed.

جمله	اسم	فعل
		زرغونېدل
		غوړېدل
		خرابول
		ښويېدل
		بندول
		اغوستل
		رژېدل
		پخېدل
		پيلېدل

Exercise 5: ۵ تمرين: لاندیني تشريحات له مطابقو عکسونو سره ونښلوئ.

Match the pictures with the descriptions in the following chart.

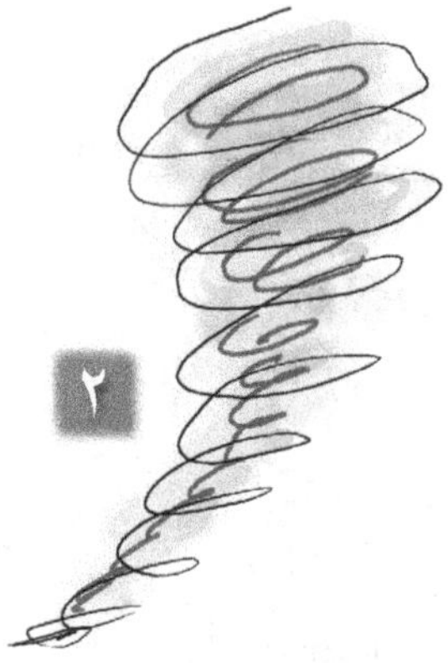

نمبر	ځرګندونې
	هوا لمريزه ده ، په آسمان کښې لږ څه اوريځ شته.
	باران اوري اما هوا سړه نه ده.
	باران اورېدلی او د بوډۍ ټال راختلی دئ.
	هوا سړه ده، سخت باران اوري.
	ژمی دئ، واوره اوري.
	د پسرلي موسم دئ، ږلۍ اوري.
	په غرونو کښې تالنده غړونبېږي، تندر برېښي.
	هوا ډېره توده ده، ګردباد لګېږي.
	آسمان په تورو اوريځو پټېږي.
	آسمان صاف دئ ، هوا ګرمه ده، سره او سپين ګلان غوړېږي.
	غاټول په پسرلي کښې غوړېږي ځکه چې باران دده ډېر خوښ دئ.
	د اوړي فصل دئ، په غرونو کښې واوره اوبه کېږي.

heavy rain	[saxt bārān]	سخت باران
to rise (sun, rainbow)	[rāxatəl] ([rāxeẓ̌-)	راختل (راخېږ-)

Exercise 6: ۳ تمرین: دا برېښنا لیکونه ولولئ او لاندیني جملې سره ونښلوئ.

Read the email exchange between John and Maywand. Then, match the clauses in column الف with the appropriate follow-up in column ب to form a meaningful sentence.

جان: - میونده، سبا څه کوې؟
میوند: - سبا به په کور کښې یم، څه پلان مې نه دئ کړی.
جان: - را څه چې «زرنګار» پارک ته ولاړ شو، هواخوري به وکړو.
میوند: - د هوا د حالاتو راپوټ دې نه دئ اورېدلی؟ سبا به باران واوري.
جان: - ښه؟ ډېر افسوس!
میوند: - جانه، خپه کېږه مه. راځه چې سبا بیا خبرې وکړو. که باران واوري، په کور کښې به یو، خپل سبقونه به لولو، که ونه اوري، پارک ته به ولاړ شو، چکر به ووهو.
جان: - ښه خبره ده، همداسې به وکړو.

park "Zarnigar", a park in Kabul city	[zarnigār pārk]	"زرنګار" پارك
what a pity	[ḍer afsós]	ډېر افسوس
sounds good	[ṣ̌a xabə́ra da]	ښه خبره ده
so, such	[hamdāse]	همداسې

۱ که باران واوري
۲ که باران ونه اوري
۳ که دهوا د حالاتو راپوټ صحیح و
۴ که دهوا د حالاتو راپوټ غلط و

__ میوند او جان به زرنګار پارك ته ولاړ شي، چکر ووهي.
__ سبا به باران نه شي.
__ میوند او جان به په کور کښې وي او خپل سبقونه به لولي.
__ سبا به باران واوري.

Language Points قاعده زده کړې

In this part of the lesson, you will learn about the future expressions, conditional sentences, future expressions in Pashto, percentages in Pashto and more.

The Future Tense of the Verb 'to be'

To form the future tense of the verb 'to be', add the particle به [bə], the marker of the future tense, to the present form of the verb in the first and second persons. For the third person, use وي [wi] for both masculine/feminine and singular/plural instead of the present forms.

Note that the particle به [bə] does not appear at the beginning of the sentence. It must follow the first stressed component of the sentence.

I will be in the library. زه به په کتابتون کښې یم.
Will you (informal) be in the library? ته به په کتابتون کښې يې؟
Baryalay will be in the library. بریالی به په کتابتون کښې وي.
Breshna will be in the library. برېښنا به په کتابتون کښې وي.
We will be in the library. موږ به په کتابتون کښې یو.
Will you (formal) be in the library? تاسي به په کتابتون کښې یاست؟
Baryalay and Maywand will be in the library. بریالی او میوند به په کتابتون کښې وي.
Breshna and Spozhmey will be in the library. برېښنا او سپوږمۍ به په کتابتون کښې وي.

Note:

The verb وي [wi] used without the particle به [bə] indicates actions that occur habitually.

په ننګرهار کې په اوړي کښې هوا مرطوبه وي.
The weather is humid in summer in Nangrahar.

Exercise 7: ۷ تمرین: لاندیني جملې په پښتو ووایاست.

Using what you learned from the language points, say the following in Pashto.

Will you be at the park tomorrow? Sorry, I will be at home tomorrow.
Will he be (still) a student at this university after one year? No, he will not be here after one year.
Will your cousin be at the picnic today? I think he will be at his home; he is sick.
Will your exam be (administered) on Friday? It is today, I have another exam on Friday.

Conditional Sentences

Sentences with a real condition that results in the future are formed by two clauses:

1) A dependent conditional clause starting with the conjunction که [ka] 'if', the marker of conditionals.

If it rains, که باران واوري،

If Maywand comes, که میوند راشي،

2) A main clause expressing the result in the future.

... we will stay at home. په کور کښې به پاتې شو.

... we will go to the park. مونږ به پارك ته ولاړ شو.

Verbs in the dependent conditional clause are in the present perfective (see chapter 7).

If the weather gets warm ... که هوا ګرمه شي ...

If it doesn't rain ... که باران ونه اوري ...

If I don't understand what the instructor says ... که د ښوونکي په خبرو پوه نه شم ...

If you buy a new computer ... که نوی کمپیوټر واخلئ...

If the weather report was wrong ... که دهوا د حالاتو راپوټ غلط و...

The main clause, depending on the context, uses the future imperfective or perfective tense, which are the same as present imperfective and perfective but associated with the particle به [bə], the marker of the future tense. (For more details see page 12 of this chapter).

که باران واوري، خپل سبقونه به لولو.

If it (will) rain, (we) will be learning our lessons.

که باران ونه اوري، مونږ به په پارك کښې هواخوري وکړو.

If it doesn't rain, we will get (some) fresh air in the park.

که هوا ګرمه شي، هلکان به په سیند کښې لامبو ووهي.

If the weather gets hot, the children will swim in a river.

که د ښوونکي په خبرو پوه نه شم، يو ځل بيا به ترې پوښتنه وکړم.

If I don't understand what the instructor says, I will ask him a question one more time.

که نوی کمپیوټر واخلئ، دا به ستاسو کار آسان کړي.

If you buy a new computer, it will make your work easy.

Also, the main clause can express commands, recommendations, prohibitions, etc. In this case the perfective imperative verb is used.

که سخت باد ولګېږي، په کور کښې پاتې شئ.

If there's heavy wind, stay at home.

Conditional Sentences (cont.)

که زلزله وشي، ژر تر ژره له کورڅخه را ووځئ.
If an earthquake happens, leave the house as soon as possible.
که د بوډۍ ټال وخېږي، ويې ګورئ.
If a rainbow appears, watch it.
که موټر دې خراب شي، وارکشاپ ته يې بوزه.
If your car breaks down, take it to a workshop.

The main clause may optionally begin with the conjunction نو [no] 'then'.

که موټر دې خراب شي، نو وارکشاب ته يې بوزه.
If your car breaks down, then take it to a workshop.
که سخت باد ولګېږي، نو په کور کښې پاتې شئ.
If there's heavy wind, then stay at home.

Sometimes the verb of the conditional subordinate clause can take the past tense.

که دهوا د حالاتو راپوټ غلط و، سبا به ږلۍ ونه اوري.
If the weather report was wrong, it will not hail tomorrow.
که موټر دې خراب شو، زه به يې ترميم کړم.
If your car broke down, I will repair it.

Exercise 8: ۸ تمرين: لاندينې جملې بشپړې کړئ.

Complete the following sentences using the particle به [bə] and the present perfective verb in the main clause.

	که واوره و اوري،	۱
	که زلزله وشي،	۲
	که د يوه چا په خبرو پوه نه شم،	۳
	که وږی شم،	۴
	که کافي پيسې ولرم،	۵
	که په امتحان کښې کامياب شم،	۶
	که سېلاب راوځي،	۷
	که هوا نور هم ګرمه شي،	۸

enough	[kāfí]	کافي
to succeed	[kāmyāb kedə́l]	کامياب کېدل
more	[nor ham]	نور هم

Exercise 9: ۹ تمرین: لاندیني جملې بشپړې کړئ.

Complete the following sentences using the perfective imperative in the main clause.

۱	که هوا سړه شي،
۲	که تږی شئ،
۳	که ناوخته له خوبه راپاڅېږئ،
۴	که ستاسو ملګري تاسوته لیك ونه لیکي،
۵	که سږ کال په اوړي کښې افغانستان ته ولاړ شئ،
۶	که په امتحان کښې ناکام شئ،

current year	[səẓ̌ kāl]	سږ کال
to fail	[nākām kedə́l]	ناکام کېدل

Exercise 10: ۱۰ تمرین: ولولئ او جدول ډك کړئ.

Read the weather report and fill in the following chart about weather in various cities of Afghanistan. Then check your work with a classmate.

دا واشنګټن دئ .

اوس به د افغانستان د څو ښارونو د هوا حالت د سانتیګرېډ په کچه تاسو ته واوروو.

نن په کابل کښې د تودوخې لوړه درجه شپږ او کښته منفي اته درجې دي.
همدارنګه نن په کابل کښې باران اوري او سبا ته به واوره واوري.

په کندهار کښې به نن آسمان ځای ځای اوریځ وي. نن د ورځې د تودوخې لوړه درجه شپاړس او د شپې به یوه درجه وي.
سبا ته به باران واوري او د جمعې او شنبې په ورځو کښې به آسمان صاف او لمریز وي.

په هرات کښې به نن باران واوري. سبا او بل سبا به آسمان ځای ځای اوریځ وي.
نن د تودوخې لوړه درجه یوولس او د شپې به منفي یوه درجه وي.

په غزني کښې به نن واوره واوري. سبا او بل سبا به آسمان ځای ځای اوریځ وي .
نن د تودوخې لوړه درجه مثبت درې او د شپې به منفي دوولس درجې وي .

په کندز کښې به نن آسمان اوریځ وي او باران به واوری. نن د تودوخې لوړه درجه پنځه لس، سبا څورلس او تیته به منفي یوه درجه وي.

partly cloudy	[ǰāy ǰāy uriyáǰ]	ځای ځای اوریځ
(measuring) by ..., in ...	[də ... pə káča]	د ... په کچه
weather condition, air quality	[də hawā hālat]	د هوا حالت

Note: In declarative sentences, the interrogative pronoun څو؟ 'how many, how much?' conveys the meaning 'some, several'.

نن

د هوا حالت

ښار	لمرېزه	باراني	واوره	اوريځ	صاف	لوړه درجه	ټیټه درجه
کابل							
کندهار							
هرات							
غزني							
کندز							

سبا یا بل سبا

د هوا حالت

ښار	لمرېزه	باراني	واوره	اوريځ	صاف	لوړه درجه	ټیټه درجه
کابل							
کندهار							
هرات							
غزني							
کندز							

Future Tense Expressions in Pashto

Express the future using the particle به [bə], the future tense marker. To do this, use the particle به [bə] with the present imperfective or present perfective tenses that you learned in the chapters 6 and 7 (volume 1). Note that the future perfective tense conveys the meaning of completeness and definiteness of the action, whereas the future imperfective is used to express actions in progress.

I will be going. زه به ځم. He will go. دی به ولاړ شي.

Future expressions are often associated with adverbs such as سبا [sabā́] 'tomorrow', بل سبا [bəl sabā́] 'after tomorrow', راتلونکي اوونی [rātlúnke owanə́y] 'next week', راتلونکی کال [rātlúnkay kāl] 'next year', etc.

It will rain tomorrow. سبا به باران واوري.
I will be in Kabul next month. زه به راتلونکي میاشت په کابل کښې یم.

Remember that the particle به [bə] is enclitic; it cannot be put at the beginning of the sentence. It will always follow the first stressed component of the sentence, preceding other particles and enclitics. Examples:

I will eat this apple tomorrow. زه به سبا دا مڼه وخورم.
Tomorrow, I will eat this apple. سبا به زه دا مڼه وخورم.
I will eat it. وبه یې خورم.

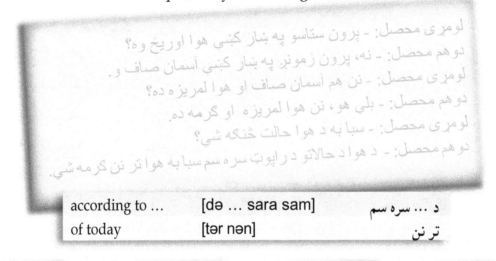

Exercise 11: ۱۱ تمرین: له خپل همټولګي سره مرکه وکړئ.

Ask each other about the weather in your cities and fill in the chart. Then present your findings to the class.

لومړی محصل: - پرون ستاسو په ښار کښې هوا اوریځ وه؟
دوهم محصل: - نه، پرون زمونږ په ښار کښې آسمان صاف و.
لومړی محصل: - نن هم آسمان صاف او هوا لمریزه ده؟
دوهم محصل: - بلي هو، نن هوا لمریزه او ګرمه ده.
لومړی محصل: - سبا به د هوا حالت ځنکه شي؟
دوهم محصل: - د هوا د حالاتو د راپوټ سره سم سبا به هوا تر نن ګرمه شي.

according to ...	[də ... sara sam]	د ... سره سم
of today	[tər nən]	تر نن

د ښار نوم	پرون	نن	سبا

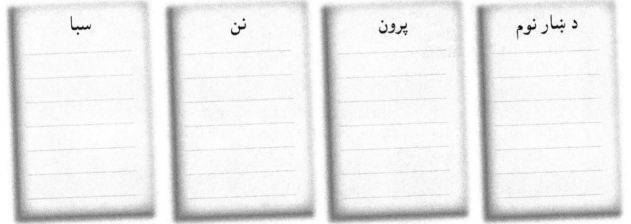

Exercise 12: ۱۲ تمرین: غوږ ونیسئ او په جملو کښې تش ځایونه ډک کړئ.

A. Listen to the dialogue and fill in the blanks with the missing weather vocabulary.

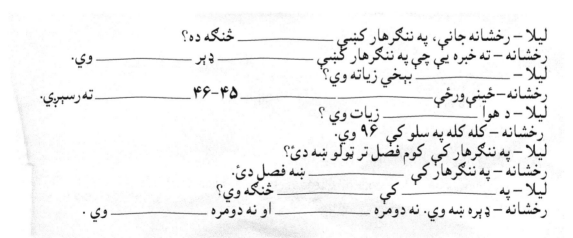

لیلا – رخشانه جانې، په ننګرهار کښې ________ څنګه ده؟
رخشانه – ته خبره یې چې په ننګرهار کښې ________ ډېر ________ وي.
لیلا – ________ بېخي زیاته وي؟
رخشانه – ځیني ورځې ________ ________ ۴۵-۴۶ ________ ته رسېږي.
لیلا – د هوا ________ زیات وي ؟
رخشانه – کله کله په سلو کې ۹۶ وي.
لیلا – په ننګرهار کې کوم فصل تر ټولو ښه دئ؟
رخشانه – په ننګرهار کې ________ ښه فصل دئ.
لیلا – په ________ کې ________ څنګه وي؟
رخشانه – ډېره ښه وي. نه دومره ________ او نه دومره ________ وي .

B. Read the dialogue with your classmate. Mark whether the following statements are صحیح or غلط.

غلط	صحیح	څرګندونې	نمبر
☐	☐	لیلا له رخشانې څخه د ننګرهار د آبو هوا په هکله پوښتنه کوي.	۱
☐	☐	په ننګرهار کښې اوړی تر ټولو ښه فصل دئ.	۲
☐	☐	په ننګرهار کښې په اوړي کښې تودوخه ډېره لوړه وي.	۳
☐	☐	په ننګرهار کښې په اوړي کښې د هوا رطوبت کله کله په سلو کښې ۹۶ ته رسېږي.	۴
☐	☐	په ننګرهار کښې په ژمي کښې هوا ډېره سړه وي.	۵
☐	☐	په ننګرهار کښې په ټولو فصلونو کښې هوا نه دومره توده او نه دومره سړه ده.	۶

Note:

To express percentages in Pashto use one of the following options:
1. The phrase په سلو کښې [pə sə́lo ke] 'in hundred' followed by the number. (The number can also come before په سلو کښې, however this is less common.)

65 % په سلو کښې پنځه شپېته / پنځه شپېته په سلو کښې

2. The phrase فیصد [fisád] 'in a hundred'. For this construction, use the plural form فیصده [fisáda] when expressing percentages great than one (2% +).

35 % په سلو کښې پنځه دېرش / پنځه دېرش فیصده

3. The word سلنه [sələ́na] 'out of a hundred':

35% پنځه دېرش سلنه

Exercise 13: ۱۳ تمرین: دا په پښتو ووایاست.

Express the following in Pashto.

The humidity in your state reaches 92 % in the summer.
Nearly 90 % of days in the summer are sunny in your home town.
More than 60 % of the rain in your home state falls in the spring.
50 % of the students in your class are girls.
About 8 % of the students in your university are from foreign countries.
Every day, you spend 35% of your time reading books in the library.

Comparative and Superlative Expressions in Pashto

Pashto adjectives and adverbs have no distinct form for either comparative or superlative degrees; these meanings are conveyed using prepositions and postpositions. The comparative is expressed with a combination of preposition and postposition له ... څخه [lə … cxa] or with the preposition تر [tər].

نن هوا له پرون څخه ګرمه ده.
Today is warmer than yesterday.
نیو یورك له واشینګټن څخه لوی دئ.
New York is bigger than Washington.
په اوړي کښې ورځې تر شپو اوږدې دي.
In the summer, days are longer than nights.

Also, comparative meaning can be conveyed using the adverb لا [lā] 'still, more':

It is raining more this year. سږ کال لا زيات باران اوري.
This apple is sweeter. دا مڼه لا خوږه ده.

The superlative is expressed using the phrase تر ټولو [tər ṭólo] 'of all'.

په کابل کښې پسرلی تر ټولو ښه فصل دئ.
Spring is the best season in Kabul.
نیو یورك په امریکا کښې تر ټولو لوی ښار دئ.
New York is the biggest city in America.

Also, the superlative can be expressed by repeating the adjective, as follows:

The best د ښو ښه   The most beautiful د ښکلو ښکلی

In these phrases, the last component agrees in gender and number with the noun that it is modifying.

په دې ښار کښې دا د ښکلو ښکلی پارك دئ.
This is the most beautiful park in this city.

The adjective ښکلی [ṣ̌kə́lay] agrees with پارك [pārk], taking the masculine singular form.

This watermelon is the best one. دغه هندوانه د ښو ښه ده.

The adjective ښه [ṣ̌a] agrees with هندوانه [hendewānā́], taking the feminine singular form.

In modern Pashto, a limited number of comparative and superlative expressions are borrowed from Dari, such as زیاتر [ziyātár] 'more', کمتر [kamtár] 'less', بدترین [badtarín] 'worst'.

Exercise 14: ۱۴ تمرین: ولولئ او څرګند کړئ.

Read the following statements and indicate if you think that they are صحیح or غلط.

نمبر	څرګندوني	صحیح	غلط
۱	نن هوا له پرون څخه ګرمه ده.	☐	☐
۲	سبا به هوا له نن څخه سړه شي.	☐	☐
۳	د امریکا په شمال کښې له جنوب څخه زیات واوره اوري.	☐	☐
۴	معمولاً هوا په غرونو کښې له وادیو څخه سړه وي.	☐	☐
۵	د هوا رطوبت له ژمي څخه په اوړي کښې لوړ وي.	☐	☐
۶	د افغانستان په سویل کښې د هوا حرارت له شمال څخه جګ وي.	☐	☐
۷	تېر کال له سږ کال څخه یوه اوونۍ وروسته شبنم لوېدلی و.	☐	☐
۸	په افغانستان کښې له مني څخه په پسرلي کښې زیات باران اوري.	☐	☐

Exercise 15: ۱۵ تمرین: ولولئ او ځواب ورکړئ!

Working with a classmate, ask each other the following questions.

۱ ستاسو په ایالت کښې د تودوخې تر ټولو لوړه درجه څومره وي؟
۲ ستاسو په ښار کښې پسرلی تر مني تود وي که سوړ؟
۳ سایبریا له آلسکا څخه سړه ده که ګرمه؟
۴ ستاسو په ټولګی کښې څوك تر ټولو تکړه دئ؟
۵ جرمني موټر له جاپاني موټر څخه ښه دئ؟
۶ په نړۍ کښې کوم سیند تر ټولو اوږد دئ؟
۷ د امریکا په متحده ایالاتو کښې کوم ښار تر ټولو لوی دئ؟
۸ په نړۍ کښې تر ټولو جګه ودانۍ په کوم هېواد کښې ده؟
۹ پاریس له لندن څخه لوی دئ که کوچنی؟
۱۰ ستاسو په کورنۍ کښې څوك تر ټولو کشر دئ؟

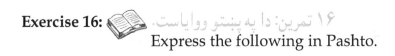

Exercise 16: ۱۶ تمرين: دا په پښتو ووایاست.

Express the following in Pashto.

1. Your car is cheaper than your elder brother's car.
   Answer: My car is cheaper than the car of my elder brother. (In Pashto)
2. Your bedroom is smaller than your roommate's bedroom.
3. You want to see the tallest building in America.
4. You want to buy your mother the best flower in the shop.
5. You live in a smaller city than your friend.
6. Your classmates live farther from the university than you do.
7. You ride a bicycle faster than your younger brother.
8. Fall is the best season in your home state.

Exercise 17: ۱۷ تمرين: متن ولولئ او پوښتنو ته ځواب ورکړئ.

Read the text and answer the questions.

د بوډۍ ټال

کله کله له باران څخه وروسته په آسمان کښې د ليندۍ په شکل رنګيني کرښې راښکاره کېږي. دغه ليندۍ ته خلك د بوډۍ ټال يا شنه زرغونه وايي.

مونږ معمولاً د بوډۍ ټال هغه وخت وينو چې لمر له اوريځې څخه ووځي او بيا وځلېږي، خو په دې شرط چې بيا هم په هوا کښې د باران څاڅکي موجود وي.

د شنې زرغونې ټول رنګونه په ګډه سره د لمر په وړانګه کښې موجود دي. کله چې د لمر رڼا د باران له څاڅکو څخه تېرېږي، نو اووه رنګونه ورکوي لکه سور، نارنجي، ژېړ، شين، فيروزه يي، زرغون او چوڼيا.

خلکو د شنې زرغونې پسې يوه کيسه هم جوړه کړې ده چې وايي: که هلك تر شنې زرغونې لاندې ورغړي نجلۍ کېږي او که نجلۍ ترې لاندې ورغړي هلك کېږي، خو دا يوه ولسي خبره ده.

خلك وايي چې شنه زرغونه د پسرلي نښه ده.

۱ د بوډۍ ټال یا شنه زرغونه کله رابنکاره کېږي، له باران څخه دمخه که وروسته؟

۲ د بوډۍ ټال یا شنه زرغونه په څه شکل رابنکاره کېږي؟

۳ خلك کله د بوډۍ ټال ویني، د دې د رابنکاره کېدلو شرط څه دئ؟

۴ د شنې زرغونې رنګونه له څه شي څخه جوړېږي؟

۵ شنه زرغونه څو ډوله رنګونه لري او د دوی نومونه څه دي؟

۶ په ولسي کیسه کښې د شنې زرغونې په هکله څه ویل کېږي؟

۷ شنه زرغونه د کوم فصل نښه ده؟

۸ ستاسو په هېواد کښې شنه زرغونه په کوم فصل کښې رابنکاره کېږي؟

still	[biyó ham]	بیا هم
under this condition	[pə de šart]	په دې شرط
together, mixed	[pə gáḍa sará]	په ګډه سره
about, after	[də páse]	د ... پسې
in the shape of ...	[də ... pə šakl]	د ... په شکل
raindrops	[də bārān cācki]	د باران څاڅکي
to appear	[rāṣ̌kārá kedə́l] ([kež-])	رابنکاره کېدل (کېږ-)،
to come out	[rāwatə́l] ([rāwuǯ-])	راوتل (راوځ-)
when	[kəla če]	کله چې
sometimes	[kə́la kə́la]	کله کله
after ...	[lə ...cxa wrústa]	له ... څخه وروسته
folktale, legend	[wulusí xabə́ra]	ولسي خبره
to be said	[wayə́l kedə́l]	ویل کېدل

Exercise 18: ۱۸ تمرین: ولیکئ!

Do you know any popular legends about rainbows? Do some research on rainbow mythologies in your culture. Write a paragraph about them and then present it to the class.

Listen غوږ ونیسئ

In this part of the lesson, you will listen to conversations and a text on the topic to improve your listening and speaking skills.

Exercise 19: ۱۹ تمرین: غوږ ونیسئ او پوښتنو ته ځواب ورکړئ.
Listen and answer the questions.

پوښتني:
د خبرو اترو سره سم نن هوا ښنګه ده؟
سړه هوا د چا خوښه ده؟
سپین د کوم ځای ښخه دئ؟
په ننګرهار کې په اوړي کښې هوا ښنګه وي؟
که هوا ډېره توده شي، وګړي خوشاله وي؟

inconvenient, discomforted	[pə taklif]	په تکلیف
according to …	[də … sará sam]	د … سره سم

Exercise 20: ۲۰ تمرین: غوږ ونیسئ او څرګند کړئ.
Listen to the weather information about some cities in Afghanistan. Then review the chart below. If you find a check in the wrong column, cross it out and write it in the correct column. Discuss your changes with a classmate.

ښار	د هوا حالت						تودوخه	
	گردباد	لړجن	اوریځ	واوره	باران	صاف	ټیټه درجه	لوړه درجه
کابل			✓				۱۲	۲۸
فیض اباد		✓					۹	۲۶
بامیان				✓			۳	۱۱
غزني	✓						۶	۱۶
هرات					✓		۱۸	۳۰
کندهار		✓					۲۲	۳۵
جلال آباد				✓			۲۹	۳۷

Exercise 21: ۲۱ تمرین: لاندینو خبرو اترو ته غوږ ونیسئ او د متن تش ځایونه ډك کړئ.

Listen to the dialogue below. Fill in the blanks with the missing words.

کوم فصل ستا خوښ دئ؟
(خبرې-اترې)

زلمی: – سپينه، نن ________ ده. دا ستا خوښه ده که نه؟

سپين: – هو، ________ زما خوښه ده. ته خبر يې، زه ننګرهاری يم. په ننګرهار
کښې ________ هوا ________ وي. ________ د سانتيګرېد ۴۵-
۴۶ درجې وي. له دې نه پرته ________ زيات وي، کله کله په سلو کښې ۹۶ وي. په
ننګرهار کښې ________ ښه فصل دئ. ________ هوا ډېره ښه وي، دومره
________ نه وي، دومره ________ نه وي.

زلمی: – په کندهار کښې هم په اوړی کښې ________ وي، اما ________ دومره
زيات نه وي. په دې سبب د ورځې هوا ________ وي اما د شپې ________ وي.
په کندهار کښې پسرلی ډېر ښه موسم دئ، په ټول چاپېريال کښې ګلان وي، ________ وي.

سپين: – په کندز کښې ________ تر ټولو ښه فصل دئ ، ځکه چې ________
سابه زيات وي.

Exercise 22: ۲۲ تمرين: متن ولولئ او پوښتنو ته ځواب ورکړئ.

Reread the restored dialogue in exercise 21. Working with a classmate, ask each other the following questions and give answers based on the dialogue.

۱ په کوم ځای کښې په اوړي کښې هوا ډېره توده وي؟
۲ په ننګرهار کښې په اوړي کښې تودوخه څومره وي؟
۳ په ننګرهار کښې په اوړي کښې د هوا رطوبت څومره وي؟
۴ د ننګرهار ژمی څنګه دئ؟
۵ په کندهار کښې هم د هوا رطوبت زيات وي؟
۶ په کندهار کښې د هوا حالت د ورځې او د شپې يو شانه وي؟
۷ ولې په کندهار کښې پسرلی تر ټولو ښه موسم دئ؟
۸ په کوم ښار کښې منی تر ټولو ښه موسم دئ او ولې؟

therefore	[pə de sabáb]	په دې سبب
besides, moreover	[lə de na práta]	له دې نه پرته
identical, the same	[yawšāna]	يو شانه

Let's Speak Pashto! راځئ چې په پښتو خبرې وکړو!

In this part of the lesson, you will practice speaking about the climate and weather conditions, and describing pictures.

Exercise 23: ۲۳ تمرين: له خپل همټولګي سره مرکه وکړئ.

Interview your classmate by asking these questions. Write the responses in the left column, and then present the results to the class:

ځوابونه	پوښتنې
	د امريکا په کوم ايالت کښې په اوړي کښې هوا تر ټولو ګرمه وي؟
	د امريکا په کوم ايالت کښې په ژمي کښې هوا تر ټولو سړه وي؟
	د امريکا په کوم ايالت کښې د هوا رطوبت تر ټولو لوړ وي؟
	د امريکا په کوم ايالت کښې په مني کښې هوا معتدله وي؟
	د امريکا په کوم ښار کښې په ټولو فصلونو کښې هوا يو شانه وي؟
	د افغانستان په ټولو ولايتونو کښې هوا يو شانه ده که نه؟
	د افغانستان په کوم ولايت کښې په ژمي کښې هوا معتدله وي؟
	د افغانستان په کوم ولايت کښې د هوا رطوبت لوړ وي؟

Exercise 24: ۲۴ تمرين: له خپل همټولګي سره مشق وکړئ.

Working with a classmate, imagine you are talking with your friend on the phone and make a conversation using the following phrases. Pay attention to the situations in which these phrases may be used. For example:

زلمی: - هالو؟ سپينه، نن په واشينګټن کښې هوا څنګه ده، باران اوري؟
سپين: - سلام زلميه، نن باران نه اوري. اما اوس پسرلی دئ، باران به اوري. په کابل کښې هوا څنګه ده؟
زلمی: - دلته هوا خرابه ده. په آسمان کښې اوريځ زياتېږي، داسې ښکاري چې باران به واوري.
زلمی: - خير دئ، خو که پوهنتون ته ځې، نو چترۍ له ځان سره واخله!

نن	سبا به	
باران اوري	باران اوري	باران واوري
واوره اوري	واوره اوري	واوره واوري
واوره اوبه کېږي	واوره اوبه کېږي	واوره اوبه شي
هوا لمرېزه کېږي	هوا لمرېزه کېږي	هوا لمرېزه شي
هوا معتدله کېږي	هوا معتدله کېږي	هوا معتدله شي
نری باد لګېږي	نری باد لګېږي	نری باد ولګېږي
هوا مرطوبه کېږي	هوا مرطوبه کېږي	هوا مرطوبه شي
طوفان لګېږي	طوفان لګېږي	طوفان ولګېږي
شبنم لوېږي	شبنم لوېږي	شبنم ولوېږي

that's all right	[xayr dəy]	خیر دئ
with oneself	[lə ǰān sará]	له ځان سره
hello? (used to have one's attention while calling)	[hāló?]	هالو؟

Exercise 25: ۲۵ تمرین: لاندیني عکسونه تشریح کړئ.

The following pictures show the view from an Afghan village and a part of Kabul photographed in different seasons. First, guess the seasons in the pictures, justifying your choices by describing items on the pictures. Then compare the two pictures and indicate similarities and differences between them.

Exercise 26: ۲۶ تمرین: له خپل هم‌ټولګي سره وغږېږئ.

Using the information below, discuss with your classmates the weather conditions in the following cities.

تودوخه په سانتيګريډ	د هوا حالت	ښارونه
+۲۱ ... +۱۶		واشينګټن
+۱۴ ... +۱۲		لندن
+۶ ... +۴		کابل
–۵ ... – ۳		آتاوا
+۲۴ ... +۲۲		پاريس
+۱۱ ... +۹		پيکنګ
+۱۹ ... +۱۶		تاشکند
+۲۴ ... +۲۲		بلومينګټن
–۱۸ ... – ۱۵		مسکو

Cultural Note فرهنگی بخصوص

Afghanistan: The Landscape and Climate

As you already know, Afghanistan is a landlocked country located in Central Asia. The country contains plains in the north, high and massive mountain ranges in the center and north-east, and lowlands in the south.

The Hindu Kush mountain range stretches from the northeast to the southwest through the middle of the country, dividing it into southern and northern parts. The Hindu Kush mountain range and the Suleiman mountain range, on the border with Pakistan, have a strong effect on the climate of the country.

Afghanistan experiences four distinct seasons that differ depending on the landscape of a given region. The climate of northern Afghanistan is much milder than the southern regions, where the temperature climbs up to 40° C (104° F) and more. On the other hand, in the Pamir mountain range the temperature drops below -20° C (-4° F) in the winter.

In the western and southern regions of the country, heavy winds blow dust and cause whirlwinds during the summertime reaching all the way to the southern regions of Uzbekistan. Afghanistan frequently experiences natural disasters such as earthquakes, floods, avalanches, landslides, and droughts, causing massive destruction and human casualties. From 1965-2009, eight historically destructive earthquakes were recorded in the country (http://earthquake.usgs.gov/). In February 2010, an avalanche in the Salang Pass resulted in the deaths of 170 people, including women and children.

Despite these disasters, Afghanistan is still a lovely country filled with beautiful valleys, mountain ranges of fertile soil, and a climate well-suited for agriculture.

Exercise 27: ۲۷ تمرین: متنونه ولولئ او لاندیني څرګندوني نښه کړئ چي صحیح دي که غلط.

Read the descriptions of natural disasters and answer if the following statements are صحیح or غلط.

زلزله

په ۲۰۱۰ کال کښې په هایتي کښې سخته زلزله وشوه. د زلزلې له امله دوه لکه او دېرش زره کسان مړ او شاو خوا دري لکه کسان ژوبل شوي وو. همدا رنګه د زلزلې له امله له یونیم ملیونه ډېر کسان بې کوره شوي دي.

سېلاب

د افغانستان په فراه او بامیان ولایتونو کښې د سختو بارانونو له امله سېلابونه راوتلي. په دې سېلابونو کښې لږ تر لږه ۱۴ کسان وژل شوي، چي زیاتره یې ښځې او ماشومان وو.

واوره

سږ کال د فبرورۍ په اوومه کښې د امریکا د متحده ایالاتو په پلازمېنه واشینګټن کښې دومره ډېره واوره شوې وه چي په تېرو سلګونو کلونو کښې یې ساری نه دئ لیدل شوی. د خبرونو سره سم په دې ورځو کښې د ښار ټول دفترونه تړل شوي او خلك خپلې وظیفې ته نه وو تللي.

برفکوچ
یا د واورو ښوېدنه

د ۲۰۱۰ کال په فبرورۍ میاشت کښې د افغانستان په شمالي سیمه کښې په سالنګ کوتل کښې د سخت طوفان له امله برفکوچ رامنځ ته شوی دئ. په دې پېښه کښې ۱۷۰ تنه وژل او څه باندي ۱۳۰ تنه ټپیان شوي دي.

نمبر	څرګندوني	صحیح	غلط
۱	د هایتي زلزله په ۲۰۱۰ کال کښې پېښه شوه.		
۲	د هایتي په زلزله کښې ۲۳۰ زره کسان ژوبل شول.		
۳	په فراه او بامیان ولایتونو کښې سېلابونه راوتلي دي.		
۴	د فراه او بامیان په سېلابونو کښې ۱۴ تنه ښځې او ماشومان وژل شوي دي.		
۵	د سږ کال په فبرورۍ کښې د امریکا په پلازمېنه کښې ډېره واوره و اورېده.		
۶	په واشینګټن کښې په تېرو سلګونو کلونو کښې په ژمي کښې ددې کال په شان ډېره واوره کېږي.		
۷	کله چي په واشینګټن کښې ډېره واوره وشوه، خلك خپلو وظیفو ته نه ولاړل.		
۸	د افغانستان په شمالي سیمه کښې د سالنګ په کوتل کښې سخت طوفان ولګېد.		
۹	د سالنګ په برفکوچ کښې څه باندي ۳۰۰ کسان وژل او ټپیان شول.		
۱۰	د ۲۰۱۰ کال په فبرورۍ کښې په سالنګ کښې طوفان شو او ددې طوفان لامله واوره وښوېده.		

homeless	[bekóra]	بې کوره
some more (than)	[cə bânde]	څه باندې
because of ...	[də ... ləamála]	د ... له امله
to take place, happen, occur	[rāmánǰta kedə́l]	رامنځ ته کېدل
hundreds	[səlgúna]	سلګونه
about, around	[šâwo xwā]	شاو خوا
at least	[ləž tər lə́ža]	لږ تر لږه

Exercise 28: ۲۸ تمرین: ولیکئ!

Write a short paragraph about a natural disaster that you have experienced or know from media reports, and present it to the class.

Exercise 29: ۲۹ تمرین: له خپل همټولګي سره وغږېږئ.

Discuss the situations described below with a classmate.

Situation 1

It's raining outside, and you feel cold. Your friend calls and invites you to go walking in the rain. You need to explain to him politely the weather conditions you prefer when you take a walk.

Situation 2

Imagine that you are an Afghan student participating in a festival. Attendees (your classmates) asked you to talk about the weather in various seasons in your home country. Provide information to them.

Afghan Realia   افغاني دود او دستور

In this part of the lesson, you will practice talking about weather conditions using an authentic video clip.

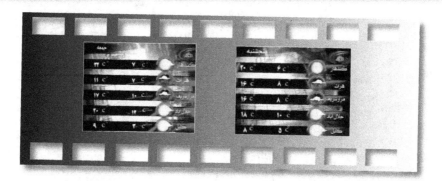

Exercise 30: ۳۰ تمرین: ویدیو وګورئ او مشخص کړئ.

Watch the video and decide which one of the following two days is being reported in the weather forecast. Compare what you hear from the video with the records in the pictures.

پنجشنبه   جمعه

Exercise 31: ۳۱ تمرین: د هوا د حالاتو راپوټ ولیکئ.

Using the video clip in exercise 30, write a weather report about the day that was NOT described in the weather report you watched. Use the video to help you develop your own report in a similar format.

Cultural Note فرهنگی تبصره

Afghan Folk Customs and Superstitions

Like all peoples and cultures around the globe, the Pashtuns have their own customs and superstitions. Several of these are related to the seasons, days of the week, and times of the day.

Pashtuns consider spring to be the best season of the year. In contrast, they feel that winter contains mystical or mysterious overtones. For example, some people believe that during winter a witch may call to people at midnight using the voice of someone who they know. If a person responds to such calls, it is believed that he could become ill and even die.

The second month of the lunar calendar صفر [safar] 'Safar' is considered to be a mystical (perhaps baleful) month. During this month, Pashtuns avoid traveling because they believe that they may encounter danger.

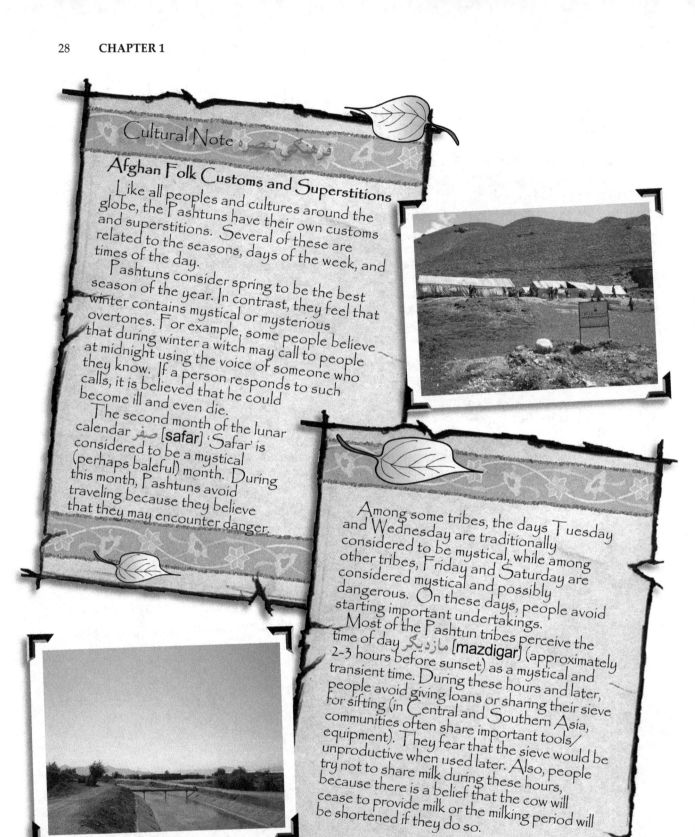

Among some tribes, the days Tuesday and Wednesday are traditionally considered to be mystical, while among other tribes, Friday and Saturday are considered mystical and possibly dangerous. On these days, people avoid starting important undertakings.

Most of the Pashtun tribes perceive the time of day مازدیگر [mazdigar] (approximately 2-3 hours before sunset) as a mystical and transient time. During these hours and later, people avoid giving loans or sharing their sieve for sifting (in Central and Southern Asia, communities often share important tools/equipment). They fear that the sieve would be unproductive when used later. Also, people try not to share milk during these hours, because there is a belief that the cow will cease to provide milk or the milking period will be shortened if they do so.

Additional Exercises اضافي تمرينونه

In this section you will practice some grammatical points and vocabulary of the chapter.

Exercise 32: ۳۲ تمرين: غوږ ونيسئ او تش ځايونه ډك کړئ.

Listen to the audio and fill in the blanks with the missing season and weather vocabulary in the following sentences.

په هندوستان کنبنې په _____ کنبنې زيات _____ اوري.	
په امريکا کنبنې په _____ کنبنې _____ وي.	
په افغانستان کنبنې په _____ کنبنې کله کله _____ اوري.	
په لندن کنبنې په _____ کنبنې آسمان اکثراً _____ وي.	
په فلوريدا کنبنې په _____ کنبنې کله کله _____ وي.	
په مصر کنبنې په _____ کنبنې کله کله _____ اوري.	
په فرانسه کنبنې په _____ کنبنې _____ دومره _____ نه وي.	
په کاناډا کنبنې په _____ يوازې په _____ کنبنې وي.	
په افغانستان کنبنې په _____ کنبنې هره ورځ _____ ځلېږي.	
په آلسکا کنبنې په _____ کنبنې درې مياشتې _____ نه ځلېږي.	

Exercise 33: ۳۳ تمرين: له خپل همټولګي سره مشق وکړئ.

Student A completes Chart 1 asking questions of Student B. Student B answers him/her using the information provided in Chart 2. Then change roles.

Chart 1.

د پرون هوا	د نن هوا	ښار
معتدله، لمرېزه	لړجنه، اوريځ	وارسا
باد ، باراني	سړه، واوره	واشينګټن
نری باد ، معتدله	باراني، تالنده او برېښنا	کابل
		اسلام آباد
		تهران
		پاريس

Chart 2.

ښار	د ننن هوا	د پرون هوا
وارسا		
واشينګټن		
کابل		
اسلام آباد	ګرمه، ګردباد	ګرمه، مرطوبه
تهران	معتدله، باراني	معتدله، اوريځ
پاريس	سړه، باد	سړه، واوره

Exercise 34: ۳۴ تمرين: لاندينې کلمې له مطابقو تشريحاتو سره ونښلوئ.

Match the words with the appropriate definition.

۱ باران	___ په آسمان کښې ځلېدونکی يو لوی ستوری دئ چې دده له امله پر مځکې باندې رڼا او ګرمي وي، خلك يې د ژوند سرچينه بولي.
۲ فصل	___ د هوا زورور جريان دئ چې که ورو ورو ولګېږي د ونو او ګلانو ښاخونه ښوروي او که سخت ولګېږي وني ماتوي، کورونه خرابوي.
۳ سپوږمۍ	___ بخار غوندې يو شی دئ چې په آسمان کښې خوځېږي، کله تور رنګه، کله خړ رنګه او کله سپين رنګه وي، له دې نه پر مځکې باندې باران او واوره اوري.
۴ ږلۍ	___ د اوبو څاڅکي دي چې له اوريځو څخه لوېږي، کښتونه او چمنونه پرې زرغونېږي، په دښتونو کښې ګلان غوړېږي.
۵ لمر	___ د آسمان جسم دئ چې خلك يې معمولاً د شپې له خواويني، اما د ورځې نه ليدل کېږي. کله چې د شپې په آسمان کښې اوريځ نه وي پر مځکې باندې رڼا اچوي.
۶ واوره	___ د کنګل دانې چې معمولاً په پسرلي کښې له آسمان څخه اورېږي، کښتو ته زيان رسوي.
۷ اوريځ	___ د کال برخې چې په زياتو هېوادونو کښې څلور قسمه وي او په هر قسم کښې يې درې-درې مياشتې وي.
۸ باد	___ سپينې او پستې پاغوندې دي چې ډېرې سړې وي، معمولاً په ژمي کښې له آسمان څخه لوېږي، ماشومان پرې باندې ښوييږي او لوبې کوي.

Exercise 35: ۳۵ تمرین: د هوا حالات تشریح کړئ.

Using the map, describe the weather in the countries, the capital cities of which are given in the chart.

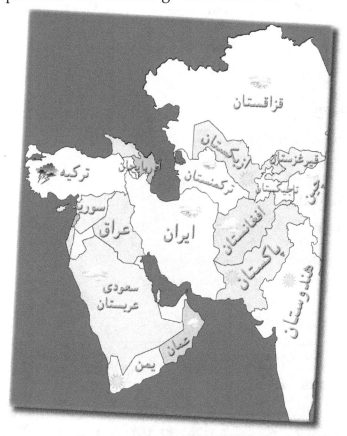

د هواحالت	هېواد	پلازمېنه
		کابل
		پېکېنګ
		تهران
		ډيلی
		استنه
		بېشکېك
		رياض
		عشق آباد
		دوشنبې
		دمشق
		بغداد
		تاشکند
		اسلام آباد
		انقره

Vocabulary

In this part of the lesson, you will review, listen, and practice pronunciation of phrases and vocabulary used in the chapter.

Phrases اصطلاحات

day after tomorrow	بل سبا
inconvenient, discomforted	په تکلیف
therefore	په دې سبب
under the condition	په دې شرط
together, mixed	په ګډه سره
of today, from today	تر نن
partly cloudy	ځای ځای اوریځ
some more (than)	څه باندې
that's all right	خیر دئ
to make up a story after ...	د ... پسې کیسه جوړول
by, in	د ... په کچه
in the shape of ...	د ... په شکل
according to ...	د ... سره سم
because of ...	د ... لامله / له امله
the most beautiful	د ښکلو ښکلی
the best	د ښو ښه
weather condition, air quality	د هوا حالت
it looks like	داسې ښکاري
a few, little	ډېر لږ
to take place, happen, occur	رامینځ ته کېدل
quickly, as soon as possible	ژر تر ژره
often, quickly	ژر ژر
about, nearly	شاوخوا

to pass (the exam)	کامیاب کېدل (په امتحان کې)
sometimes	کله کله
at least	لږ تر لږه
before the ...	له ... څخه د مخه
with oneself	له ځان سره
besides	له دې نه پرته
to fail (the exam)	ناکام کېدل (په امتحان کې)
folktale, legend	ولسي خبره
one more time	یو ځل بیا
identical, the same	یو شانه

Vocabulary Words لغتونه

pity	افسوس
to melt	اوبه کېدل
to fall, precipitate	اورېدل
cloud	اوریځ
summer	اوړی
climate, weather	آبو هوا
wind	باد
rain	باران
avalanche	برف کوچ
partly cloudy	برگ
to strike (lightning)	برېښېدل
spring	پسرلی
fresh	تازه
thunder	تالنده
lightning bolt	تندر
warm, hot	تود
heat, temperature	تودوخه
low	ټیټ
high	جگ
to shine	ځلېدل
environment	چاپېریال
see: تودوخه	حرارت
rainbow	د بوډۍ ټال
see: برف کوچ	د واورو ښویېدنه
see: اوړی	دوبی
report, forecast	راپوټ
to rise, come out	راختل
to go out (flood)	راوتل
to fall (leaves)	رژېدل
humidity	رطوبت
earthquake	زلزله
winter	ژمی
hail	ږلۍ
moon	سپوږمۍ

heavy, severe (rain, wind)	سخت
to cool	سړېدل
cold	سوړ
flood	سېلاب
dew	شبنم
see: د بوډۍ ټال	شنه زرغونه
to slide	ښویېدل
clean, clear	صاف
storm, hurricane	طوفان
to roll (thunder)	غړنبېدل
whirlwind, tornado	ګردباد
warm, hot	ګرم
to blow (wind)	لګېدل
sun	لمر
sunny	لمریز
high	لوړ
to increase, go up	لوړېدل
to decrease, fall, drop	لوېدل
positive, plus	مثبت
humid	مرطوب
mild, moderate	معتدل
minus, negative	منفي
fall, autumn	منی
season	موسم
snow	واوره
air, weather	هوا

دوهم لوست

CHAPTER TWO

اختر مو مبارک شه!
HAPPY HOLIDAY!

IN THIS CHAPTER

Let's Get Started د درس پيل

In this chapter, you will learn vocabulary related to the prominent dates, holidays, and customs in Afghanistan.

Exercise 1: ۱ تمرين: غوږ ونيسئ او ولولئ!

The following pictures are of activities that people perform during holidays in Afghanistan. Listen to the audio of the descriptions under the pictures.

په افغانستان کښې د جشنونو په
مراسمو کښې رسم ګذشت تر سره کېږي،

معمولاً خلك د رسم
ګذشت ننداري ته ځي.

د ښوونځيو زده کوونکي په
جشنونو کښې برخه اخلي،

اتنچيان په ميدانونو کښې اتڼ کوي.

سندرغاړي سندرې وايي.

په لويو ښارونو کښې د شپې
له خوا اورلوبې تر سره کېږي،

په جشنونو کښې ځینې خلک مېلې ځایونو
ته ځي او مېلې جوړوي، ساعت تېري کوي،

کله کله د وزلوبې ټیمونه
وزلوبه کوي.

هلکان او ځلمیان پتنګ
الووزوي

نجونې د کوچنیانو پارکونوته
ځي او په ټالونو کښې زانګي.

وګړي د جشن په مناسبت یو
بل ته مبارکي وايي،

خپلو دوستانوته د مبارکۍ
کارتونه لېږي.

Exercise 2: ۲ تمرین: له خپل همټولګي سره مشق وکړئ!

Now, read the following phrases that relate to the activities presented in the pictures in exercise 1. Using the pictures as guides, tell your classmate whether you would do these activities.

to participate in a parade	په رسم ګذشت کښې ګډون کول
to watch a parade	د رسم ګذشت ننداره کول
to sing on the holiday	په جشن کښې سندرې ویل
to listen to songs of singers	د سندرغاړو سندرو ته غوږ نیول
to perform Atan (the national dance of Pashtuns)	اتڼ کول
to watch fireworks	د اورلوبې ننداره کول
to picnic, to have a party in rest areas	په مېلې ځایونو کښې مېلې جوړول
to participate in 'Wuzloba' ('goat game', the national game)	په وزلوبه کښې برخه اخیستل
to fly a kite with boys and teenagers	له هلکانو او ځلمیانو سره پتنګ الووزول
to go to parks and swing	پارکونو ته تلل او په ټالونو کښې زنګل
to wish friends holiday wishes/a happy holiday	خپلو دوستانو ته د جشنونو په مناسبت مبارکي ویل
to send holiday postcards to one's colleagues	خپلو همکارانو ته د مبارکۍ کارتونه لېږل

Atan dancer	[ataṇčí]	اتڼچي
to be realized, consummated	[tər sara kedəl]	تر سره کېدل
to have a good time, to spend time for pleasure/fun	[sāatterí kawə́l]	ساعت تېري کول

Exercise 3: ۳ تمرین: ولولئ او وروسته غوږ ونیسئ!

Read the following sentences carefully. Then, reorder them to form a meaningful dialogue. When finished, listen to the audio to check the correct order.

مننه.

بلې هو، دا ځکه چې د لمریز هجري کال لومړی میاشت په پښتو ژبه وری نومېږي او ددې میاشتې په لومړۍ نېټه کښې نوی کال پیل کېږي.

اوس پوه شوم، مننه، د وري لومړۍ ورځ د مېلادي جنترۍ له کومې نېټې سره سمون خوري؟

معذرت غواړم، پوه نه شوم، تاسې د نوي کال جشن د وري میاشتې په لومړۍ نېټه کښې نمانځئ؟

مهرباني.

میونده، ستړی مه شې، ماته ووایه چې ستاسو په هېواد کښې نوی کال کله نمانځل کېږي؟

د وري لومړۍ ورځ معمولاً د مارچ میاشتې له یوویشتمې نېټې سره سمون خوري.

سلام براینه، زمونږ په هېواد کښې نوی کال د وري میاشتې په لومړۍ نېټه کښې نمانځل کېږي.

to coincide	[samún xwarə́l] ([xur-])	سمون خوړل (خور-)
Gregorian calendar	[melādí jantari]	مېلادي جنتري
is celebrated	[nmonǰə́l kéži]	نمانځل کېږي
Hijri solar year	[hijrí lmaréz kāl]	هجري لمريز کال

Exercise 4: ۴ تمرین: له خپل همټولګي سره مشق وکړئ.

Read the dialogue in exercise 3 with a classmate. Discuss in Pashto which holiday the speakers are talking about. Do you know other countries that celebrate this holiday? Do you know people who celebrate it in your home country?

Cultural Note فرهنگي تبصره

Calendars in Afghanistan

In Afghanistan, the Hijri solar calendar هجری لمریزه جنتري [hijrí lmaréza jantarí] (also called هجري شمسی جنتري [hijrí šamsí jantarí]) is predominantly used. The first year of the Hijri solar calendar coincides with the year 621 of the Gregorian calendar.

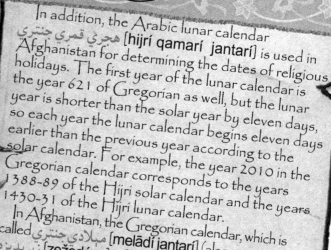

In Afghanistan, two sets of names for the months of this calendar are used – the Arabic names of the constellations of the zodiac and their translations into Pashto. The majority of the population of Afghanistan uses the Arabic names. Alternatively, the Pashto names for the months are used in the mass media and in official documents and events.

The beginning of the solar calendar, the first day of حمل [hamál] (in Pashto: وری [wray]), generally falls on March 21st (March 22nd after a leap year). This day coincides with the spring equinox, the first day of spring, and is called نوروز [nawróz] 'Navruz', which means 'New day' in Dari.

March مارچ April اپریل 2009			۱۳۸۸ حمل (وری)			ربیع الاول ربیع الثانی ۱۴۳۰ هـ.ق
جمعه Fri	پنجشنبه Thu	چهارشنبه Wed	سه‌شنبه Tue	دوشنبه Mon	یکشنبه Sun	شنبه Sat
27 ۷ ۳۰	26 ۶ ۲۹	25 ۵ ۲۸	24 ۴ ۲۷	23 ۳ ۲۶	22 ۲ ۲۵	21 ۱ ۲۴
3 ۱۴ ۷	2 ۱۳ ۶	Apr. ۱۲ ۵	31 ۱۱ ۴	30 ۱۰ ۳	29 ۹ ۲	28 ۸ ربیع الثانی
10 ۲۱ ۱۴	9 ۲۰ ۱۳	8 ۱۹ ۱۲	7 ۱۸ ۱۱	6 ۱۷ ۱۰	5 ۱۶ ۹	4 ۱۵ ۸
17 ۲۸ ۲۱	16 ۲۷ ۲۰	15 ۲۶ ۱۹	14 ۲۵ ۱۸	13 ۲۴ ۱۷	12 ۲۳ ۱۶	11 ۲۲ ۱۵
				20 ۳۱ ۲۴	19 ۳۰ ۲۳	18 ۲۹ ۲۲

In addition, the Arabic lunar calendar هجري قمري جنتري [hijrí qamarí jantarí] is used in Afghanistan for determining the dates of religious holidays. The first year of the lunar calendar is the year 621 of Gregorian as well, but the lunar year is shorter than the solar year by eleven days, so each year the lunar calendar begins eleven days earlier than the previous year according to the solar calendar. For example, the year 2010 in the Gregorian calendar corresponds to the years 1388-89 of the Hijri solar calendar and the years 1430-31 of the Hijri lunar calendar.

In Afghanistan, the Gregorian calendar, which is called ميلادي جنتري [meládí jantarí] (also زيږېدېزه [zežedéza] 'of birth', عيسوي [isawí] 'of Jesus', and مسيحي [masihí] 'of Messiah', all refering to the Christian or common era) is used as well. However, in the Afghan mass media, the date in the Gregorian calendar is usually given next to the Hijri notation. For this reason, Afghan calendars are usually published using all three dates. A page of such a calendar is presented in Exercise 8 of this chapter.

Exercise 5: ۵ تمرین: د لاندیني جدول څخه په کار اخیستلو سره یو څو جملې ولیکئ.

In the following chart you see the names of months of the Hijri solar calendar in Pashto and Dari, the names of months of Gregorian calendar in Pashto writing and their pronunciation. Now, using the chart and what you learned from the cultural note, identify in the Hijri solar calendar which date approximately corresponds with the first date of six randomly chosen months of the Gregorian calendar. The first example has been done for you.

د مېلادي جنترۍ د جنورۍ میاشتې لومړۍ نېټه د لمرېزې هجري جنترۍ د جدي یا مرغومي میاشتې له یوولسمې نېټې سره سمون خوري.

January 1 of the Gregorian calendar coincides with 11th of Jadi or Marghumay of the Hijri solar calendar.

په مېلادي جنتري کښې د میاشتو نومونه او د ورځو شمېر

Names of months and number of days in Gregorian calendar

دورځوشمېر	تلفظ	په پښتوليکنه
۳۱	janwarí	جنوری
۲۹-۲۸	febrorí	فبروری
۳۱	mārč	مارچ
۳۰	epríl	اپریل
۳۱	mey	می
۳۰	jun	جون
۳۱	julā́y	جولای
۳۱	āgést	آګست
۳۰	septā́mbr	سپتامبر
۳۱	aktóbr	اکتوبر
۳۰	nuwā́mbr	نوامبر
۳۱	desā́mbr	دسامبر

په لمريز هجري جنتري کښې د میاشتو نومونه او د ورځو شمېر

Names of months and number of days in Hijri solar calendar

دورځوشمېر	تلفظ	په دری	تلفظ	په پښتو
۳۱	hamál	حمل	wray	وری
۳۱	sawr	ثور	ğwayáy	غویی
۳۱	jawzā́	جوزا	ğbargúlay	غبرګولی
۳۱	saratā́n	سرطان	čungā́ṣ̌	چنګاښ
۳۱	asád	اسد	zmaráy	زمری
۳۱	sumbulá	سنبله	wáẓ̌ay	وږی
۳۰	mizā́n	میزان	tə́la	تله
۳۰	aqráb	عقرب	laṛə́m	لړم
۳۰	qaws	قوس	lində́y	لیندۍ
۳۰	jádi	جدی	marğúmay	مرغومی
۳۰	dálwa	دلو	salwā́ğa	سلواغه
۳۰-۲۹	hut	حوت	kab	کب

Language Points قاعده زده کړئ

In this part of the lesson, you will learn about the date in Pashto, simple past tense of verbs, accusative case of pronouns, and passive voice of verbs.

Dates in Pashto

In written Pashto, you first write the day, then the month, then the year. For example 11/25/2009 in English is written in Pashto as: ۲۵/ ۱۱/ ۲۰۰۹ When giving a date orally, you begin with the year. For example, the date ۲۴ / ۱۱ / ۱۳۸۵ is said:

د یو زرو درې سوه و پنځه اتیایم کال د سلواغې میاشتې څلېرویشتمه نېټه

So, the response to the question نن کومه نېټه ده؟ 'What is today's date?' will be:

نن د یو زرو درې سوه و پنځه اتیایم کال د سلواغې میاشتې څلېرویشتمه نېټه ده.

The expression can be also shortened by just giving the day and month, as follows:

Today is Salwagha 24. نن د سلواغې څلېرویشتمه ده.

پرون، د مارچ په یوویشتمه کښې، په کابل کښې د نوروز جشن ونمانځل شو.

Yesterday, on March 21, in Kabul, the Navruz holiday was celebrated.

When using the dates with prepositions and postpositions corresponding to English 'at, on, until, from', etc, you should associate prepositions and postpositions with the last component of the expression.

زه د ۱۹۸۷ (یو زرو نه سوه و اووه اتیایم) کال د سپتامبر
میاشتې په دوولسمه نېټه کښې زېږېدلی یم.

I was born on September 12, 1987.

افغاني مېلمانه به د آګست میاشتې تر پنځلسمې نېټې پورې دلته وي.

Afghan guests will be here until the 15th of August.

سږ کال د ثور میاشتې له نه لسمې نېټې څخه راهیسې پر
غرونو باندې سخت بارانونه اوري.

Heavy rain has been falling in the mountains since the
19th of the month of Saur of the current year.

In Pashto, the word تاریخ [tāríx] is also used for 'date' instead of the Pashto term نېټه [neṭá]. Accordingly, instead of نن کومه نېټه ده؟ the alternate phrase نن کوم تاریخ دئ؟ has the same meaning.

Exercise 6: ۶ تمرین: د خپل ښوونکي په مرسته مشق وکړئ.

Read aloud the following sentences indicating dates in the Gregorian calendar.

زما د مور د زیږېدنې نېټه ۲٤ / ۳ / ۱۹٦٥ ده.
د بریالي مشر ورور په ۱۲ / ۲ / ۲۰۰٦ کې کابل ته تللی و.
زه د ۱۷ / ۹ / ۱۹۹۹ نېټې څخه راهیسې په متحده ایالاتو کښې ژوند کوم.
دا ورځپانه د ۱۳ / ۷ / ۱۹۹٤ نېټې څخه راهیسې خپرېږي.
زه باید تر ٥ / ۱۱ پورې خپل ټول امتحانونه ورکړم.
هر کال په ۴ / ۷ کښې د امریکا د خپلواکۍ ورځ نمانځل کېږي.

Exercise 7: ۷ تمرین: ولولئ!

Read aloud the following sentences indicating dates in the Hijri solar calendar. See the chart given in the exercise 5 of this chapter for the names of months of the Hijri solar calendar.

- ۸-۱۲- ۱۳۲۷ زما د پلار د زیږېدنې نېټه ده.
- سپین په ۲٥-٦- ۱۳۸٦ کې له سپوږمۍ سره واده کوي.
- د نوي کال په لومړۍ ورځ یعنې ۱-۱-۱۳۸٦ کې به مونږ استراحت کوو.
- ۱-٤- ۱۳٤٥ نېټه زما د زیږېدنې ورځ ده.
- د فوټبال دا ټورنمنټ به تر ۱۱ / ۲ پورې دوام ومومي.
- د سږ کال له ۱۶ / ۸ څخه راپدې خوا خپل مشر ورور مې نه دئ لیدلی.

Exercise 8: ۸ تمرین: ولولئ او ولیکئ!

The following page represents a calendar that provides the dates in all three calendars: Hijri solar, Hijri lunar, and Gregorian calendars. Find the first of the month for each calendar, then write which dates from the other calendars these correspond to in the space provided and then check it with your instructor.

March مارچ April اپریل 2009	۱۳۸۸ حمل (وری)	ربیع الاول ربیع الثانی ۱۴۳۰ هـ.ق

جمعه Fri	پنجشنبه Thu	چهارشنبه Wed	سه شنبه Tue	دوشنبه Mon	یکشنبه Sun	شنبه Sat
27 ۷ ۳۰	26 ۶ ۲۹	25 ۵ ۲۸	24 ۴ ۲۷	23 ۳ ۲۶	22 ۲ ۲۵	21 ۱ ۲۴
3 ۱۴ ۷	2 ۱۳ ۶	Apr. 1 ۱۲ ۵	31 ۱۱ ۴	30 ۱۰ ۳	29 ۹ ۲	28 ۸ ربیع الثانی
10 ۲۱ ۱۴	9 ۲۰ ۱۳	8 ۱۹ ۱۲	7 ۱۸ ۱۱	6 ۱۷ ۱۰	5 ۱۶ ۹	4 ۱۵ ۸
17 ۲۸ ۲۱	16 ۲۷ ۲۰	15 ۲۶ ۱۹	14 ۲۵ ۱۸	13 ۲۴ ۱۷	12 ۲۳ ۱۶	11 ۲۲ ۱۵
				20 ۳۱ ۲۴	19 ۳۰ ۲۳	18 ۲۹ ۲۲

۱

۲

۳

۴

۵

۶

۷

Exercise 9: ۹ تمرین: جملې ولیکئ.

Using what you learned from this chapter, write some sentences describing important dates in your life or famous dates. The first one has been done for you.

۱ زه د یو زرو نه سوه و اووه اتیایم کال د اکتوبر میاشتې په شپاړسمه نېټه کې د نیو جرسي په ایالت کې زېږېدلی یم.

۲

۳

۴

۵

۶

Exercise 10: ۱۰ تمرین: جملې ولیکئ.

For each given Afghan holiday, find the corresponding Gregorian date from the list below. Then, write the date in the column provided. You can find information comparing Hijri and Gregorian months in the chart presented in the exercise 5 of this chapter.

د جشن نوم	د لمریز هجري کال نېټه	د مېلادي کال نېټه
نوروز – د لمریزې هجري جنترۍ سره سم د نوي کال لومړۍ ورځ	د حمل ۱ نېټه	
د روغتیا نړیواله ورځ	د حمل ۱۸ نېټه	
د سرې میاشتې نړیواله ورځ	د ثور ۱۸ نېټه	
د ماشومانو نړیواله ورځ	د جوزا ۱۱ نېټه	
د مور نړیواله ورځ	د جوزا ۲۳ نېټه	
د نشه اي توکو پر ضد د مبارزې ورځ	د سرطان ۴ نېټه	
د افغانستان د خپلواکۍ ورځ	د اسد ۲۸ نېټه	
د سولې نړیواله ورځ	د سنبلې ۱۰ نېټه	
د ځوانانو نړیواله ورځ	د عقرب ۱۹ نېټه	
د ښځو نړیواله ورځ	د حوت ۱۷ نېټه	

Red Cross	[sra miyāšt]	سره میاشت
drugs, narcotics	[našayí tóki]	نشه یي توکي

Exercise 11: ۱۱ تمرین: ولولئ او څرګند کړئ!

Read the greeting cards using the vocabulary list provided.

الف

ګرانه او محترمه وروره جانه!
لکه څنګه چې زه خبر یم، د جولای میاشتې څلورمه نېټه د امریکا
د متحده ایالاتو د خپلواکۍ ورځ ده. دا ورځ نه یوازې د امریکا د
خلکو، بلکه ددوی د دوستانو د پاره هم یو لوی جشن دئ.
ددې جشن په مناسبت تاسوته او ستاسو د کورنۍ غړو ته د زړه له
کومې مبارکي وایم. خدای دې ستاسو هېواد پیاوړی وساتي.
په درناوي،
میوند الکوزی

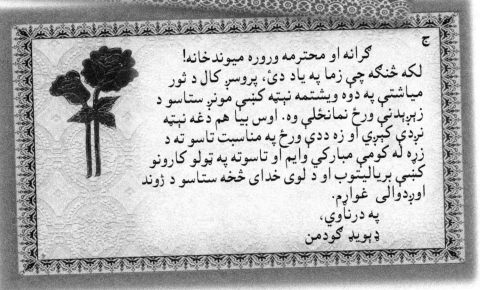

ب

ګرانه او محترمه وروره بریالیه!
ستاسو د واده د بلنې کارټ ما ته راورسېد. زه ډېر خوشاله یم
چې ستاسو د واده ورځ ټاکل شوې ده. ډاډمن یم چې له واده څخه
وروسته به ستاسو په ژوند کښې د نېکمرغۍ یو نوی پړاو پیل
شي. زه د واده په مناسبت تاسوته د زړه له کومې مبارکي وایم
او د لوی خدای څخه تاسوته او ستاسو نوې کورنۍ ته ښه ژوند،
بریالیتوب او نېکمرغي غواړم.
په درناوي،
جان فیشر

ج

ګرانه او محترمه وروره میوند خانه!
لکه څنګه چې زما په یاد دئ، پروسږ کال د ثور
میاشتې په دوه ویشتمه نېټه کښې مونږ ستاسو د
زېږېدنې ورځ نمانځلې وه. اوس بیا هم دغه نېټه
نږدې کېږي او زه ددې ورځ په مناسبت تاسو ته د
زړه له کومې مبارکي وایم او تاسوته په ټولو کارونو
کښې بریالیتوب او د لوی خدای څخه ستاسو د ژوند
اوږدوالی غواړم.
په درناوي،
ډېوېډ ګودمن

ګرانه او محترمه وروره جانه! د
لومړی خپل تاوده سلامونه تاسوته وړاندي کوم.
نن مي په دفتر کښي براين وليد. هغه وويل چي امريکا ته تللی و او له تاسو
سره هم کتنه يې درلوده. بيا يې وويل چي ستاسو په کورنۍ کښي يو زوی
پيدا شوی دئ. ددي خبرې په اورېدو سره ډېر خوشاله شوم. دا د پاك خدای
فضل دئ چي تاسوته يې يو زوی درکړی دئ؛ دا ستاسو د دوستانو لپاره هم
د خوشالۍ خبره ده.
ګرانه جانه، ستاسو د زوی د زېږېدو په مناسبت تاسوته د زړه له کومي
مبارکي وايم. خدای دي ددې نوي مېلمه قدم تاسو ته نېکمرغه کړي.
په درناوي،
ببرك دراني.

sincerely	[pə dranâwi]	په درناوي
warm greetings	[tāwdə́ salāmúna]	تاوده سلامونه
in regards to	[də … pə munāsabát]	د ... په مناسبت
cordial, sincere	[də zṛə lə kúme]	د زړه له کومي
birthday	[də zeẓ̌edéne wraž]	د زېږېدنې ورځ
long life	[də žwand uẓ̌dwālay]	د ژوند اوږدوالی
wedding invitation card	[də wādə́ də baléne kārṭ]	د واده د بلنې کارټ
I believe, I am sure	[dādmán yəm]	دادمن يم
as	[léka cénga če]	لکه څنګه چې
to congratulate	[mubārakí wayə́l] ([wāy-])	مبارکي ويل (وای-)
new stage, period	[néway paṛâw]	نوی پړاو
new-born (lit. new guest)	[néway melmá]	نوی مېلمه
has been appointed	[wúṭākəla šwa]	وټاکل شوه
to offer, present	[wṛândi kawə́l]	وړاندي کول
he said	[hağə́ wúwayəl]	هغه وويل

A. Decide which of the four kinds of cards they best represent.

Birthday wishes	___
Holiday greetings	___
Congratulations on the birth of a child	___
Wedding congratulations	___

B. For each card, discuss with a classmate the following:

Who is the card from?
Who is the card to?
What is the reason for the greetings?
What kind of wish is being expressed?

Exercise 12: ۱۲ تمرین: د مبارکۍ کارټ ولیکئ.

Using the greeting cards above as prompts, write your own greeting card to a classmate selecting from the following occasions:

Birthday   Navruz holiday   New Year   Thanksgiving   Wedding

۲

۱

Simple Past Tense of Verbs

Simple past tense of verbs is generally used for narrating events experienced in the past.

ستاسو د واده د بلنې کارټ ماته راورسېد.
Your wedding invitation arrived.

میوند په موټر کښېناست او هوايي ډګر ته ولاړ.
Maywand got in the car and left for the airport.

Simple past tense can be imperfective or perfective.

To form the imperfective simple past tense, conjugate the verb as follows:

The *past stem* (PaS) or the *infinitive* of the verb + *past personal endings* (PaPE).The past stem of the verb is derived from the infinitive by removing the ending ل [-əl]. Here is the conjugation of the verb لوېدل [lwedəl] 'to fall' (PaS: لوېد [lwed-]) in the simple past imperfective tense:

Singular	Infinitive	PaS	PaPE	Pronoun
I used to fall, was falling	لوېدلم	لوېدم	[əm-] م –	زه
You used to fall, were falling	لوېدلې	لوېدې	[e-] ې –	ته
He used to fall, was falling	–	لوېده	[ə-] ه –	دی
She used to fall, was falling	لوېدله	لوېده	[a-] ه –	دا

Plural	Infinitive	PaS	PaPE	Pronoun
We used to fall, were falling	لوېدلو	لوېدو	[u-] و –	مونږ
You used to fall, were falling	لوېدلئ	لوېدئ	[əy-] ئ –	تاسې
They (m) used to fall, were falling	لوېدل	–	–	دوی
They (f) used to fall, were falling	لوېدلې	لوېدې	[e-] ې –	هغوی

Note that verbs do not conjugate with an infinitive in the third-person singular masculine*.

The imperfective simple past tense conveys meaning of habitual or continuous actions experienced in the past.

د میوند مورو پلار پخوا په کلي کښې ژوند کاوه.
Before, Maywand's parents used to live in a village.

سپوږمۍ د خپل ماما کره تلله.
Spuzhmey was going to her maternal uncle's home.

* The glossary of this volume provides conjugation of verbs in the third person singular masculine past imperfective and perfective tenses.

Simple Past Tense of Verbs (cont.)

The simple past perfective tense is formed in the same way, but with the perfective form of verbs. As you already know, the perfective form of the simple regular verbs is formed by adding the prefix و [wu-]: I fell. زه ولوېدم / ولوېدلم.

Simple irregular verbs form the simple past perfective tense with an alternative perfective stem. Compare the following sentences that you have read above:

Perfective: Maywand left for Kabul yesterday. پرون میوند کابل ته ولاړ.
Imperfective: سپوږمۍ د خپل ماما کره تلله.
Spuzhmey was going to her maternal uncle's home.

Denominative verbs, such as جوړول 'to build' and تېرېدل 'to pass', conjugate in the past imperfective tense the same as a simple verb, whereas forming the simple past perfective tense, they split into components (تېر – ېدل، جوړ – وَل), substitute کړل 'to do' for the suffix ول [awəl] and شول 'to become' for the suffix ېدل [edəl], and then conjugate.

سږ کال پوهنتون د خپلو محصلانو دپاره یو منځنی، خو خورا ښکلی لوبغالی جوړ کړ.
The university built a medium-sized, but very beautiful stadium for students this year.
ببرك د کتابتون تر څنګ تېر شو او د سروېس اډې ته ورسېد.
Babrak passed by a library and reached the bus stop.

Perfective simple past tense conveys meaning of definite, accomplished actions experienced in the past.

Maywand left for Kabul yesterday. پرون میوند کابل ته ولاړ.
I got very tired. زه ډېر ستړی شوم.

In the simple past tense, both imperfective and perfective, transitive verbs agree with the direct object in gender and number forming an ergative sentence.

لیلا د ورځپاڼې لپاره یوه مقاله لیکله.
Leila was writing an article for a newspaper.
I ate my food. خپله ډوډۍ مې وخوړله.

When there is not a direct object in the sentence (clause) the verb always takes the third-person masculine plural form.

میوند وویل: زه د پښتو ژبې ښوونکی یم.
Maywand said: I am an instructor of the Pashto language.
I wanted to go to the city. ما غوښتل چې ښار ته ولاړ شم.

Exercise 13: ۱۳ تمرين: لاندیني جملې بشپړې کړئ.

Complete the following sentences using given verbs in the appropriate form of the simple past tense (imperfective or perfective).

د نوروز په کنسرت کښې بهرني سندر غاړو هم سندرې ______ (ويل)

پخوا هر کال زما د زېږېدنې په ورځ کښې زما ټولو همټولګيانو ما ته د مبارکۍ برېښناليکونه ______ (ليکل)

د خپل کشر ورور د زېږېدنې په ورځ کښې مې ورته د سوغات په توګه يو ښه کتاب ______ (ورکول)

مونږ پروسږ کال د کرسمس جشن په رستوران کښې ______ (نمانځل)

محصلانو د سبق څخه وروسته معمولاً کتابتون ته ______ (تلل) او خپله کورنۍ وظيفه يې ______ (تيارول)

همټولګيانو د سپوږمۍ د زېږېدنې ورځ مېلې ته ښکلي ګلان او قيمتي سوغاتونه ______ (راوړل)

د خپلواکۍ د جشن په مناسبت د ښار په مرکزي پارك کښې يوه په زړه پورې اورلوبه ______ (تر سره کېدل)

ببرك هره ورځ خپلې وظيفې ته پلی تئ، په سروېس کښې نه ______ (سپرېدل)

Exercise 14: ۱۴ تمرين: له لاندينو کلمو په کارولو سره جملې جوړې کړئ.

Write sentences using the prompts. Employ the simple past imperfective or perfective tense depending on the content of your sentence. The first example has been done for you.

د نوروز جشن، ډوډۍ پخول.

مور مې د نوروز په جشن کښې معمولاً درې څلور ډوله ډوډۍ پخوله.

د جشن رسم ګذشت، ننداره کول

______

د خپلواکۍ جشن، د مبارکۍ کارتونه لېږل

______

د مور د زېږېدنې ورځ، مبارکي ويل

______

د نوروز دسترخوان، په بازار کښې مېوې اخيستل

______

د زېږېدنې ورځې مېلمستيا، په خوشالۍ تېرېدل

______

د جشن کنسرت، په تلويزيون کښې کتل

______

Exercise 15: ۱۵ تمرين: ولولئ او وليکئ!

Maywand sent an email to his American pen pal, Brian, about how he spent the Navruz holiday. Read the message carefully, paying attention to the usage of the simple past tense.

زما ګرانه دوسته براينه،

لومړی د زړه له کومې سلامونه تاته وړاندې کوم.

پرون زمونږ په هېواد کښې د نوروز جشن ونمانځل شو. دغه جشن زما خوښ دئ ځکه چې ډېر په زړه پورې رواجونه لري. ددې رواجونو سره سم د نوروز په درشل کښې مونږ خپل کور پاك کړاو د جشن د پاره مو ښه تياري ونيوله.

زه سهار وختي له خوبه راپاڅېدم، مورو پلار ته مې د نوروز مبارکي وويله، دوی ډېر خوشاله شول. بيا د نوروز له دود سره سم زه لومړی باغ ته ولاړم او هلته مې دوه نيالګي کښېنول، بيا کور ته راستون شوم، خپلې نوې جامې مې واغوستلې او د خپل همټولګي ګلجان سره ښار ته ولاړم.

پرون ښار ډېر ښکلی ښکارېده ځکه چې واټونه، ميدانونه، ودانۍ، لنډه دا چې هر څه د جشن په مناسبت سينګار شوی و. مونږ لومړی چوك ته ولاړو او يو ساعت مو هلته چکر وواهه بيا لوبغالي ته ولاړو چې رسم ګذشت وګورو. په لوبغالي کښې نندارچيان ډېر زيات وو، مونږ په سختۍ په يوه ګوښه کښې ځان ته ځای پيدا کړ او هلته مو د رسم ګذشت ننداره وکړه.

ما غوښتل چې تر ماښام پورې په ښار کښې پاتې شو، د اورلوبې ننداره وکړو خو ګلجان قبول نه کړ او مونږ بېرته کورته راغلو. رښتيا ووايم، وخت پر مونږ ډېر ښه تېر شو.

ګرانه براينه، ماته ووايه، تاسې کوم کوم جشنونه لرئ، کوم جشن ستا تر ټولو خوښ دئ؟ د نوروز جشن ستا په هېواد کښې نمانځل کېږي که نه؟

نور نو تا لوی خدای ته سپارم،

ستا مخلص ميوند دراني

hardly	[pə saxtéy]	په سختۍ
for ...	[də ... dəpāra]	د ... د پاره
according to ...	[də ... sará sam]	د ... سره سم
in short	lánḍa dā če]	لنډه دا چې
everything	[har cə]	هر څه

Vocabulary Note:

1. Depending on the context, the phrase یو ساعت [yaw sāát] 'one hour' may convey the meaning of 'some time'.

2. The phrase وخت پر مونږ ډېر ښه تېر شو (literally: the time went upon us very well) roughly translates into English as 'we enjoyed'.

3. The sentence نور نو تا لوی خدای ته سپارم (literally: Further, I entrust you to Great God) is commonly used at the end of written correspondence for 'Goodbye'. Also, the phrase ستا مخلص [stā moxlés] which literally means 'your devoted, sincere', translates roughly to 'sincerely yours'.

Now, list the activities that Maywand did on the Navruz holiday.

له دود سره سم د نوروز په درشل کې میوند او د ده مور و پلار خپل کور پاک کړ او د جشن لپاره یې تیاري ونیوله.	١
	٢
	٣
	۴
	۵
	۶
	٧
	٨

The Accusative Case of Personal Pronouns

In Pashto, in the present and future tenses, the direct object that is a personal pronoun, takes an accusative case which is the same that is an oblique form.

I entrust you to Great God. تا لوی خدای ته سپارم.
Do you see me? تاسي ما وینئ؟
No, I don't see you. نه، زه تا نه وینم.
Zarmina does not see you. زرمینه تاسو نه ویني.

The personal pronoun in the oblique form functioning as a direct object can be substituted with an enclitic pronoun.

I entrust you to Great God. لوی خدای ته دي سپارم.
لکه چي بریالی په کور کي نه دئ، زه یې نه وینم.
It looks like Baryalay is not at home, I don't see him.

Exercise 16: ۱۶ تمرین: جملې ولیکئ.

Now, imagine you are Brian writing an email back to Maywand. Tell him about some of the activities/traditions during your favorite holiday.

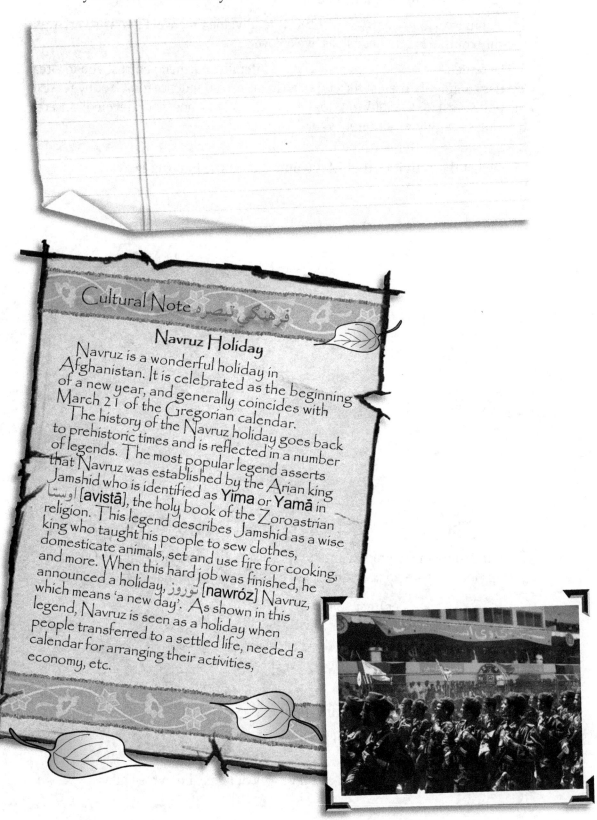

Cultural Note   فرهنگی تبصره

Navruz Holiday

Navruz is a wonderful holiday in Afghanistan. It is celebrated as the beginning of a new year, and generally coincides with March 21 of the Gregorian calendar.

The history of the Navruz holiday goes back to prehistoric times and is reflected in a number of legends. The most popular legend asserts that Navruz was established by the Arian king Jamshid who is identified as **Yima** or **Yamā** in اوستا [avistā], the holy book of the Zoroastrian religion. This legend describes Jamshid as a wise king who taught his people to sew clothes, domesticate animals, set and use fire for cooking, and more. When this hard job was finished, he announced a holiday, نوروز [nawróz] Navruz, which means 'a new day'. As shown in this legend, Navruz is seen as a holiday when people transferred to a settled life, needed a calendar for arranging their activities, economy, etc.

Cultural Note فرهنگي تبصره

The first day of Navruz falls on the spring equinox. Actually, in ancient times, there were two holidays– Navruz and مهرگان [mehragān] Mehragan, coinciding with the spring and fall equinoxes that were celebrated as a first day of a new year. Over time Navruz became more popular; however, the **Mehragān** holiday is still celebrated by some communities. In the past, Navruz was celebrated with certain customs and rituals. The most important of them were:

1. Cleaning of homes before the Navruz holiday,
2. Cooking special food for Navruz.
3. Making a special Navruz table with seven articles, the names of which begin with the letter س [sin] and called هفت سين [haft sin] 'seven 'sins', organizing concerts and entertainments.
4. Visiting elders with holiday congratulations.
5. Going outdoors on the thirteenth day of the celebration, which is called سيزده به در [sizdah–be–dar]

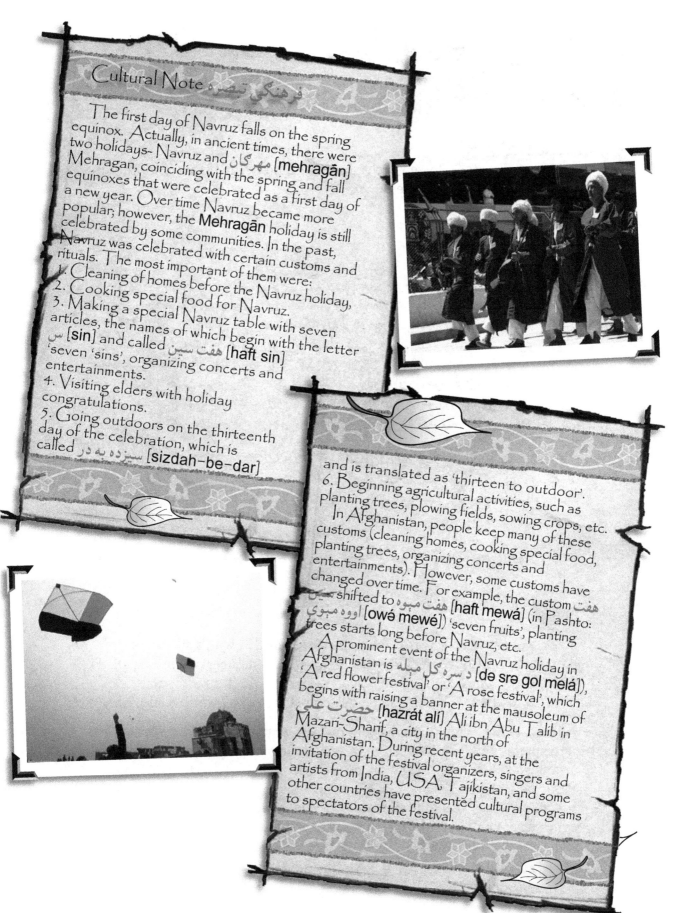

and is translated as 'thirteen to outdoor'.
6. Beginning agricultural activities, such as planting trees, plowing fields, sowing crops, etc.

In Afghanistan, people keep many of these customs (cleaning homes, cooking special food, planting trees, organizing concerts and entertainments). However, some customs have changed over time. For example, the custom هفت ميوه [haft mewá] (in Pashto: اوه ميوى [owé mewé]) 'seven fruits', planting trees starts long before Navruz, etc.

A prominent event of the Navruz holiday in Afghanistan is د سره گل ميله [də srə gol melá]), 'A red flower festival' or 'A rose festival', which begins with raising a banner at the mausoleum of حضرت على [hazrát alí] Ali ibn Abu Talib in Mazari-Sharif, a city in the north of Afghanistan. During recent years, at the invitation of the festival organizers, singers and artists from India, USA, Tajikistan, and some other countries have presented cultural programs to spectators of the festival.

Listen غوږ ونيسئ

In this part of the lesson, you will listen to texts and conversations on the topic.

Exercise 17: ۱۷ تمرين: غوږ ونيسئ او تش ځايونه ډك كړئ.

Listen to the audio and fill in the blanks with missing words and phrases.

نوروز

نوروز ______ لومړۍ ورځ ته وايي. نوی لمريز كال د ______ يا په پښتو د وري ______ په لومړۍ نېټه كښې پيلېږي. دا ورځ ______ لومړۍ ورځ هم ده.

افغانان ______ يا نوی كال له لرغونو زمانو څخه په ډېر شوق سره ______. په نوروز كښې زمونږ په هېواد كښې خلك ______ پخوي، اووه ډوله مېوې پر دسترخوان باندې ږدي.

د نوروز جشن ډېر زيات ______ دودونه او رواجونه لري. مثلاً، ______ د نيالګيو كښېنول او د كرهنې كارونو شروع كول رواج دئ.

په نوروز كښې ______ هر څوك هندارې ته ګوري. دا دود د نېكمرغۍ نښه ګڼل كېږي.

سربېره پر دې د كورونو په انګړ كښې اور اچول كېږي. ځوانان د اور پر سر دانګي او داسي نارې وهي: "زما ______ دې ستا وي او ستا ______ دې زما وي".

د نوروز په جشن كښې خلك معمولاً ______ اغوندي، مېلې جوړوي، خوشالي كوي، په لويو ښارونو كښې ______، ______، سپورتي مسابقې ______.

د نوي كال ______ په افغانستان كښې د "معارف ورځ" په نامه نومول شوې ده.

Note:

1. The word دسترخوان, borrowed from Dari, is spelled with a silent و, so it is pronounced as [dastarxân]. In Pashto, there are a number of words spelled with a silent و such as خوار [xâr] 'poor, pitiful', تنخواه [tanxâh] 'salary', خواهشات [xâhešât] 'wishes, requests', and خيرخواه [xayrxâh] 'well-wisher'.

2. The particle دې [di] (in the eastern dialect: دې [de]) which roughly corresponds with English 'let', 'may', depending on the context, conveys the meaning of allowance, obligation, desire.

So, the sentence "زما ژير رنګ دې ستا وي او ستا سور رنګ دې زما وي" can be interpreted as: 'Let my yellow color be yours and your red color be mine' which means a desire to change the pale color of face for red, the color of fire which symbolizes lively conditions.

to set a fire	[or ačawə́l]	اور اچول
with great excitement	[pə ḍer šawq sará]	په ډېر شوق سره
to jump over the fire	[də or pər sar dangə́l]	د اور پر سردنګل
sporting games	[sportí musābaqé]	سپورتي مسابقې
ancient times	[larǧúne zamāná]	لرغوني زمانه
to cry, shout	[nāré wahə́l]	نارې وهل

Passive Voice of Verbs

In Pashto, the passive voice is generally used when the subject of the verb is not mentioned in the sentence. Note that only transitive verbs can be used in the passive voice.

To form the passive voice, add the auxiliary verb کېدل 'to become' to the infinitive of the main verb and conjugate it in the required tense.

افغانان نوروز له لرغونو زمانو څخه راهیسې نمانځي.
Afghans have celebrated Navruz since ancient times. (Active voice)
نوروز له لرغونو زمانو څخه راهیسې نمانځل کېږي.
Navruz has been celebrated since ancient times. (Passive voice)
د ډوډۍ د خوړلو نه وروسته هندارې ته کتل خلك د نېکمرغۍ نښه ګڼي.
People consider looking into a mirror after eating food a sign of good luck. (Active voice)
د ډوډۍ د خوړلو نه وروسته هندارې ته کتل د نېکمرغۍ نښه ګڼل کېږي.
Looking into a mirror after eating food is considered a sign of good luck. (Passive voice)
افغانستان د نوی کال دوهمه ورځ د "معارف ورځ" په نامه نومولې ده.
Afghanistan has named the second day of a new year "The day of education". (Active voice)
د نوی کال دوهمه ورځ په افغانستان کښې د "معارف ورځ" په نامه نومول شوې ده.
In Afghanistan, the second day of a new year has been named "The day of education". (Passive voice)

The logical subject of the verb, i.e. the person or thing accomplishing the action, can be mentioned in the sentence, but only using the prepositional phrase د ... له خوا [də ... lə xwā] meaning 'by'.

خوشحالخان ختېك دغه شعر په سرای کښې لیکلی و.
Khushhal Khan Khatak had written this poem in Saray.
دغه شعر د خوشحالخان ختېك له خوا لیکل شوی و.
This poem had been written by Khushhal Khan Khatak.

Exercise 18: ۱۸ تمرین: غوږ ونیسئ او پوښتنو ته ځواب ورکړئ.

Now listen a second time to the text in exercise 17. Using the grammar points and vocabulary provided, answer the following questions.

۱ افغانان کومې ورځ ته نوروز وايي او د نوروز معني څه ده؟

۲ په افغانستان کښې نوی کال کله پیلیږي؟

۳ افغانان له کوم وخت څخه راهیسي د نوروز جشن نمانځي؟

۴ ولې افغانان د نوروز پر دسترخوان باندې اووه ډوله میوې ږدي؟

۵ له ډوډۍ خوړلو نه وروسته ولې خلك هندارې ته ګوري؟

۶ د نوروز په جشن کښې خلك کوم قسم جامې اغوندي؟

۷ کله چې ځوانان د اور پر سر باندې دانګي، دوی څه وايي؟

۸ په افغانستان کښې کومه ورځ د "معارف ورځ" نومول شوې ده؟

Let's Speak Pashto! راځئ چې په پښتو خبرې وکړو!

In this part of the lesson, you will practice speaking about customs of the Navruz holiday, describing experiences from your favorite holiday, and giving holiday wishes.

Exercise 19: ۱۹ تمرین: د نوروز د رواجونو په هکله له خپل همټولګي سره وغږېږئ.

Discuss with a classmate the following customs of the Navruz holiday that you have learned from the text and the cultural note:

1. Cooking food for Navruz
2. Serving seven fruits for the holiday table
3. Planting trees
4. Looking at a mirror
5. Jumping over the fire
6. Wearing new clothes for the holiday

Exercise 20: ۲۰ تمرین: لاندیني خبرې اترې بشپړې کړئ.

The following is a transcript of a conversation between Brian and Maywand, but Maywand's part of the conversation is missing. With a partner, first fill in Maywand's part to complete the conversation and then practice the conversation together.

براین: سلام میوند خانه، خوشاله یم چې تاسو وینم. څنګه یاستئ، ښه، جوړ؟

میوند: ______

براین: میوندخانه، نن ستاسو په وطن کې د نوروز جشن نمانځل کېږي.
د نوروز په مناسبت تاسوته مبارکي وایم.

میوند: ______

براین: تاسو خو خبر یاست چې نن ماښام د پوهنتون د بین المللي اړیکو
په مرکز کې د نوروز په اړه یو کنسرت تر سره کېږي؟

میوند: ______

براین: د کنسرت په پروګرام کې افغاني اتڼ هم شامل دئ. تاسې هم د اتنچیانو
په ډله کې یاستئ؟

میوند: ______

براین: ښه؟ ډېر عالي! زه به خامخا هلته ولاړ شم او افغاني اتڼ وګورم.

Exercise 21: ۲۱ تمرین: د نوي کال د جشن په هکله له خپل همټولګي سره خبرې اترې جوړې کړئ.

Working with a classmate, use the conversation in exercise 20 as an example for making up your own dialogue about the New Year holiday. Practice the dialogue together and then present it to the class.

Exercise 22: ۲۲ تمرین: خپل همټولګي ته د یوه جشن په هکله کیسه وکړئ.

Working with a classmate, practice giving one another holiday wishes for the following:

1. Christmas
2. New Year (in the Gregorian calendar)
3. Independence Day
4. Mother's Day
5. Women's Day
6. Labor Day

Exercise 23: ۲۳ تمرین: له خپل همټولګي سره مشق وکړئ.

Using what you learned from Maywand's message in exercise 17, tell a classmate about your experience from last year's Thanksgiving (or another similar holiday, if you wish), then change roles. Here are some phrases that you can use.

having a traditional dinner	د رواجونو سره سم مېلمستیا جوړول
spending holiday with family	له خپلې کورنۍ سره یو ځای جشن نیول
giving thanks	مننه ویل
having conversation with your relatives	له خپلوانو سره خبرې اترې کول
Saying 'Happy Holiday!' to each other	یو بل ته د جشن مبارکي ویل

Afghan Realia افغاني دود او دستور

In this part of the lesson, you will read a postcard, watch a video, and practice speaking about Navruz celebrations.

Exercise 24: ۲۴ تمرین: پوست کارټ ولولئ او پوښتنو ته ځواب ورکړئ.
Read the postcard and answer the following questions.

۱ دغه کارټ د کوم جشن په مناسبت لیکل شوی دئ؟

۲ د دغه کارت لیکونکی څوك دئ؟

۳ په کارټ کې چا ته مبارکي ویل کېږي؟

۴ ستاسو په اند دغه کارټ کوم وخت لیکل شوی دئ؟

Exercise 25: ۲۵ تمرین: ویډیو وګورئ.

A. First, watch the video with the sound turned off. Describe what you see and guess what event is being shown in the film.

B. Watch the video again, this time with the sound turned on. Then answer the following questions:

۱	وواياست چې د کوم کال نوې ورځ نمانځل کېږي؟	________
۲	دغه مېله په کوم ځای کې تر سره کېږي؟	________
۳	ددې مراسمو د کتلو لپاره څومره خلك راغونډ شوي وو؟	________
۴	راغونډ شويو خلکو دا ورځ څرنګه ونمانځله؟	________
۵	لوبغاړو په دې غونډه کې څه وکړل؟	________
۶	په دې غونډه کې د کومو لوبو ننداري وړاندې شوې؟	________

according to custom	[pə dodéz ḍawl]	په دودېز ډول
like ...	[də ... pə cer]	د ... په څېر
to welcome ..., greet ...	[də ... harkə́lay kawə́l]	د ... هرکلی کول
Karte sakhi (name of a block in Kabul)	[kārt(ay)é saxí]	کارته سخي
since many, many years	[lə kalúno kalúno rāhíse]	له کلونو کلونو راهيسې

Additional Exercises اضافي تمرينونه

In this part of the lesson, you will practice more about calendars and holidays.

Exercise 26: ۲۶ تمرين: ولولئ او سره ونښلوئ!

Match the names of the months of the Hijri solar calendar, both Arabic and Pashto, with the seasons. Then list them in the space provided to complete the chart. An example has been done for you.

ميزان	حوت	پسرلی	کب	وږی
حمل	دلو		وری	تله
ثور	جدی	اوړی	غویی	لړم
جوزا	قوس		غبرګولی	لیندۍ
سرطان	عقرب	منی	چنګاښ	مرغومی
اسد			زمری	
سنبله		ژمی		

ژمی		منی		اوړی، دوبی		پسرلی	
پښتو	عربي	پښتو	عربي	پښتو	عربي	پښتو	عربي
					سرطان	وری	
					اسد	غویی	
					سنبله	غبرګولی	

Exercise 27: ۲۷ تمرین: ولولئ او ولیکئ!

For each US holiday and its given Gregorian date, write the corresponding Hijri date in the column provided.

د لمریز هجری کال نېټه	د میلادی کال نېټه	د جشن نوم
	د دسامبر ۲۵ نېټه	کریسمس (د عیسی مسیح د زیږېدنې ورځ)
	د جنورۍ ۱ نېټه	دنوي کال جشن
	د جنورۍ دریمه دوشنبه	د مارتین لوتر کینګ ورځ (د مارتین لوتر کینګ د زیږېدنې ورځ)
	د مى وروستۍ دوشنبه	د شهیدانو د یادونې ورځ (د کورنۍ جګړې د شهیدانو په ویاړ نمانځل کېږي).
	د جولای ۴ نېټه	د خپلواکۍ جشن (د امریکا د متحده ایالاتو د خپلواکۍ د اعلامیې د لاسلیك کېدو په ویاړ نمانځل کېږي).
	د سپتامبر لومړۍ دوشنبه	د کار ورځ
	د اکتوبر ۳۱ نېټه	هالووین
	د نومبر څلورمه پنجشنبه	شکرانه

Declaration	[elāmiyá]	اعلامیه
in honor of ...	[də ... pə wiyāṛ]	د ... په ویاړ
Messiah Jesus	[isā masíh]	عیسی مسیح
Civil War	[koranə́y jagṛá]	کورنۍ جګړه

Vocabulary

In this part of the lesson, you will review, listen, and practice pronunciation of phrases and vocabulary used in the chapter.

Phrases اصطلاحات

sincerely	په درناوي
hardly	په سختۍ
warm greetings	تاوده سلامونه
against	د ... پر ضد
in the opinion of	د ... په اند
for	د ... د پاره
in regards to the holiday	د جشن په مناسبت
cordial, sincere	د زړه له کومې
greeting card	د مبارکۍ کارټ
(if I say) frankly	رښتیا ووایم
current year	سږ کال
looks like	لکه چې
as	لکه څنګه چې
in short	لنډه دا چې
see: له ... څخه راهیسې	له ... څخه راپدې خوا
since	له ... څخه راهیسې
newborn (lit. new guest)	نوی مېلمه

Vocabulary Words لغتونه

Atan, an Afghan national dance	اتڼ
~ dancer	~چي
to perform ~	~ کول
stop, base	اډه
bus stop	د سروېس اډه
relationship, connection	اړیکی
exam	امتحان
to take an exam	امتحان ورکول
fire	اور
to light a fire	اور اچول
firework	اورلوبه
length	اوږدوالی
state (as in the US)	ایالت
to put	ایښودل
garden	باغ
to participate, to share	برخه اخیستل
to remain, stay	پاتې کېدل
to fly a kite	پتنګ الوزول
phase, stage	پړاو
strong, outstanding	پیاوړی
to find	پیدا کول
to be realized, consummated	تر سره کېدل
tournament	تورنمنټ
swing	ټال
holiday	جشن
calendar	جنتري
Gregorian ~	مېلادي ~، زېږدیزه ~
market square	چوک
whether one wishes it or not	خامخا
eve	درشل
tablecloth	دسترخوان
to jump	دنګل
continuation	دوام
to continue	~ کول
let, may	دي
group	ډله
parade	رسم ګذشت
to arrive, reach	رسېدل
custom	رواج
health	روغتیا
time, period	زمانه
to swing	زنګل
to live	ژوند کول
to have a good time, to spend time for pleasure/fun	ساعت تېري کول
to return (intransitive)	ستنېدل / ستونېدل
Red Cross	سره میاشت
to coincide	سمون خوړل
singer	سندرغاړی
to sing	سندره ویل
peace	سوله
to be decorated	سینګارېدل
to begin (transitive)	شروع کول
enjoyment, pleasure	شوق
to appear, seem	ښکارېدل
member	غړی

to accept, agree with	قبولول
view, looking through	کتنه
agriculture	کرهڼه
to sit down	کښېنستل
calendar, notebook-calendar	کليزه، کليز
village	کلی
concert	کنسرت
to participate	ګډون کول
dear	ګران
corner	ګوښه
ancient	لرغون
stadium	لوبغالی
to send	لېږل
writer	ليکونکی
fight, struggle	مبارزه
congratulations to congratulate	مبارکي ~ ويل
respected, honorable	محترم
center	مرکز
competition sporting ~	مسابقه سپورتي ~
meaning	معني
kindness, graciousness (also used as a response to appreciation)	مهرباني
picnic, festival, party	ميله

square, area	ميدان
to cry, shout	ناري وهل
worldwide, international international day	نړيوال نړيواله ورځ
narcotics	نشه يي توکي
to honor, celebrate	نمانځل
viewer, spectator	نندارچي
to watch	ننداره کول
date	نېټه
sapling, young tree to plant a ~	نيالګی ~ کېنول
newspaper	ورځپاڼه
to give to take an exam	ورکول امتحان ~
to offer	وړاندي کول
Wuzloba (also Buzkashi) 'The goat game', Afghan national game	وزلوبه
homeland, fatherland	وطن
human being	وګړی
people	وګړي
Hijri ~ solar calendar ~ lunar calendar	هجري ~ لمريزه جنتري ~ قمري جنتري
colleague	همکار
mirror	هنداره
that is, i.e., viz	يعني

دریم لوست

CHAPTER THREE 3

دغه سړی مو وپېژاند؟
(د وګړو تعریفول)

DID YOU RECOGNIZE THIS MAN?
(DESCRIBING PEOPLE)

IN THIS CHAPTER

- Let's Get Started د درس پیل
  Practice describing people

Let's Get Started د درس پيل

In this chapter you will learn vocabulary related to describing the appearance and physical characteristics of people

Exercise 1: ۱ تمرين: غوږ ونيسئ او ولولئ!

Look at the pictures below. Then, follow along with the audio describing each picture.

سپين سرې/ بوډۍ

سپين ږيرى/ بوډا

پېغله ځلمى

هلك

نجلۍ

ښکلى

ښکلې

غښتلى

تشلاسى/ بېوزلى

کمزورى

old woman (lit. whitehead)	[spinsáre]	سپين سرې
wealthy	[štamán]	شتمن
strong	[ğuṣ̌tə́lay]	غښتلى
weak	[kamzóray]	کمزورى
lady	[mermə́n]	مېرمن

old man	[buḍā́]	بوډا
old woman	[buḍéy]	بوډۍ
poor, helpless	[bewázlay]	بېوزلى
poor, needy	[təšlā́say]	تشلاسى
old man (lit. whitebeard)	[spinẓ̌íray]	سپين ږيرى

Exercise 2: ۲ تمرین: ولولئ!

Read the following adjectives that can be used to describe body characteristics and decide if any of them can be applied to the pictures above in the affirmative or negative form.

Example:

This old man looks serious. دغه سپینږیری جدي ښکاري.

That boy is not playful. هغه هلك شوخ نه دئ.

old	[zoṛ / zaṛá]	زوړ/ زړه
playful	[šox / šóxa]	شوخ/ شوخه
serious	[jeddí]	جدي
hook-nosed	[šundakpózay]	شونډك پوزی
big	[ğaṭ / ğáṭa]	غټ / غټه
small	[kučnáy / kučnə́y]	کوچنی/کوچنۍ
short	[lanḍay]	لنډی

ugly	[badránga]	بدرنگه
snub-nosed	[pitpózay]	پیت پوزی
tall	[jəg / ǰə́ga]	جگ / جگه
fat	[čāğ / čāğa]	چاغ / چاغه
young	[ǰwān / ǰwāna]	ځوان / ځوانه
skinny	[ḍangár / ḍangára]	ډنگر / ډنگره

Exercise 3: ۳ تمرین: ولولئ او سره ونښلوئ!

Match each adjective in the right column with its antonym on the left.

۱	ځوان
۲	کوچنی
۳	بدرنگه
۴	جگ
۵	چاغ
۶	غبنتلی
۷	چاغه
۸	ځوانه
۹	شوخ

زړه	___
ښکلی	___
غټ	___
کمزوری	___
ډنگره	___
لنډی	___
زوړ	___
ډنگر	___
جدي	___

Exercise 4: ۴ تمرین: غوږ ونیسئ او مشق وکړئ!

Listen and practice!

دا سپین ږیری ډنگر دئ.	هغه نجلۍ ځوانه وه.
دغه ماشوم شوخ دئ.	هغه سړی غټ و.
دغه پېغله ښکلې ده.	هغه هلك شونډك پوزی و.
هغه مېرمن چاغه نه ده.	هغه نجلۍ ډنگره وه.
دغه ځلمی غبنتلی دئ.	هغه ځلمی پیت پوزی و.

Language Points قاعده زده کړئ

In this part of the lesson you will learn about inflection of adjectives, relative or adjectival clauses.

Inflection of Adjectives

As you already know, when one modifies nouns or uses a component of the predicate, adjectives agree with the referring noun in gender, number, and case.

د سروېس په اډه کښې يو څو ځوانې ښځې ولاړې وې.

There were several young women standing at a bus stop.

In this sentence, the word ښځې [ṣ̌ə́ǰe] which is a feminine plural noun, requires the adjectives ځوانې [ǰwā́ne] 'young' and ولاړې [walā́ṛe] 'standing' to take the same form.

Also notice agreement between the noun and the adjective in gender and number (first example) and gender, number, and case (second example) in the following sentences.

افغان ځوانان نه پرېږدي چې زاړه سړي سخت کارونه وکړي.

Afghan youngsters don't let the elderly men do the hard work.

مونږ له خپلو درنو اورېدونکو څخه بخښنه غواړو چې د تخنيکي ستونزو لامله دغه مرکه نه شو اورولای.

We apologize to our dear listeners that because of technical issues, we cannot broadcast the interview.

To modify adjectives to agree with nouns, use the following charts as a reference.

1. Adjective ځوان [ǰwān] 'young' inflects as follows:

f pl	f s	m s & pl
ځوانې	ځوانه	ځوان

The oblique of the masculine singular of this adjective is the same as a nominative, whereas in the feminine singular oblique form, it changes to ځوانې [ǰwā́ne] which is the same as the plural feminine. In the plural oblique, both the masculine and feminine change to ځوانو [ǰwā́no].

Inflection of Adjectives (cont.)

All forms are represented in the following chart.

Plural oblique	Plural nominative		Singular oblique		Singular nominative	
f / m	f	m	f	m	f	m
ځوانو	ځوانې	ځوان	ځوانې	ځوان	ځوانه	ځوان

Example:
Young instructor (m) ځوان ښوونکی
A lesson of a young instructor (m) د ځوان ښوونکي درس
Young instructor (f) ځوانه ښوونکې
A lesson of a young instructor (f) د ځوانې ښوونکې درس
Lessons of young instructors (m & f) د ځوانو ښوونکو درسونه

The adjectives جګ [jəg] 'tall, high', غټ [ğat] 'big', چاغ [čāğ] 'fat', ډنګر [dangə́r] 'skinny', شتمن [štamán] 'wealthy', and شوخ 'playful' inflect in the same way.

2. Adjective کوچنی [kučnáy] 'small':

Plural oblique	Plural nominative		Singular oblique		Singular nominative	
f / m	f	m	f	m	f	m
کوچنیو	کوچنۍ	کوچني	کوچنۍ	کوچني	کوچنۍ	کوچنی

3. Adjective ښکلی [ṣ̌kəlay] 'pretty':

Plural oblique	Plural nominative		Singular oblique		Singular nominative	
f / m	f	m	f	m	f	m
ښکلو	ښکلې	ښکلي	ښکلې	ښکلي	کوچنۍ	کوچنی

Note: Adjectives غښتلی [ğuṣ̌təlay], 'strong' and کمزوری [kamzoray] 'weak' inflect similarly.

4. Adjective زوړ [zoṛ] 'old'

Plural oblique	Plural nominative		Singular oblique		Singular nominative	
f / m	f	m	f	m	f	m
زړو	زړې	زاړه	زړې	زاړه	زړه	زوړ

Exercise 5: ۵ تمرين: ولولئ!

Read the following sentences, paying attention to the agreement between adjectives and nouns.

١ د هغې ښکلې پېغلې مشر ورونه ډېر جګ او غښتلي ځلميان دي.

٢ دولت غواړي له بېوزلو کسانو سره مرسته وکړي.

٣ زړې ښځې بايد په ورځ کښې څلور يا پنځه ځله لږ لږ ډوډۍ وخوري.

۴ د سپتامبر په يوولسمه کښې د نيو يورك پر دوو جګو ودانيو باندي ځانمرګي بريد شوی و.

۵ په دې ورځپاڼه کښې د يوې شتمنې ښځې د ژوندليك په هکله مقاله خپره شوې ده.

۶ پخوا دغه کورنۍ د ښار په يوه ليرې ګوښه کښې په يوه کوچني کور کښې ژوند کاوه.

Exercise 6: ۶ تمرين: پوښتنو ته ځواب ورکړئ

Based on the sentences that you read in exercise 5, answer the following questions. Be sure to use proper agreement between adjectives and nouns.

١ کوم زلميان جګ او غښتلي دي؟

٢ دولت له چا سره مرسته کوي؟

٣ څوك بايد په ورځ کښې څلور يا پنځه ځله ډوډۍ وخوري؟

۴ د سپتامبر په يوولسمه کښې په کوم ښار کښې پر څه شي باندي ځانمرګي بريد شوی و؟

۵ په ورځپاڼه کښې د چا په هکله مقاله خپره شوې ده؟

۶ پخوا دغه کورنۍ چيرې ژوند کاوه؟

Exercise 7: ۷ تمرین: ولولئ او سره وغږېږئ!

Read the description of the following picture. Then discuss with your classmate if you agree with the description or can offer your own version.

دا د يوې کورنۍ غړي دي چې په پارک کې هواخوري کوي. په دغه کورنۍ کښې اووه کسان دي. ددې کورنۍ ځيني غړي پر اوږدې څوکۍ باندې ناست او ځيني يې د څوکۍ په شاوخوا کښې ولاړ دي. د اوږدې څوکۍ کيڼه خواته يو سپين ږيرى ولاړ دئ چې په لاس کې يې ورځپاڼه ليدل کيږي. سپين ږيرى جګه ونه لري، ډنګر دئ خو غښتلى ښکاري. دده په وړاندې کښې يو سړى پر څوکۍ باندې ناست دئ، چې تور برېتونه لري. زما په اند، دغه سړى د سپين ږيري زوى دئ. هغه ناروغ او کمزورى ښکاري. دا ښځه چې د څوکۍ تر شا ولاړه ده او په غېږ کې يې يوه ماشومه ده، ددې سړي مانديڼه ده. هغه ماشومه چې په غېږ کې يې نيولې ده، ددې لمسۍ ده. دا ښځه دومره چاغه نه ښکاري او ونه يې هم ميانه ده. هغه ځلمى چې ددې تر شا ولاړ دئ او وېښتان يې تيت و پرک دي، يو توررنګه سپى لري چې هغه ماته خورا بدرنګه ښکاري، غوږونه يې هم ډېر زيات اوږده دي. پر څوکۍ باندې يوه ځوانه ښځه هم ناسته ده، چې اوږده وېښتان لري. ښايي چې هغه دده ځلمي مانديڼه وي. ځلمى ورته يو څه وايي، خو ښځه غلې ناسته ده او څه نه وايي. په عکس کښې يو هلک هم ليدل کيږي چې بايسکل ځغلوي. هغه ماته ډېر شوخ هلک ښکاري.

scattered, dispersed	[títu prak]	تيت و پرک
in my opinion	[zmā pə and]	زما په اند
to her	[wə́rta]	ورته
something	[yaw cə]	يو څه

Note:

The interrogative pronoun څه؟ [cə?] 'what?' used in the declarative sentence means 'something, anything'.

Relative or Adjectival Clauses

Relative or adjectival clauses are used to modify nouns that are presented in the main clause.

دا د یوې کورنۍ غړي دي چې په پارك کښې استراحت کوي.
These are members of a family, who are resting in a park.

The relative subordinate clause په پارك کښې استراحت کوي is modifying the noun غړي 'members' which is a part of the predicate in the main clause. The relative subordinate clause usually follows the main clause (see the example above), however, it can also be placed within the main clause.

دا ښځه چې د څوکۍ تر شا ولاړه ده او په غېږ کښې یې یو
ماشوم دئ، ددې سړي ماندینه ده.
This woman, who is standing behind the bench and
holding a baby in her hands, is the wife of this man.

In this sentence, دا ښځه ددې سړي ماندینه ده is a main clause in which the word ښځه 'the woman' is modified by two parallel subordinate clauses:

a) د څوکۍ تر شا ولاړه ده.
b) په لاس کښې یې یو ماشوم دئ.

Relative clauses are generally connected to the main clause through the conjunction چې [če] which corresponds in English to 'which' or 'that'. The noun that the relative clause modifies often takes a pronoun (دا، دغه، هغه، داسې، کوم) to clarify the word to which the subordinate clause refers.

هغه سړی چې جګه ونه او تور بریتونه لري، زمونږ د پښتو ژبې ښوونکی دئ.
That man, who is tall and has a black mustache, is our Pashto instructor.
هغه ماشوم، چې په غېږ کښې یې نیولی دئ، ددې لمسۍ ده.
That child who she holds in her hand is her granddaughter.
کوم زده کوونکی چې په امتحان کښې لومړۍ نومره شي،
هغه به د معارف د وزارت ستاینلیك واخلي.
The student who earns the best grade on the exam will receive the
appreciation letter from the ministry of education.
زمونږ په هېواد کښې داسې کارخانې هم شته چې همدا اوس
جوړېږي او لاتر اوسه یې په کار پیل نه دئ کړی.
There are such factories, which are being built now and
have not started working yet.

Exercise 8: ٨ تمرین: ولیکئ!

Look at the following picture. Compare it to the picture from exercise 7. Then, write in the space provided how the two pictures are similar or different.

Differences توپیر ونه

Similarities ورته والي

Exercise 9: ۹ تمرین: غوږ ونیسئ او تش ځایونه ډک کړئ.

Listen to the conversation and fill in the blanks with the missing words. Then, read it aloud with a classmate. Then switch roles.

براین: میوند خانه، دغه ځلمی تاته ښت ورته دئ، هغه ستا ورور نه دئ؟
میوند: کوم یو؟ هغه چې ______________ لري؟
براین: نه، هغه بل یو چې ______________ او
______________ لري.
میوند: هغه چې تر ونې لاندې پر اوږدې څوکۍ باندې ناست دئ او د
ستیفني سره خبرې کوي؟
براین: هو، هغه وایم.
میوند: هغه زما تربور دئ.
براین: دده نوم څه دئ؟ ډیر ______________ معلومېږي.
میوند: دده نوم ګلجان دئ. هغه ورزشکار دئ.
براین: ښه؟ ډیر ښه.

Exercise 10: ۱۰ تمرین: له خپل همټولګي سره مشق وکړئ.

Now, working with a classmate, make your own dialogue using the dialogue in exercise 9 as a model.

Exercise 11: ۱۱ تمرین: ولولئ او سره ونښلوئ!

Read the descriptions and match each of them with the appropriate picture.

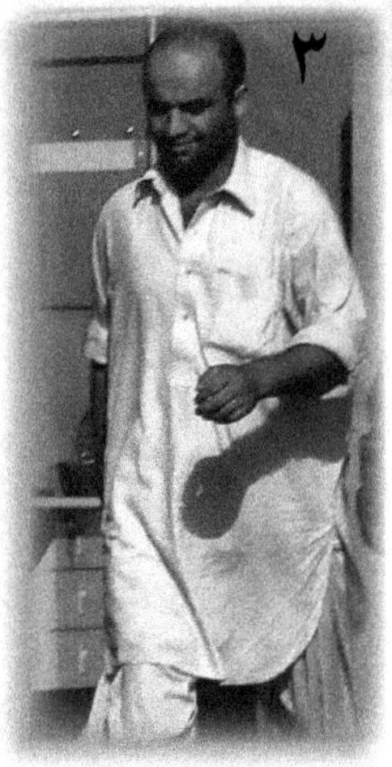

دا یو ښکلی ځلمی دئ، تور برېتونه او ږیره لري. دده وېښتان بور ښکاري. دی دومره غټ نه دئ، دده ونه لږ څه اوږده ده. هغه ډېر جدي او هوښیار ځلمی معلومېږي.

دا سړی سپینږیری دئ، ونه یې میانه ده، دومره غټ او چاغ نه دئ، خو ډنګر هم نه دئ. وېښتان یې نه لیدل کېږي. هغه شتمن نه ښکاري.

دا یو سړی دئ چې تور برېتونه، توره ږیره او تور وېښتان لري. وېښتان یې اوږد دي. دده سترګې نسواري ښکاري. هغه ډېر هوښیار او شتمن سړی دئ، ښې جامې یې اغوستې دي.

دغه سړی تقریباً پنځه دېرش کلن ښکاري، دده ونه میانه ده، وېښتان یې لنډ دي. هغه غټ او غښتلی ښکاري خو چاغ نه دئ. دده مخ ګردی دئ، هغه ډېر هوښیار او مهربان دئ.

Exercise 12: ۱۲ تمرین: ولولئ او سره وغږېږئ!

Read the job announcement. Then, working with a partner, read the following job descriptions and choose which one best fits what the advertisers are searching for.

اعلان

جګه ونه، پراخې اوږې او تکړه ځلمیان وظیفې ته بلل کېږي چې د تېکواندو یا کاراتې ورزش یې زده وي اود تودې وسلې په کارولو کښې مهارت ولري.
هغو ځلمیانو ته امتیاز ورکول کېږي چې عسکري خدمت یې تر سره کړی وي.

د وظیفې تعریف

١ د پولیس ماموریت غواړي چې د ترافیك د پولیس په وظیفه یې مقرر کړي.

٢ د (نوروز) تجارتي شرکت غواړي چې د شرکت د مشر د ساتونکی په توګه یې مقرر کړي

٣ د (پامیر) رستورانټ غواړي چې پیشخدمت یې مقرر کړي.

۴ د (آرزو) د موډ او فیشن مرکز غواړي چې د مودل په وظیفه مقرر کړي.

to prefer, give priority (to)	[imtiyâz warkawə́l]	امتیاز ورکول
trading company	[tijāratí šerkát]	تجارتی شرکت
firearms (lit: hot weapon)	[tawdá waslá]	توده وسله
traffic police	[də trāfík polis]	د ترافیك پولیس
military service	[askarí xidmát]	عسکري خدمت
fashion, mode	[mod aw fešán]	مود او فېشن

Exercise 13: ۱۳ تمرین: له خپل همټولګي سره مشق وکړئ.

Now, create a new announcement and three job descriptions. Then ask your classmate to find the best description for the announcement.

Descriptions د وظیفي تعریف

	۱
	۲
	۳
	۴

Listen غوږ ونیسئ

In this part of the lesson you will listen to dialogues and texts related to describing the appearance and body characteristics of people.

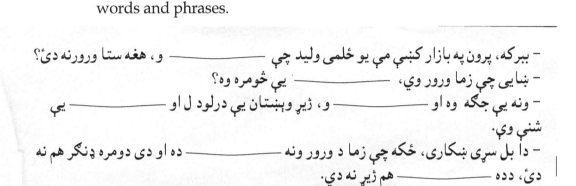

Exercise 14: ۱۶ تمرین: غوږ ونیسئ او تش ځایونه ډك کړئ.

Listen to the audio and fill in the blanks with missing words and phrases.

- ببرکه، پرون په بازار کښې مې یو ځلمی ولید چې __________ و، هغه ستا ورورنه دئ؟
- ښایی چې زما ورور وي، __________ یې څومره وه؟
- ونه یې جګه وه او __________ و، ژیړ وېښتان یې درلود ل او __________ یې شنې وې.
- دا بل سړی ښکاری، ځکه چې زما د ورور ونه __________ ده او دی دومره ډنګر هم نه دئ، دده __________ هم ژیړ نه دي.

Exercise 15: ۱۵ تمرین: غوږ ونیسئ!

Listen to the audio. Using numbers, put the sentences in the correct order.

- برېتونه؟ نه، هغه بل څوك ښکاري.
- غنم رنګه؟ هغه یو لنډی او چاغ ځلمی نه و چې تور وېښتان یې درلودل؟
  هو، دی په هغه سروېس کښې سپور شو.
- ماته خو پیت پوزی ښکارېده. تور برېتونه یې درلودل.
- هلکه ، دلته څو دقیقې د مخه یو غنم رنګه ځلمی په منډه تېر نه شو؟
- تور وېښتان؟ ښایی چې وېښتان یې تور وي. شونډك پوزی و؟

Note:

هلکه [haléka] 'boy' is used sometimes in colloquial Pashto for addressing someone who is younger or of lower position.

Exercise 16: ۱۶ تمرین: غوږ ونیسئ او ولیکئ!

Listen to the audio of exercise 15 again. Write the characteristics of the person for whom the policeman is searching in the table provided. Then describe his appearance to the class.

څرنګوالی	د بدن غړي
	پوستکی
	ونه
	ډنګر که چاغ
	پوزه
	برېتونه

Exercise 17: ۱۷ تمرین: غوږ ونیسئ او تش ځایونه ډک کړئ.

Listen to the audio and fill in the blanks with missing words and phrases.

د مفقودۍ اعلان

احمد ګل د سردار محمد زوی چې عصبي ______ لري د ۱۳۸۶ کال د جدي د میاشتې ______ له کوره وتلی او لادرکه دئ. له ګرانو هېوادوالو څخه هیله کېږي که ______ کوم معلومات ولري، نو لطفاً د پولیس ځانګې ته یا لاندیني تېلفون ته دي خبر ورکړي: ______

د احمدګل نښې: ______ تقریباً ۱۷۰ سانتي مېتره ، څېره ______ او شونډک پوزی، ______ ، سترګې تورې.

له کور څخه د وتلو په وخت کښې یې خړ رنګه کمیس - پرتوګ او خرمي کرتۍ اغوستې وه، او پلاستیکي څپلۍ یې په پښو وې.

په درناوي سره ______

mental disability	[asabí nāroǧí]	عصبي ناروغي
to be hoped, to be requested	[híla kedə́l]	هیله کېدل
police station	[də polís cānga]	د پولیس ځانګه
following	[lāndínay]	لاندینی

Exercise 18: ۱۸ تمرین: غوږ ونیسئ او بیا تنظیم کړئ.

The content of the passage is summarized below, but the order is scrambled. Listen to the audio once more, then using numbers, put the sentences in the correct order.

د احمدګل څېره غنمرنګه ده. ____
هېوادوال باید د پولیس څانګې ته خبر ورکړي ____
د احمدګل د پلار نوم سردار محمد دئ ____
احمدګل د ۱۳۸۶ کال د جدی د میاشتی په ۱۵ نیټه کبنې له کوره وتلی دئ ____
احمدګل خړمي کرتۍ اغوستې وه. ____
د احمدګل کمیس پرتوګ خړ رنګه وو. ____
احمدګل عصبی ناروغي درلوده. ____

Exercise 19: ۱۹ تمرین: له خپل همټولګي سره مشق وکړئ.

Imagine that while at the bus stop near the Green Bazaar in Kabul, you meet a person who fits the description of Ahmadgol. You need to call the local police and describe the person who you think may be Ahmadgol. Role-play this situation with a partner. Then switch roles and do it again.

Let's Speak Pashto! راځئ چې په پښتو خبرې وکړو!

In this part of the lesson you will practice speaking about appearance and body characteristics of people.

Exercise 20: ۲۰ تمرین: له خپل همټولګي سره مشق وکړئ.

Choose a person from the picture below (without pointing). Describe him verbally and ask your classmate to find him in the picture. Then switch roles.

Exercise 21: ۲۱ تمرین: له خپل همټولګي سره مشق وکړئ.

Working in pairs. First, Student A should think of a well-known person who their partner would know. Then Student B asks Student A questions about this person until they are able to guess the person being described.

Exercise 22: ۲۲ تمرین: له خپل همټولګي سره وغږېږئ.

Converse with your classmates using the situations described below:

Scenario 1

You were supposed to pick up your elderly uncle from the airport, but you have an unexpected emergency and cannot make it. Ask your friend (classmate) to go to the airport and get your uncle for you. Describe him as fully as you can so that your friend may recognize him easily in the crowd at the airport.

Scenario 2

An Afghan villager was roughed up by an unknown band of robbers. One of you should play a villager who is complaining to the police officer (classmate) about this infraction. The police officer investigates what happened and asks the villager to describe the appearance of the commander of the band.

Cultural Note فرهنگی تبصره

Afghan Nonverbal Language

Like other nations, Afghans use a considerable number of gestures and signs of nonverbal language in their everyday life to express certain meanings. Some of them are identical to American gestures; however, many are different and one must be careful to avoid offensive connotations. For example, never give the "thumbs up" or "okay" gesture to an Afghan because they are viewed as obscene gestures.

To gesture for someone to come closer, turn your palm down and move your hand towards yourself several times. To express 'move away' use the same gesture, but moving the hand away from yourself.

To stop a car, put your right hand in front of you with the open palm down and make several motions imitating pushing something down.

To express compliance or 'with pleasure' to fulfill a request, use your right hand (or both hands) to touch the tip of your fingers to your forehead, right above eyebrows.

To express surprise, lightly grasp your earlobe with your thumb and index finger. This gesture can be performed by your right hand or by both hands.

Afghan Realia افغاني دود او دستور

In this part of the lesson, you will learn about some gestures and signs of nonverbal language used among Afghans.

Exercise 23: ۲۳ تمرین: ولولئ او سره وغږیږئ!

A. Read the notes under the pictures and discuss with your classmate how they are similar (ورته) or different(مختلف) to the gestures used in your culture.

ستاسو نه
غوښتنه کوم.

کرار کرار خبرې وکړئ.

زه خبرنه یم.

د خدای په امان،
خدای دې مل شه!

ودریږه، پدې کار
لاس مه وهه!

چپ شه چې څوك
خبر نه شي!

وږی یم، ډوډۍ غواړم

ډېره مننه!

پام کوه چې نور خلك پرې
خبر نه شی!

ته ګوره هلکه، نور داسی
بد کارونه مه کوه، پوه
شوې؟

زه څه خبر یم ؟
خدای یې پوهیږي.

غوږ ونیسه!

B. Organize gestures into the following categories:

Others نور	Appreciation مننه	Threat گواښ، تهدید	Warning خبرداري

Additional Exercises اضافي تمرینونه

In this part of the lesson, you will practice grammar points introduced in this chapter.

Exercise 24: ۲۴ تمرین: جملې ولیکئ.

Using the charts from the section 'Inflection of adjectives', make sentences with the following adjectives. Use various nouns (masculine, feminine, singular, plural) and make sure they agree.

کمزوری غښتلی شوخ شتمن ډنگر چاغ غټ جگ

Exercise 25: ۲۵ تمرین: دا جمله بشپړه کړئ.

Complete the following sentences with an appropriate follow up.

۱ – هغه شوخ هلك، کوم چې ــــــــــــــــــ ، د سپوږمۍ خوریی و.

۲ – پرون میوند له هغه زلمي سره خبرې کولې، کوم چې ــــــــــــــــــ .

۳ – د زلمي کشر ورور په هغه پوهنتون کې سبق لولي چې ــــــــــــــــــ .

۴ – ځوانان داسې کارونه باید ونه کړي چې ــــــــــــــــــ .

۵ – بریالی له یوه سپین ږیری سره په رستوران کې ناست و چې ــــــــــــــــــ .

۶ – په بازار کې مې یو سړی ولید چې ــــــــــــــــــ .

Vocabulary لغتونه

Listen and review the vocabulary and phrases used in this chapter

Phrases اصطلاحات

to get down to ..., start ..., set about ...	په ... لاس وهل/ لاس پورې کول
running	په منډه
suicide attack	ځانمرګي برید
god knows (it)	خدای پوهېږي
during ..., while ...	د ... په وخت کښې
body parts	د بدن غړی
police station	د پولیس ځانګه
traffic police	د ترافیك پولیس
great, excellent	ډېر عالي
in my opinion, I think	زما په اند
military service	عسکري خدمت
mental disability	عصبي ناروغتیا
consisted of ...	له ... څخه عبارت
fashion	موډ او فیشن
something	یو څه

Vocabulary Words لغتونه

announcement, advertisement	اعلان
advantage, privilege - to give (grant) privilege	امتیاز ~ ورکول
to announce, read out	اورول
listener	اورېدونکی
long	اوږد
bench	اوږده څوکۍ
ugly	بدرنګه
mustaches	برېتونه
to name, call	بلل
old man	بوډا
old woman	بوډۍ
poor, helpless	بېوزلی
pants (national)	پرتوګ
to leave, let	پرېښودل
plastic	پلاستیکي
skin	پوستکی
snub-nosed	پیت پوزی
to know, recognize	پېژندل
technical	تخنیکي
poor	تشلاسی
to describe	تعریفول
difference	توپیر
threat	تهدید
scattered, dispersed	تیت و پرك
taekwondo	تېکواندو
serious	جدي

to drive	څغلول
time	ځل
young, young man	ځوان
fat	چاغ
silent	چُپ
sandals	څپلۍ
appearance, face	څېره
warning	خبرداري
to be published	خپرېدل
grey	خړرنګه
to stop	درېدل
skinny	ډنګر
very, exceedingly	زښت
old	زوړ
biography	ژوندلیك
beard	ږیره
dog	سپی
white	سپین
old man, whitebeard	سپین ږیری
old woman, whitehead	سپین سرې
appreciation letter	ستاینلیك
eye	سترګه
difficulty, issue	ستونزه
Good job! Well done!	شاباشې!
wealthy, well to do	شتمن
playful	شوخ
hook-nosed	شونډك پوزی
green	شین

to appear, to be seem	ښکارېدل
big	غټ
strong, powerful	غښتلی
tanned, swarthy	غنم رنګه
to request	غوښتنه کول
karate	کاراټې
slowly, quietly	کرار کرار
jacket	کرتۍ
weak	کمزوری
shirt	کميس
threat	ګواښ
lost, disappeared	لادرکه
below, bottom	لاندينې
short (person)	لنډی
careful	محتاط
interview	مرکه
education	معارف

information	معلومات
to show up, appear, become known	معلومېدل
lost	مفقود
medium	ميانه
disease, illness	ناروغي
girl	نجلۍ
brown	نسواري
mentioned (person)	نوموړی
to take, seize	نيول
similar, alike	وَرته
similarity	ورته والی
ministry	وزارت
weapon, firearms	وسله ~ توده
duty, obligation, job	وظيفه
tree; stature	ونه
fellow-countryman	هېوادوال

ثلورم لوست

CHAPTER **FOUR**

څه تکلیف لرئ؟
(د ډاکتر په معاینه خانه کښې)

WHAT SEEMS TO BE THE PROBLEM?
(AT THE DOCTOR)

IN THIS CHAPTER

- Let's Get Started **د درس پیل**

  Learning the names of body parts; Going to the doctor and telling health problems; Buying medicine in a pharmacy

- Language Points **قاعده زده کړئ**

  Agreement of the word خپل*; Use of temporal conjunctions; Directional pronouns; Coordinating conjunctions in Pashto*

- Listen **غوږ ونیسئ**

  Listening exercises on the topic

- Let's Speak Pashto! **راځئ چې په پښتو خبرې وکړو**

  Practice talking about health issues, diseases, medicine

- Afghan Realia **افغاني دود او دستور**

  Practice talking about health problems using an authentic video clip

- Additional Exercises **اضافي تمرینونه**

  Exercises for practicing language points and vocabulary of the chapter

- Vocabulary **لغتونه**

  Review phrases and words used in this chapter

Let's Get Started د درس پیل

In this chapter, you will learn vocabulary related to body parts, health issues, buying medicine, and medical treatment.

Exercise 1: ۱ تمرین: غوږ ونیسئ او ولولئ:

A. Listen to the body part terms, first الف and then ب . Match each word you hear with the terms listed below.

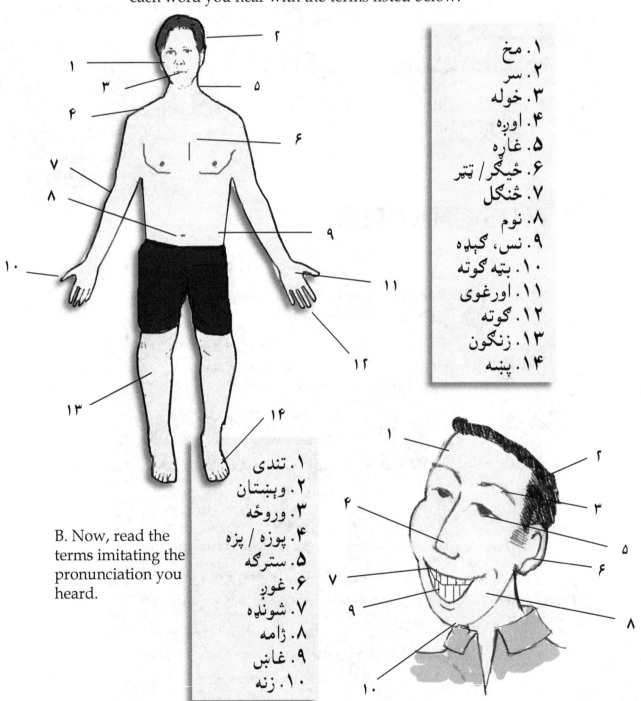

۱. مخ
۲. سر
۳. خوله
۴. اوږه
۵. غاړه
۶. ځيګر/ ټټر
۷. څنګل
۸. نوم
۹. نس، ګېډه
۱۰. بټه ګوته
۱۱. اورغوی
۱۲. ګوته
۱۳. زنګون
۱۴. پښه

۱. تندی
۲. وېښتان
۳. وروځه
۴. پوزه / پزه
۵. سترګه
۶. غوږ
۷. شونډه
۸. ژامه
۹. غاښ
۱۰. زنه

B. Now, read the terms imitating the pronunciation you heard.

Exercise 2: ۲ تمرین: له خپل همټولګي سره مشق وکړئ.

Play "Simon says" with your classmate using the names of body parts.

Exercise 3: ۳ تمرین: دا جمله بشپړه کړئ.

A. Complete the sentences using the appropriate body part terms given under the chart. Follow the model:

I smell flowers with my nose. زه په خپله پوزه ګلان بویوم.

۱	زه په خپله	________	ډوډۍ خورم.
۲	زه په خپلو	________	ټول شیان ګورم.
۳	زه په خپلو	________	خوراك ژویم.
۴	زه په خپل	________	خط لیکم.
۵	زه په خپلو	________	قدم وهم.
۶	زه په خپله	________	خبرې کوم.
۷	زه په خپل	________	فکر کوم.
۸	زه په خپلو	________	شیان نیسم.

سترګې، غاښونه، خوله، لاس، ګوتې، پښې، سر، ژبه

B. Make four similar statements of your own using other body part terms.

۹ ________________________________

۱۰ ________________________________

۱۱ ________________________________

۱۲ ________________________________

Language Points قاعده زده کړئ

In this part of the lesson, you will learn about agreement of the word خپل, temporal conjunctions, directional pronouns, and coordinating conjunctions.

Agreement of the Word خپل

1. The word خپل [x(ə)pə́l] 'one's own' functions as an adjective modifying nouns. In this use it agrees with the noun it modifies in gender and number.

One's (own) car خپل موټر
One's (own) room خپله کوټه
One's (own) notebooks خپلې کتابچې

Also, خپل takes the same case as the noun it modifies.

براین له خپلې چمتې څخه دوې مڼې راواخیستې.
Brian took out two apples from his (own) backpack.
هغه وخت ټول محصلان په خپلو کوټو کښې ناست وو.
At that time all students were sitting in their (own) rooms.

The following chart shows all the forms of خپل:

Plural oblique	Plural nominative		Singular oblique		Singular nominative	
f / m	f	m	f	m	f	m
خپلو	خپلې	خپل	خپلې	خپل	خپله	خپل

2. The word خپل replaces the possessive pronoun in sentences when the noun that it modifies belongs to the same subject.

I said to my father. خپل پلار ته مې وویل.
Brian called to his friend. براین خپل ملګري ته ټېلفون وکړ.
هغه وخت چې باران شروع شو، زه په خپله کوټه کښې وم.
When it began raining, I was in my room.

When the noun modified by the possessive pronoun does NOT belong to the subject of the sentence (for instance, 'Brian called to my friend'), the possessive pronoun can NOT be replaced by خپل because the meaning of the sentence will change.

Surgol gave apples to my younger brother. سورګل زما کشر ورور ته مڼې ورکړې.

If you change the possessive pronoun زما to خپل in this sentence, the content of the sentence will be different from the sentence when you modified the noun with the possessive pronoun.

Surgol gave apples to his younger brother. سورګل خپل کشر ورور ته مڼې ورکړې.

Exercise 4:  ۴ تمرین: دا په پښتو ووایاست.

Express the following in Pashto. Use the possessive pronoun or the word خپل as appropriate for the pronouns bolded.

You want to bring **your** younger brother to a doctor.	
Your father takes **your** prescription (نسخه) and goes to the pharmacy to buy the medicine.	
Spozhmey must bring **her** Pashto book to you.	
A teacher writes with **his** pen two sentences (جمله) in **your** notebook.	
Brian gets the notebooks of **his** classmate and puts in **his** (Brian's) backpack.	
Your friend brought flowers to **your** birthday party (میلمستیا).	

Exercise 5: ۵ تمرین: جملې ولیکئ.

Make your own sentences with the word خپل using exercise 4 as a model.

Exercise 6: ۶ تمرين: ولولئ.

A. Listen to the statements under the pictures about health problems.

سپوږمۍ تبه لري

د سپوږمۍ سر خوږېږي

سپوږمۍ توخېږي

د سپوږمۍ نس درد کوي

سپوږمۍ پرنجي وهي / پرنجېږي

د سپوږمۍ غوږ درد کوي

د بريالي خوا ګرځي، هغه دلبدی دئ

د بريالي غاښ درد کوي

بريالی والګی لري

د بريالي سر ګرځي

د بريالي سترګي خوږېږي

د بريالي ملا درد کوي

B. Listen to the statements one more time, repeating them along with the speaker.

Exercise 7: ۷ تمرين: ولولئ او سره ونښلوئ.

A. Match the patient's complaints (chart الف) with the appropriate doctor's prescription (chart ب).

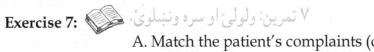

الف

I have a bad headache.	سر مي سخت خوږېږي.	۱
I am wounded.	زه ټپي شوی يم.	۲

I fell from the roof and hurt my left hand [my left hand hurts].	زه له بام څخه ولوېدم، چپ لاس مې درد کوي.	۳
For two days my tooth has been hurting [hurts].	دوې ورځې کېږي چې زما غاښ درد کوي.	۴
I feel [am feeling] nauseous.	خوا مې ګرځي.	۵
My eyes hurt.	سترګې مې خوږېږي.	۶
I am sick; my whole body [all my body] hurts.	ناروغ يم، ټول ځان مې درد کوي.	۷
I am giddy / dizzy.	سر مې ګرځي.	۸

ب

You have a cavity; avoid eating sweets.	غاښ مو سوری شوی دئ / چینجی وهلی دئ، خواږه مه خورئ.
Sit down here, the nurse will dress your (wound).	دلته کښېنئ، نرسه به تاسو پانسمان کړي.
Dust has got into it; I will wash it.	دوړه پکښې لوېدلې ده، وبه يې مینځم.
You have [got] the flu.	تاسو والګی نیولی.
You have a fever, you need a shot.	تبه لرئ، باید پیچکاري واخلئ.
First we will take an x-ray, and then we will see.	لومړی به اکسری عکس واخلو، بیا به وګورو.
We need to examine you [check you up] in order to find out the cause of your sickness.	تاسو باید معاینه کړو، تر څو چې ستاسو د ناروغۍ لامل معلوم کړو.
Your blood pressure has risen; you need to take medicine.	ستاسو د وينې فشار پورته شوی، باید دارو وخورئ.

Note:

The preposition په combines with the postposition کښې/کې to form an adverb پکښې [pə́kṣ̌e] / پکې [pə́ke] meaning 'within, inside, in'.

B. Now working with your classmate, choose 2-3 complaints from chart الف; write them in the space provided and change each of them to the third person (as you are talking on behalf of your classmate), and then come up with an appropriate prescription.

Exercise 8: ۸ تمرین: د «الف» د ستون جملې ولولئ او د «ب» د ستون له مناسبې جملې سره یې ونښلوئ.

Match each clause in column الف with the one in column ب that best completes it.

	الف		ب
۱	د سپوږمۍ ماشوم تبه درلوده،	___	نرسه ورته د وینې د فشار پیچکاري وکړه.
۲	د میوند بټه ګوته ماته شوه،	___	هغه روغتون ته ولاړ چې خپله پښه پانسمان کړي.
۳	د بریالي د پلار د وینې فشار پورته و،	___	د وینې فشار یې پورته شوی دئ.
۴	د رخشانې کشر ورور والګی ونیو،	___	هغه روغتون ته ولاړ چې په اکسری عکس واخلي.
۵	د براین د نیکه سر ګرځېده،	___	خپل ماشوم یې د کوچنیانو ډاکټر ته بوت.
۶	د میوند کشر ورور فوټبال کاوه، پښه یې ژوبله شوه،	___	د انتي بيوتيك ګولۍ یې وخوړله.

Exercise 9: ۹ تمرین: دیالوګ ولولئ او ووایئ چې د لاندینو جملو کومه یوه د مریض تکلیف ښه تشریحوي.

Read the following conversation and mark the statement that correctly identifies the patient's health problem.

مریض: اجازه ده ډاکټر صاحب؟
ډاکټر: مهرباني وکړئ، دلته کښېنئ. څه مشکل لرئ؟

مریض: سر مې خوږېږي، او خوا مې ګرځي.
ډاکټر: کله دا تکلیف درته پیدا شو؟
مریض: پرون کله چې په سروېس کښې کورته تلم، ناڅاپه سروېس ټکر وکړ، سر مې د سروېس پر ښیښه باندي ولګېد.
ډاکټر: بېهوښ شوئ؟
مریض: نه، بېهوښ نه یم شوی. پرون ښه وم، یوازي لږ څه سر مې درد کاوه، خو نن سهار دا تکلیف ماته پیدا شو.
ډاکټر: ښه، اوس به تاسو معاینه کړم.

الف هغه سړی په سروېس کښې ناست و، ناڅاپه خپل سر یې پر ښیښه باندي وواهه.

ب کله چې سروېس ټکر وکړ، سړي خپل سر پر ښیښه باندي وواهه.

ج کله چې سروېس ټکر وکړ او دده سړي سر پر ښیښه باندي ولګېد، نو بیا دا تکلیف ورته پیدا شو.

د سروېس هغه سړی وواهه او ورته دا تکلیف پیدا شو.

to crash	[ṭakár kawə́l]	ټکر کول
What seems to be the problem?	[cə moškél lárəy?] [cə taklíf lárəy?]	څه مشکل لرئ؟ څه تکلیف لرئ؟
to you	[də́rta]	درته
to him	[wə́rta]	ورته

Use of Temporal Conjunctions

To indicate the time of the action, besides adverbs of time, you will often use temporal clauses, as in the sentence you already have read in the dialogue (exercise 9).

پرون کله چې په سروېس کښې کورته تلم، ناڅاپه سروېس ټکر وکړ.

Yesterday, when I was going home on the bus, suddenly it crashed.

In this sentence, the temporal clause په سروېس کښې کورته تلم specifies the time when the bus crashed and the conjunction کله چې [kə́la če] 'when' connects the two clauses. The temporal clause is most often connected to the main clause with the conjunctions کله چې [kə́la če], چې [če] 'when.'

When I get thirsty, (I) usually drink tea. زه چې تږی شم، معمولاً چای څکم.

کله چې سروېس ټکر وکړ، سړي خپل سر پر ښیښنه باندي وواهه.

When the bus crashed, the man hit his head on the window.

Depending on the context, the temporal clause can be located before, after, or within the main clause, as in the following sentences.

کله چې پلار يې په جګړه کښې ووژل شو،
بريالی د خپل کشر ورور روزنه په غاړه واخيسته.

When his father was killed in the war,
Baryalay took over raising his younger brother.

ميوند په خپله کوټه کښې ناست و چې ګلجان ننووت او د واده يو کارټ يې ورته ورکړ.

As Maywand was sitting in his room, Goljan entered and handed him a wedding card.

دوه دوستان چې سره مخامخ شي، نو لومړی روغبړ سره کوي.

Two friends, when they meet (each other), (they) first greet each other.

You can also use some time markers to indicate if the time expressed in the temporal clause preceded, followed or occurred simultaneously with the action expressed in the main clause:

when	[kə́la če]	کله چې
(any time) when	[har kə́la če]	هر کله چې
(at the time) when	[hā́ğa waxt če]	هغه وخت چې
(at the time) when	[kum waxt če]	کوم وخت چې
(after that) when	[wrústa tər de če]	وروسته تر دې چې
(after that) when	[tər de wrústa če]	تر دې وروسته چې
(before that) when	[pəxwā tər de če]	پخوا تر دې چې
(before that) when	[də méxa tər de če]	دمخه تر دې چې
since the time when	[lə hağé waxt na če]	له هغه وخت نه چې
since the time when	[lə de waxt na če]	له دې وخت نه چې
by the time when, while	[tər hā́ğa waxt púri če]	تر هغه وخت پوري چې

Use of Temporal Conjunctions (cont.)

Examples:

هغه وخت چې د فوټبال لوبه لا روانه وه، ناڅاپه باران شروع شو.
As the soccer game was going on [still continuing], it suddenly began to rain.

کله چې د فوټبال لوبه پايته ورسېده، هلکان له لوبغالي نه ووتل.
When the soccer game finished, the boys left the stadium.

پخوا تر دې چې خپل زوی ته پيسې ورکړي، بريالی ورته په ځير وکتل.
Prior to giving money to his son, Baryalay attentively looked at him.

تر دې وروسته چې بريالی له پوهنتون څخه فارغ شو،
په دې ښار کښې ډېر بدلونونه رامينځ ته شول.
Since Baryalay graduated from the university,
many changes have occurred in this city.

Note that the verb of the temporal clause can take any tense that the context requires.

Exercise 10: ۱۰ تمرين: د لاندينو عباراتو په کارولو سره جملې جوړې کړئ.

Form complex sentences using phrases in column الف to make temporal clauses and phrases in column ب to make main clauses. To connect them, choose an appropriate conjunction from the table in the grammar note. Example:

الف: هره ورځ خپلې وظيفې ته تلل
ب: خپل زوی ورو کتون ته يوو ړل

سپوږمۍ هره ورځ دمخه تر دې چې خپلې وظيفې ته ولاړه شي،
خپل زوی وړو کتون ته بوځي.

ب	الف
لاسونه پاك پرېمينځل	ډوډۍ خوړل
استراحت کول	ټوله ورځ په کارخانه کښې کار کول
د اسپيرين ګولۍ خوړل	سر درد کول
ټيلفون کول او د تګ وخت ټاکل	د ډاکټر معاينه خانې ته تلل
د هرات د ليدلو وړ ځايونو په هکله پوښتنې کول	د هرات ښار ته سياحت ته تلل
پنځه لس – شل دقيقې ورزش کول	سهار له خوبه راپاځېدل

Exercise 11: ۱۱ تمرین: ولولئ او ولیکئ.

Read the following descriptions of health problems and questions related to them, and then write next to each of them what you would do in such a situation. The first example is done for you.

پرون سر مې سخت درد کاوه، نو زه د ډاکټر معاینه خانې ته ولاړم. هغه یوه پیچکاري ما ته وکړه او زه بیخي جوړ شوم.	کله چې د توریالی سر درد کاوه ، نو اسپیرین یې وخوړ. کله چې ستاسو سر درد وکړي، نو څه به وکړئ؟
	کله چې د توریالي ګوته ژوبله شوه، په ایوډین باندي یې پاکه کړه. کله چې ستاسو ګوته ژوبله شي، نو څه به وکړئ؟
	کله چې توریالی په ذکام اخته شو، هغه روغتون ته ولاړ او ډاکټر ورته پیچکاري وکړه. کله چې تاسې په ذکام اخته شئ، نو څه به وکړئ؟
	بریالی چې ځان یې کمزوری احساس وکړ، له درملتون څخه راز راز ویټامینونه واخیستل او ویې خوړل. کله چې تاسې کمزوری شئ، نو څه به وکړئ؟
	کله چې توریالي تبه درلوده، هغه په روغتون کښې بستري شو او ډاکټرانو دده درملنه وکړه. کله چې تاسي تبه ولرئ، نو څه به وکړئ؟
	کله چې یو سړی په ټکر کښې ټپي شو، بریالي هغه سړی روغتون ته بوت. کله چې یو څوك په ټکر کښې ټپي شي، تاسي څه به وکړئ؟
	تر دې وروسته چې بریالی خپل کار سرته ورساوه ځان یې ستړی ستومانه احساس وکړ، نو پارك ته ولاړ او یو ساعت یې چکر وواهه. کله چې تاسې د سخت کار له کبله ځان ستړی ستومانه احساس کړئ نو څه به وکړئ؟

Exercise 12: ۱۲ تمرین: له خپل همټولګي سره مشق وکړئ.

Using what you learned from this chapter, write a dialogue with your classmate in which one of you writes the part of a patient and the other a doctor.

Directional Pronouns

You already have seen some directional pronouns in use, for example, within the words درته [dərta] 'to you' and ورته [wərta] 'to him,' which consist of the directional pronouns and the postposition ته.

In Pashto, there are three pronouns to indicate the direction of action:

toward the first person	[rā]	را
toward the second person	[dar, dər]	در
toward the third person	[war, wər]	ور

Directional pronouns do not change in gender and number. Directional pronouns are used in combination with postpositions (ته، څخه، سره، باندي، لاندي) and verbs(تلل، لېږل، بنوول), etc.

- Combined with the postposition ته, directional pronouns convey the meaning of the dative case (to, towards, for the benefit of).

to me, to us	[rāta]	راته
to you	[dərta]	درته
to him, to her, to them	[wərta]	ورته

- Combined with the postposition څخه, directional pronouns convey the meaning of the ablative case (away from).

from me, from us	[rācxa]	را څخه
from you	[dércxa]	در څخه
from him, from her, from them	[wércxa]	ورڅخه

- Combined with the postposition سره, directional pronouns convey the meaning of joint action and accompaniment.

with me, with us	[rāsara]	را سره
with you	[dérsara]	در سره
with him, with her, with them	[wérsara]	ورسره

These combinations generally are used in the context when the person to whom the directional pronoun refers is defined, i.e. the person has been mentioned before or s/he is known from the context.

بريالی مې نن په بازار کښې وليد، ميوند هم ورسره و.

I saw Baryalay at the market today; Maywand also was with him.

Directional Pronouns (cont.)

Used with verbs, directional pronouns indicate the person towards whom the action expressed by the verb is directed.

پلارمې پيسې راولېږلې.

My father sent money to me.

ميوند د خپل ماما کورته ورغئ.

Maywand came (arrived) to his maternal uncle's home.

هغه عکس چې تاسې غواړئ، راسره دئ، درونښيم.

I have the picture that you want; I (will) show it to you.

When used with some verbs, the directional pronouns give a new meaning or nuance of meaning to the verb. Example: the verb کول 'to do'.

To give (to the 1st person) راکول

I need that picture, give it to me. هغه عکس زما پکار دئ، رايې کړئ.

To give (to the 2nd person) درکول

Give me the book; I (will) give you money for it. کتاب راکه، پيسې يې درکړم.

To give (to the 3rd person) ورکول

وروره، دغه بايسکل په څو ورکوې؟

Brother, (for) how much will you sell (give) the bicycle?

Exercise 13: ۱۳ تمرين: متن ولولئ او پوښتنو ته ځواب ورکړئ.

Read the short story and answer the questions.

52

ناروغه او دارو

يو سړی ډاکټر ته ورغئ او ورته يې وويل:

– ډاکټر صاحب ، جوړ نه يم ، مګر ښه نه پوهېږم چې کوم ځای مې خوږېږی، يوازي په دې پوهېږم چې ځان مې خوږېږی. دا مې نه ده په ياد چې کومه ورځ وه او زه چيرې وم چې دا ناروغي ناڅاپه راباندې ولوېده. اوس چې ستا په حضور کښې يم هغه خوږ راسره دئ.

ډاکټر چې د ناروغ دا شکايت واورېد حيران پاتې شو، نو بيا داسې نسخه يې ناروغ ته وليکله:

" نه پوهېږم دا کوم قسم دارو دئ ، نه پوهېږم د ورځې څو پلا به يې وخورې، نه پوهېږم په څه اندازه يې وخورې، نه پوهېږم د کوم درملتون څخه به يې واخلې او نه پوهېږم چې په څو ورځو کښې به جوړ شې يا به مړ شې.

in what amount	په څه اندازه
how many times?	څو پلا؟
I don't remember	دا مې نه ده په ياد
in your presence	ستا په حضور کښې

۱ کله چې ناروغ ډاکټر ته ورغئ د خپلې کومې ناروغۍ څخه يې ورته شکايت وکړ؟

۲ ډاکټر پوه شو چې ناروغ څه تکليف لري؟

۳ کله چې ډاکټر د ناروغ خبرې واورېدلې ولې حيران پاتې شو؟

۴ ډاکټر ناروغ ته څه شی وليکه؟

۵ ډاکټر دده سړي ناروغي څرنګه تشخيص کړه؟

۶ ډاکټر دغه سړی کوم درملتون ته ورولېږه او ورته يې د کوم دارو توصيه وکړه؟

Coordinating Conjunctions in Pashto

Coordinating conjunctions are used to connect equal parts of sentences or equal clauses in a sentence.

د ده متن سرليك "ناروغه او دارو" دئ.
The title of this text is The Patient and Medicine.
I have a headache and I'm coughing. سر مې خوږېږي او توخېږم.
دا مې نه ده په ياد چې كومه ورځ وه او زه چيرې وم.
I don't remember which day it was or where I was.

To conjoin equal parts of sentence or to connect equal clauses, use the conjunction او [aw] corresponding with English 'and,' as you have already seen in the examples above.

To oppose or contrast them use one of the adversative conjunctions خو [xo], اما [ammā], مګر [magár], which all correspond with English 'but,' and بلكه [bálke] corresponding with English 'but, but also.'

جوړ نه يم ، مګر ښه نه پوهېږم چې كوم ځاى مې خوږېږى.
I am not healthy, but I don't understand well where (in my body) hurts.
The patient coughs, but doesn't have fever. ناروغ توخېږي، خو تبه نه لري.
دغه موټر زما ډېر خوښېږي، اما زه دومره پيسې نه لرم چې ويې اخلم.
I like this car very much, but I don't have so much money to buy it.
ډاكټرانو ميوند ته نه يوازي ګولۍ وركړه، بلكه ورته يې پېچكاري هم وكړه.
Doctors not only gave Maywand a pill, but they also gave him a shot.

To indicate an alternative use the conjunctions يا [yā], كه [ka], corresponding with English 'or'.

بريالى يا ميوند بايد درملتون ته ولاړ شي او ماته اسپيرين راوړي.
Baryalay or Maywand should go to the pharmacy and bring for me aspirin.
تاسې كوم قسم دارو غواړئ، پېچكاري كه ګولۍ؟
What kind of medicine do you want, injection or pill?

The conjunction يا can also be doubled, in which case it corresponds to English "either ... or."

ګل جان به يا روغتون ته ولاړ شي يا خپل كور ته ډاكټر وغواړي.
Goljan will either go to the hospital or call a doctor to his home.

Use the following chart as a reference:

but, but also	[bálke]	بلكه	and	[aw]	او
or	[ka]	كه	but	[xo]	خو
or	[yā]	يا	but	[ammā]	اما
either...or	[yā … yā]	يا … يا	but	[magár]	مګر

Exercise 14: ۱۴ تمرین: لاندیني جملې بشپړې کړئ.

Using what you learned from the language points, complete the following sentences.

۱ – ځینې کسان د ذکام پر ضد ځان وقایه نه کوي او ____

۲ – د بریالي تربور ورزشکار دئ، مګر ____

۳ – د پسرلي هوا د وګړي بدن ته ډېر ښه ایسي، خو ____

۴ – که ستاسو سر درد وکړي، نه یوازې دارو وخورئ، بلکه ____

۵ – اوړی ښه فصل دئ، اما ____

۶ – بریالی په دې خوشاله و چې بالاخره په وظیفه مقرر شو، اما ____

۷ – زه نه پوهېږم چې د ذکام په موسم کښې په خپل کور کښې پاتې شم، که ____

۸ – میوند چې ډېر ستړی کېږي، یا شین چای څکي، یا ____

Exercise 15: ۱۵ تمرین: جملې جوړې کړئ.

Using examples from the exercise 14, make sentences employing various conjunctions.

۱ ____

۲ ____

۳ ____

۴ ____

۵ ____

۶ ____

Cultural Note فرهنګي تبصره

Traditional Afghan Health Care

The Afghan government provides free modern health care in the cities and the countryside. Besides this governmental system, in current Afghanistan there is an extensive system of private medical care, such as clinics, hospitals, etc., that charge fees for medical services provided. In addition to all of these, people use traditional forms of health care.

One popular healthcare service is a ولسي طب [wolosí teb] 'folk medicine' provided by folk physicians called حکيم جي [hakimjí], طبيب [tabíb] or يوناني ډاکټر [yunāní ḍāktár]. They usually treat their patients using herbs, diets and special foods, etc.

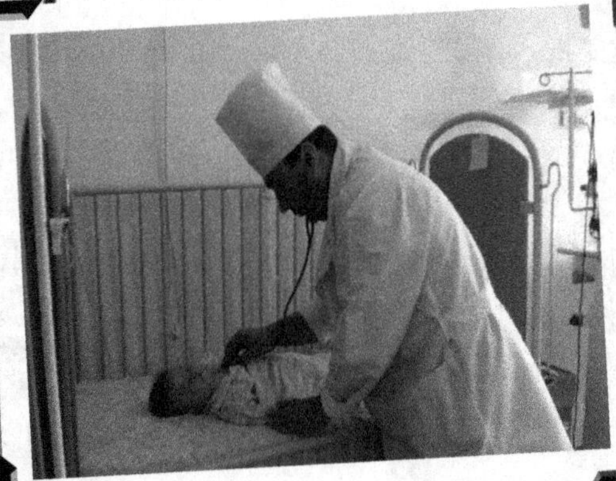

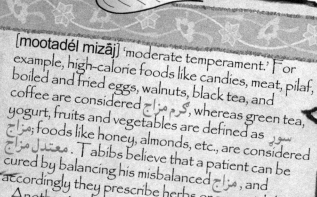

Afghan folk medicine classifies the physical constitution of people's bodies into categories called مزاج [mizāj] 'temperament,' which also apply to foodstuffs. For food, three types of مزاج are defined: ګرم مزاج [garm mizāj] 'hot temperament,' سوړ مزاج [soṛ mizāj] 'cold temperament,' and معتدل مزاج [mootadél mizāj] 'moderate temperament.' For example, high-calorie foods like candies, meat, pilaf, boiled and fried eggs, walnuts, black tea, and coffee are considered ګرم مزاج, whereas green tea, yogurt, fruits and vegetables are defined as سوړ مزاج; foods like honey, almonds, etc., are considered معتدل مزاج. Tabibs believe that a patient can be cured by balancing his misbalanced مزاج, and accordingly they prescribe herbs or a special diet.

Another traditional health care practice is visiting a mullah or inviting one to one's home. In this case, the mullah recites verses of Holy Qur'an and blows air on a patient, which is called دم کول [dam kawә́l] 'to blow, make infusion', and then writes those verses on a piece of paper for the patient. The script should be folded, usually in a triangular or square shape, and sewn or pinned to the clothes of the sick person. This item is called a تعويذ [taawíz] 'amulet'. Muslims believe that the verses of Holy Qur'an protect them from sickness and the evil eye.

Exercise 16: ۱۶ تمرین: متنونه ولولئ او پوښتنو ته ځواب ورکړئ.

Read the conversations الف and ب between women who believe in traditional treatments and answer the following questions.

الف

دوې ګاونډۍ ښځې سره ګوري او یوه بلې ته وايي:
رخشانه:- ښایسته جانې، خورې، زما کوچنی په وېره له خوبه راپاڅېد او بیا یې ټوله شپه ژړل، نه پوهېږم څه وکړم، ډاکټر ته یې بوزم یا څه؟
ښایسته:- رخشانه جانې، ستا کوچنی ډېر ښکلی ماشوم شوی، ښکاري چې یوه چا ورته په بد نظر کتلي او سترګه یې اخیستې ده. ښه به دا وي چې ملا صاحب ته یې بوزې، چې دم ورته وکړي، انشاالله ښه به شي.

پوښتنې:
۱ – د رخشانې ماشوم څه تکلیف لري؟
۲ –ښایستې د ماشوم ستونزه څنګه تشخیص کړه؟
۳ – ستاسو په اند رخشانه به خپل ماشوم چیرته بوزي، ډاکټر ته که ملا ته؟

ب

لیلا خپل تنکۍ زوی ګلجان ته وايي:
لیلا:- زویه، ډېر بالښت دې وینه تویه شوه، خیریت دئ؟ ناروغ خو نه یې؟
ګلجان:- مورې، جوړ یم، اما کله کله سر مې خوږېږي او تر پوزې مې وینه راځي.
لیلا:- درته مې ویلي وو دومره زیات غوز مه خوره چې ستا په مزاج برابر نه دئ. ته زما خبرې نه منې، زښت زیات غوز خورې. دغې پیسې واخله، حکیم جي ته ولاړ شه چې تاته دارو درکړي.
ګلجان:- حکیم جي ته؟ دا به ښه نه وي چې ډاکټر ته ولاړ شم؟
لیلا:- په داسې شیانو باندې حکیم جي ښه پوهېږي، د ډاکټر فیس هم ګران دئ. ژر شه!

پوښتنې:
۱ – ګلجان کوم قسم مزاج لري؟
۲ – ولې د ګلجان له پوزې نه کله کله وینه راځي؟
۳ – ګلجان د دارو دپاره چا ته ځي ډاکټر ته که حکیم جي ته؟
۴ – ګلجان به کوم قسم دارو واخلي؟

evil eye	[bád nazar]	بد نظر
to flow (intransitive)	[toyedə́l]	تویېدل
folk physician	[hakimjí]	حکیم جي
what's up?	[xayriyát dəy?]	خیریت دئ؟
Hurry up!	[žər ša!]	ژر شه!
too many, much, a lot	[zəṣ̌t ziyāt]	زښت زیات
to suffer from an evil eye	[stə́rga axistə́l]	سترګه اخیستل
it would be better	[ṣ̌ə bə dā wi]	ښه به دا وي
an entire night, the whole night	[ṭóla špa]	ټوله شپه
God willing	[inšāālla(h)]	انشاالله

Exercise 17: ۱۷ تمرین: ولولئ او ولیکئ

Read the following text and describe what health problems have stricken the people injured in the suicide attack and what kinds of medical service have been provided for each of them.

ځانمرګي برید

د کندهار ولایت د میوند په ولسوالۍ کښې د چنګابښ په ۳۱ نېټه چې د جولای له ۲۱ نېټې سره سمون خوري، د یوه ځانمرګي برید له امله څلور ولسي وګړي ټپیان شوي دي. د کندهار سیمه ییز چارواکي ویلي دي چې دغه برید له غرمې وړاندې شاوخوا یوولس نیمې بجې شوی دئ. په برید کښې ځانمرګی بریدګر په بشپړ ډول له منځه تللی دئ او په اړه یې معلومات نشته. خو ویل کېږي چې هغه د برید پرمهال پلی روان و.

هغه څلور ولسي وګړي چې ټپیان شوي سمدستي د هېلیکوپټر په وسیله روغتون ته انتقال او تر درملنې لاندې نیول شوي دي. د روغتون یوه ډاکټر ویلي دي چې د ټپي شویو وګړو د یوه تن کیڼ لاس مات شوی، د بل یو لاس او پښه سخت ټپي شوي دي. دا دوه تنه زخمیان په روغتون کښې بستري شوي، اما نور دوه تنه یې چې سطحي زخمونه یې درلودل، د معاینې او پانسمان کولو نه وروسته رخصت شول.

to be put in the hospital	[bistarí kedә́l]	بستري کېدل
regarding, concerning, about	[pә áṛa]	په اړه
completely	[pә bәšpә́ṛ ḍawl]	په بشپړ ډول
to treat, to take under treatment	[tәr darmalә́ne lāndi niwә́l]	تر درملنې لاندې نیول
suicide attacker	[ǰānmargí bridgár]	ځانمرګی بریدګر
suicide attack	[ǰānmargí brid]	ځانمرګي برید
by, by means of	[dә … pә wasilá]	د ... په وسیله
at the time of the attack	[dә brid pәr mahā́l]	د برید پرمهال
minor injury	[sathí zaxm]	سطحی زخم
local officials	[simayíz čārwā́ki]	سیمه ییز چارواکي
about, around, nearly	[ša-wo-xwā́]	شاوخوا
before noon	[lә ğarmé wṛā́ndi]	له غرمې وړاندې
to be destroyed	[lә máynǰa tlә́l]	له مینځه تلل
civilians	[wulusí wagә́ṛi]	ولسي وګړي

ځانمرګی بریدګر ____________________

لومړی ولسي کس ____________________

دوهم ولسي کس ____________________

دریم ولسي کس ____________________

څلورم ولسي کس ____________________

Exercise 18: ۱۸ تمرین: ولولئ او سره وغږېږئ.

Read the following stories. First, discuss with your classmate the situations described, and then using them as a model make up your own story. Tell your story to your classmate.

۱

ډاکټر صاحب، ورمه ورځ تر باران لاندي پاتې شوی وم، زښت سخت باران و، را سره چترۍ هم نه وه. نن سهار چې راپاڅېدم ځان مې ناروغ احساس کړ. اوس هم سر مې سخت خوږېږي، تبه لرم. ما معاینه کړئ.

۲

آیس کریم د ټولو خلکو ډېر خوښ دئ ، ماته هم ډېر خوند راکوي اما ځیني خلك يې نه شي خوړلای. یو هلك و چې ژر ژر ستوني يې درد کاوه. ډاکټر ته ورغی ، ویې ویل «ستونی مې ژر ژر خوږېږي، ګولۍ ماته راکړئ». ډاکټر پوښتنه ترې وکړه چې «کله دا تکلیف درته پیدا کېږي؟» هغه وویل «دا وخت چې زیات شیریخ خورم». ډاکټر ورته وویل «ښه، اوس تا پېچکاري کوم او وروسته تا عملیات کوم». هلك چې دا واورېدله، سخت وډارېده او په تلوار بهر ته روان شو او ویل يې: «نه، ډاکټر صاحب، ښه به دا وي چې نور شیر یخ ونه خورم».

۳

in a hurry, in a rush, rushing	[pə talwār]	په تلوار
to feel sick	[ǰān nāróǧ ehsās kawə́l]	ځان ناروغ احساس کول
to taste good, to be joyous	[xwand warkawə́l]	خوند راکول
the day before yesterday	[wuṛə́ma wraǰ]	ورمه ورځ

Note:

The enclitic pronoun يې, when combining with the prepositions پر [pər], تر [tər], can be written joined to them. In this case, it loses the consonant [y] and the two together are written and pronounced as follows:

at him, her, them	[pre]	پرې
from him, her, them	[tre]	ترې

Listen غوږ ونیسئ

In this part of the lesson, you will practice listening to dialogues about health issues, telling about one's health problems to a doctor, and buying medicine.

Exercise 19: ۱۹ تمرین: غوږ ونیسئ او تش ځایونه ډك کړئ.

Listen to the conversation between a doctor and a patient; fill in the blanks with the missing vocabulary related to health problems.

ډاکټر – کاکاجانه، څه ________ لرې؟
ناروغ – ډاکټر صاحب څه وایې؟ جګ خبرې کوه، زه لږ ________ یمه.
ډاکټر – وایم ، کوم ځای دې ________؟
ناروغ – والله ډاکټر صاحب، ________ او ________ .
ډاکټر – اشتها لرې، ډوډۍ ته دې زړه کېږي؟
ناروغ – ________ ، ډوډۍ ته مې زړه نه کېږي .
ډاکټر – اجازه ده چې ________ دې کړم؟ کمیس دې پورته که! کاکاجانه، ستا
په سږو کښې شور دئ، د سینه بغل امکان یې شته . ته باید ________ ولاړ شې.
ناروغ – خیر وېسې ________ .

appreciate	[xayr wése]	خیر وېسې
to desire ...	[... ta zṛə kedə́l]	... ته زړه کېدل
It may be ...,	[də ...imkān šta]	د ... امکان شته

Note:

The phrase والله [wallāh] borrowed from Arabic literally means an oath 'by the name of Allah.' In the colloquial language it is often used as an introductory phrase, such as 'well, actually, honestly'.

Exercise 20: ۲۰ تمرین: ولولئ او څرګند کړئ.

Now read the dialogue in exercise 19 with your classmate and indicate which one of the following statements describes the health problem about which the patient complained to the doctor.

الف مریض لږ څه کوڼ و نو ځکه ډاکټر ته ورغئ.
ب مریض دلبدی و او ډوډۍ ته یې زړه نه کېده.
ج د مریض ستونی درد کاوه او توخېده.
د مریض وویل چې سینه بغل شوی دئ.

Exercise 21: ۲۱ تمرین: غوږ ونیسئ او پوښتنو ته ځواب ورکړئ.

Listen to the audio and answer the following questions.

۱	ولي پلار منصورجان درملتون ته لېږي؟
۲	د منصورجان پلار د دارو اخیستلو دپاره نسخه لري که نه لري؟
۳	د منصورجان پلار کوم قسم دارو غواړي؟
۴	د منصورجان پلار په کومه بیه غواړي چې دارو واخلي؟

Exercise 22: ۲۲ تمرین: غوږ ونیسئ او تمرینونه بشپړ کړئ.

Listen to the dialogue and indicate:

A. Which of the following statements best describes the health problem of the patient?

الف	د مریض ټول ځان درد کوي.
ب	د مریض ټول ځان درد کوي او سر یې ګرځي.
ج	د مریض ټول ځان درد کوي، سر یې ګرځي او د وینې فشار یې پورته شوی دئ.
د	د مریض سر ګرځي او د وینې فشار یې پورته شوی دئ.

B. Whether the following statements are صحیح or غلط.

نمبر	څرګندونې	صحیح	غلط
۱	ډاکټر غواړي چې د مریض معاینه وکړي.	☐	☐
۲	تېر کال په مني کښې د مریض د وینې فشار پورته شوی و.	☐	☐
۳	مریض پیچکاري نه غواړي، نو ځکه ډاکټر ور ته ګولۍ ورکوي.	☐	☐
۴	مریض باید په ورځ کښې درې پلا درې درې ګولۍ وخوري.	☐	☐

Let's Speak Pashto! راځئ چې په پښتو خبرې وکړو!

In this part of the lesson, you will practice speaking about one's health problems, describing common health problems, and talking about diseases.

Exercise 23: ۲۳ تمرین: له خپل همټولګي سره مشق وکړئ.

Imagine that your classmate, who has gotten sick, is calling you to ask you to explain to the instructor about his health problem. Ask your classmate questions to be sure that you understand his problem, and then explain it to the instructor. Imagine that he has one of the following health problems:

He needs to go to:

a medical examination	معاینه
the pharmacy	درملتون
the hospital	روغتون
an internist	داخله ډاکتر
the dentist	د غاښ ډاکتر
a surgeon	جراح

He:

has a headache	سریې خوږېږي / درد کوي
has a neck pain	غاړه یې خوږېږي / درد کوي
has a throat ache	ستونی یې خوږېږي
got an athletic injury	سپورټي پرهار لري
got the flu	والګی شوی دئ
has a toothache	غاښ یې درد کوي
cannot sleep	خوب یې نشته
got a stomach ache	نس یې خوږېږي

Exercise 24: ۲۴ تمرین: خپلو همټولګیانو ته ووایاست.

Tell about a health problem that somebody you know has gone through. Make outlines for your narration in the space provided.

۱ ____________________

۲ ____________________

۳ ____________________

۴ ____________________

۵ ____________________

۶ ____________________

Exercise 25: ۲۵ تمرین: متن ولولئ او لنډیز یې ووایئ.

A. Skim the text and summarize it.

د شکرې ناروغي

ډاکټران وايي چې په نړۍ کښې هر کال له دوه سوه و څلويښتو مليونو څخه زيات وګړي په ديابيټيس يا د شکرې په ناروغۍ اخته کيږي او دا شمير مخ پر ډيريدو دئ. ډاکټران وايي چې اوس يو ګڼ شمير ماشومان دويم ډول ديابيټيس لري کوم چې پخوا يواځې د لويانو ناروغي بلل کيده. ويل کيږي چې په خوراك کښې زياته کالوري ، غوړي اخيستل او ډير کم فعاليت کول د دې ناروغۍ عوامل دي.

د دويم ډول د شکرې ډير ناروغان د انسولين پيچکاريو ته اړتيا نه لري بلکه په مناسبه غذا، دارو او طبي څارنې درملنه کيږي. اما د لومړي ډول د شکرې د ناروغانو لپاره د انسولين پيچکاري ضروري ده. خو دواړه ډوله د شکرې ناروغي که ونه څارل شي، ښايي د ړنديدو، د عصب د خرابيدو، دزړه او پښتورګو د ناروغۍ سبب شي.

د شکرې په ناروغۍ اخته کسان د ورځې لخوا په موټرونو کښې چکر وهي، زياته داسې ډوډۍ خوري چې ډير غوړي لري. دوی هره ورځ په سرويسونو کښې خپلو دفترونو ته ځي، له فزيکي پلوه دومره فعاله نه دي، بيا وزن اخلي او شکره پيدا کوي. خو سره له دې هم د شکرې ناروغي درملنه کيداى شي.

to require, need	[aṛtiyā larə́l]	اړتيا لرل
to fall..., experience ..., plunge into ...	[pə ... axtá kedə́l]	په ... اخته کيدل
in spite of	[sará lə de]	سره له دې
to get fat	[ğwaṛí axistə́l]	غوړي اخيستل
a great quantity (of)	[gaṇ šmer]	ګڼ شمير
physically, from the physical point of view	[lə fizikí paláwa]	له فزيکي پلوه
increasing	[məx pə ḍeredó]	مخ پر ډيريدو
to gain weight	[wazn axistə́l]	وزن اخيستل

B. Now, using the text as a model, tell your classmates about a health problem that bothers people in your country. Make outlines for your narration in the space provided.

۱ ______

۲ ______

۳ ______

۴ ______

۵ ______

۶ ______

Afghan Realia افغاني دود او دستور

In this part of the lesson, you will practice telling body part terms and explaining one's health problems to a doctor.

Exercise 26: ۲۶ تمرین: ویډیو وګورئ

First, write down the body part terms pronounced in the video clip الف in the spaces provided. Then determine which body parts were not mentioned.

ویل شوی			
۱	______	۶	______
۲	______	۷	______
۳	______	۷	______
۴	______	۹	______
۵	______	۱۰	______

نه دئ ویل شوی			
۱	______	۶	______
۲	______	۷	______
۳	______	۷	______
۴	______	۹	______
۵	______	۱۰	______

Exercise 27: ۲۷ تمرین: ویډیو وګورئ

A. Watch the video clip ب first without sound and describe the room and the people in it.

B. Watch the video ب a second time with the sound and answer the following questions.

۱ ناروغ څو کلن دئ؟ ______

۲ ناروغ څومره وخت غوښه نه خوړله؟ ______

۳ پس له څو میاشتو نه دا تکلیف ناروغ ته بیرته پیدا شو؟ ______

۴ ناروغ نور کوم قسم مشکلات لري؟

۵ ډاکټر ناروغ ته معاينات ورکوي که نه؟

ignore it, leave it (don't pursue it)	[elá ka páse]	ايله که پسې
childlessness	[beawlādí]	بې اولادي
there are causes	[hisābúna di]	حسابونه دي
How long?	[co mudá]	څو موده؟
because of pain	[də dard də lāsa]	د درد د لاسه
we are making that (literally: we are giving it to you)	[dā dárkawu]	دا درکوو
heavy (food)	[zorawə́ra ḍoḍə́y]	زوروره (ډوډۍ)
ultrasound testing	[muāyanáye telewizyuní]	معاينه تلويزيوني
according to the disease	[marázta mutābíq]	مرض ته مطابق
It's a long story	[kisá ye úẓda da]	کيسه يې اوږده ده
to clarify completely	[mukammál wāzéh kedə́l]	مکمل واضح کېدل

C. In the chart below, the health problems of this patient are listed. Imagine that you are a doctor talking to the patient's brother (an emergency contact person) explaining his disease. How you would do it? Write your statements in the space provided.

۱ ګېډه يې ناروغه ده، زوروره ډوډۍ نه خوري.

۲ ملا يې په درد وي.

۳ سرته يې اور لګېږي.

۴ تبه پيدا کېږي.

۵ بې اولاده دئ.

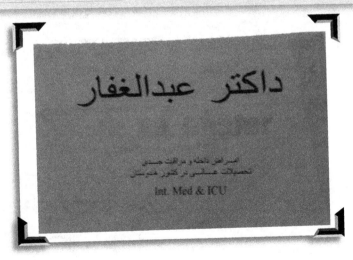

Additional Exercises اضافي تمرينونه

In this part of the lesson, you will complete exercises related to grammar points and vocabulary building on the topic of this chapter.

Exercise 28: ۲۸ تمرين: دا جملې بشپړې کړئ.

Complete the sentences by selecting an appropriate word for each from the options given in parentheses.

۱ – پرون مې علي ګل وليد چې درملتون ته تللی و او دده کشر زوی هم (الف – ورسره، ب – درته، ج – ورڅخه) روان و.
۲ – زويه (الف – درباندې، ب – را ته، ج – در ته) وايم، د لويانو احترام کوه، تل (الف – ورسره، ب – ورڅخه، ج – ورته) په احترام سلام اچوه!
۳ – ببرك او بريالی په کمپيوټر ښه پوهېږي، (الف – ورباندې، ب – ورڅخه، ج – ور ته) مې غوښتنه وکړه چې د کمپيوټر په اخيستلو کښې (الف – راسره ، ب – راڅخه، ج – ورسره) مرسته وکړي.
۴ – پروسږ کال ما يو څه پيسې له بريالي څخه پور کړې وې، تر اوسه پورې دې پيسې (الف – راڅخه، ب – راته، ج – راباندې) دي.
۵ – سپوږمۍ مې په مغازه کښې وليده، خو هلته ليلا (الف – درسره، ب – راسره، ج – ورسره) نه وه.
۶ – ببرك جانه، (الف – درسره، ب – راسره، ج – ورسره) ولاړ شه، چې (الف – درته، ب – راته، ج – ورته) د ښار چوك وښيم.

Exercise 29: ۲۹ تمرين: غوږ ونيسئ او ووايئ چې لاندينې څرګندونې صحيح دي که غلط.

Listen to the audio and indicate whether the following statements are صحيح or غلط.

نمبر	څرګندونې	صحيح	غلط
۱	دا مشتري د سردردۍ دارو غواړي.	☐	☐
۲	پېچکاري دده سړي خوښه ده ، ګولۍ نه غواړي.	☐	☐
۳	دغه سړی د ډاکټر نسخه لري.	☐	☐
۴	په نسخه کښې درې قسمه داروګان ليکل شوي دي.	☐	☐
۵	د دارو پيسې دوه سوه پنځوس افغانۍ شوې.	☐	☐
۶	مشتري وايي چې دارو ګران دئ.	☐	☐
۴	مشتري کمپوډر ته پيسې نه دي ورکړې.	☐	☐

Exercise 30: ۳۰ تمرین: متن ولولئ او سره وغږېږئ.

Read the text and discuss with your classmate the following questions.

ابو علي ابن سينا

52

ابو علي ابن سینا په کال ۹۸۰ م کښې د بخارا په افشانه کلي کښې زېږېدلی و. دده پلار چې عبدالله نومېده، د بلخ له ښار څخه بخارا ته ورغلی و او هلته يې د بخارا د پاچا په دربار کښې خدمت کاوه. د ابو علي مور چې ستاره بانو نومېده، د افشانه کلي اوسېدونکې وه او يوه مهربانه او هوښياره ښځه وه.

ابو علي ډېر ځيرك ماشوم و. دی له کوچنيتوب څخه په تحصيل بوخت شو او په اووه لس کلنۍ کښې يې د طب په زده کړو پيل وکړاو ژر يې په طبابت کښې زيات مهارت حاصل کړ.

ابن سينا د زماني د ستونزو لامله مجبور شو چې له خپل وطن څخه بهرته ولاړ شي او په نورو هېوادونو کښې ژوند او کار وکړي. ابن سينا ډېر زيات کار کاوه، تقريباً ۳۰۰ کتابونه يې وليکل، خپل لومړی کتاب يې په يوويشت کلنۍ کښې بشپړ کړ. يوازې پر طب باندې يې شپاړس کتابونه ليکلي دي چې تر ټولو مشهور يې "د طب قانون" نومېږي. "د طب قانون" په ۱۵۹۳ مېلادي کال کښې په روم کښې په عربي ژبه چاپ شوی دئ.

ابن سينا په کال ۱۰۳۶ م کښې په اته پنځوس کلنۍ عمر کښې د همدان په ښار کښې مړ شو. دده مقبره تر اوسه پورې د زيارت ځای ګڼل کېږي.

۱ د ابن سينا مور او پلار له کومو ځايونو څخه وو؟

۲ د ابن سينا پلار چيرې کار کاوه؟

۳ ابن سينا په څو کلنۍ کښې د طب په زده کړو پيل وکړ؟

۴ ولې ابن سينا خپل وطن پرېښود او نورو هېوادونوته ولاړ؟

۵ ابن سينا په يوويشت کلنۍ کښې څه شی بشپړ کړ؟

۶ د ابن سينا "د طب قانون" نومی کتاب د څه په هکله دئ؟

۷ "د طب قانون" کله او چيرې چاپ شوی دئ؟

۸ ابن سينا په څو کلنۍ او په کوم ښار کښې مړ شو؟

Exercise 31: ۳۱ تمرین: دا متلونه ولولئ.

Read the proverbs, compare them with similar English proverbs, and discuss with your classmate the situations in which they are employed.

د تورې پرهار به جوړ شي ، خو د ژبې پرهار نه جوړېږي.

A wound from a sword can be cured, (but) a wound from a tongue has no treatment.

مار چيچلی له رسۍ وېرېږي.

The person bitten by a snake fears a rope.

مرګ د ټوپک ښه دئ، نه د تلتک.

A death is good from a gun, not on (from) a quilt.

Vocabulary لغتونه

In this part of the lesson, you will review, listen, and practice pronunciation of phrases and vocabulary used in the chapter.

Phrases اصطلاحات

God willing	انشاالله
evil eye	بد نظر
to be put in the hospital	بستري کېدل
to be finished	پای ته رسېدل
last year	پروسږ کال
to fall..., experience ..., plunge into ...	په ... اخته کېدل
completely	په بشپړ ډول
attentively	په ځير
to claim, undertake	په غاړه اخيستل
to treat, to take under treatment	تر درملني لاندي نيول
to desire ...	... ته زړه کېدل
to feel nauseous	خوا ګرځېدل
by, by means of	د ... په وسيله
to become a cause of ...	د ... سبب کېدل
because of pain	د درد د لاسه
blood pressure	دويني فشار
athletic injury	سپورتي ټپ
it's up to you, what you want	ستا اختيار دئ
to suffer from an evil eye	سترګه اخيستل
to feel giddy or dizzy	سر ګرځېدل
in spite of	سره له دي
to meet each other	سره مخامخ کېدل

to coincide	سمون خوړل
local officials	سیمه ئیز چارواکي
it would be better	ښه به دا وي
an entire night, the whole night	ټوله شپه
a great quantity (of)	ګڼ شمېر
from the point of ...	له ... پلوه
to be destroyed	له مینځه تلل
increasing	مخ په ډېرېدو
take it away, forget it	ورك يې كه
civilians	ولسي وګړي

Vocabulary Words لغتونه

to feel	احساس کول
need, necessity to have a need	ارتیا ~لرل
aspirin	اسپیرین
appetite	اشتها
x-ray	اکسری
analgesic	انالجین
antibiotic	انتي بیوتیك
amount, size	اندازه
palm	اورغوی
shoulder	اوږه
iodine	ایودین
body, trunk	بدن
equal; appropriate	برابر
to smell	بویول
without feeling, unconscious	بېهوښ
to dress (medical)	پانسمان کول
to sneeze	پرنجی وهل، پرنجېدل
kidney	پښتورګی
foot	پښه
time (one time, two times, etc.)	پلا
up	پورته
nose	پوزه، پزه
injection, shot	پیچکاري
fever	تبه
diagnosis	تشخیص
forehead	تندی
to cough	ټوخېدل
to recommend, prescribe	توصیه کول
to pour (intransitive)	تویېدل
wounded, injured	ټپي
chest	ټټر

crush	ټکر
to crush	~ کول
surgeon	جراح
worm	چينجی
to observe	څارل
elbow	څنګل
folk physician	حکيم جي
food, foodstuff	خوراك
pain	خوږ
to hurt (intransitive)	خوږېدل
mouth	خوله
diabetes	د شکرې ناروغي
dentist	د غاښو ډاکټر
pediatrician	د کوچنيانو ډاکټر
internist	داخله ډاکټر
medicine, treatment	دارو
pain	درد
to hurt	~ کول
pharmacy	درملتون
treatment	درملنه
to treat	~ کول
nauseous	دلبدی
to blow, make infusion	دم کول
dust	دوړه
see: د شکرې ناروغي	ديابيتيس، ديابيت
flu	ذکام
to become blind	ړندېدل

injury	زخم
minor ~	سطحی ~
injured, wounded	زخمي
heart	زړه
knee	زنګون
chin	زنه
strong, powerful	زورور
jaw	ژامه
to cry	ژړل
injured, wounded	ژوبل
to chew	ژوول
eye	سترګه
exhausted	ستومانه
throat	ستونی
head	سر
lung	سږی
pneumonia	سينه بغل
noise	شور
lip	شونډه
complaint	شکايت
medical	طبي
~ observation	~ څارنه
see: حکيم جي	طبيب
nerve	عصب
factors (factor)	عوامل (عامل)
neck	غاړه
tooth	غاښ
fat	غوړي
to get ~	~ اخيستل
ear	غوږ

fee	فیس
to walk	قدم وهل
calorie	کالوري
weak	کمزوری
deaf	کوڼ
finger thumb	ګوته بټه ګوته
pill, tablet	ګولۍ
stomach, belly	ګېډه
to break (intransitive)	ماتېدل
face; page	مخ
patient	مریض
to die	مړ کېدل
temperament	مزاج
customer	مشتري
examination, check-up to examine	معاینه ~ کول
waist, small of the back	ملا
mastery, skill	مهارت
sickness	ناروغي
stomach, belly	نس
prescription	نسخه
navel	نوم
flu	والګی
eyebrow	وروځه
weight to gain weight	وزن ~ اخیستل
to kill	وژل
folk medicine	ولسي طب
vitamin	ویتامین

پنځم لوست

CHAPTER FIVE

5

ورزش
SPORTS

IN THIS CHAPTER

- Let's Get Started د درس پیل

  Talking about sports and sporting competitions;
  Discussing one's favorite sports and teams

- Language Points قاعده زده کړئ

  Use of the infinitive and the verbal nouns; Causal subordinate clause;
  Use of the particle به *[bə] with past expressions*

- Listen غوږ ونیسئ

  Practice listening comprehension of spoken Pashto
  on topics related to sports and games

- Let's Speak Pashto! راځئ چې په پښتو خبرې وکړو

  Practice speaking about sports, competitions, games, etc.

- Afghan Realia افغاني دود او دستور

  Practice listening and speaking while watching an authentic video clip
  about a favorite sport

- Additional Exercises اضافي تمرینونه

  Complete exercises directed to improving your knowledge of grammar
  points and vocabulary about sports and games

- Vocabulary لغتونه

  Review phrases and words used in this chapter

Let's Get Started د درس پیل

In this chapter, you will learn vocabulary related to sports, sport competitions, and talking about your favorite sport and team.

Exercise 1: ۱ تمرین: غوږ ونیسئ او مشق وکړئ.
Listen to the audio and practice pronunciation of the following vocabulary related to sports.

باسکټبال

فوټبال

بوکسینګ، سوك وهل

سپك اتلېټیك

منډه وهل، ځغستل

تکواندو

ټېنس

وزن پورته کول

شطرنج

غېږ نیول، پهلواني

ټوپ وهل، ډنګل

لامبو وهل، لمبل

بایسکل ځغلول

کریکټ

والیبال

وزلوبه

Exercise 2: ۲ تمرين: جملې بشپړې کړئ.

Complete the sentences by filling in the blanks with the name of the appropriate sport objects given below.

د باسکېټبال ټوکرۍ

جال

ډنډ/حوض

د شطرنج تخته

د شطرنج دانې

د ټېنس راکټ

توپ

د بوکسينګ دسکلې

آس

ډنډه

لوبغالی

بايسکل

Example:

د ورزش کولو دپاره لوبغالی پکار دئ.

To make exercise (sport) a stadium is required.

۱ د فوټبال کولو دپاره ____ پکار دئ.

۲ د باسکټبال کولو دپاره ____ پکار ده.

۳ د واليبال کولو دپاره ____ پکار دئ.

۴ د شطرنج کولو دپاره ____ پکار دي.

۵ د بايسکل ځغلولو دپاره ____ پکار دئ.

۶ د لامبو وهلو دپاره ____ پکار دئ.

۷ د سوك وهنې د لوبې دپاره ____ پکار دي.

۸ د ټېنس کولو دپاره ____ پکار دئ.

۹ د وزلوبې کولو دپاره ____ پکار دئ.

۱۰ د هاکي کولو دپاره ____ پکار ده.

Exercise 3: ۳ تمرين: ولولئ او وليكئ.

Read the text and then fill in the chart below with the names of the sports popular among Afghan youth.

په افغانستان کښې ورزش

سږ کال افغانستان د کريکټ، فوټبال، کراټې او وزن پورته کولو په لوبو کښې ځينې برياليتوبونه لرل.

اوس مهال په افغانستان کښې ډېر ځوانان په فوټبال، کريکټ، واليبال، باسکتبال، دبدن ښکلا، سوك وهلو، تکواندو، کراټې، غېږ نيولو او داسې نورو لوبو بوخت دي.

افغان نجونې هم د سپورټ په ۱۴ څانګو کښې لکه واليبال، فوټبال، بيډمينټن، سوك وهنې، شطرنج، تکواندو، کراټې، باسکتبال او داسی نورو برخو کښې سپورټ کوي. زياتې نجونې رزمي سپورټونو لکه تکواندو، جيډو، کراټې، او ويشو ته علاقمندې دي.

ځلميان			
۱	______	۶	______
۲	______	۷	______
۳	______	۷	______
۴	______	۹	______
۵	______	۱۰	______

نجونې			
۱	______	۶	______
۲	______	۷	______
۳	______	۷	______
۴	______	۹	______
۵	______	۱۰	______

Language Points قاعده زده کړئ

In this part of the lesson, you will learn about use of the infinitive and the verbal nouns, causal subordinate clause, use of the particle 'bə' with past expressions.

Use of the Infinitive and the Verbal Nouns

1. In Pashto, the infinitive, in addition to its regular usage as a verb, can be used to name an action as well, functioning like a gerund in English. So, depending on the context, the phrase سوك وهل [suk wahə́l] can be interpreted as 'to box' or 'boxing'.

د سوك وهلو په سيالي كښې د غازي ليسې استازى بريالى شو.

In the boxing competition, the representative of the Ghazi lyceum won.

په مسابقه كښې ميوند په پيل كښې ډېر ښه سوك واهه، خو بيا دده سيال پرې سخت زور واچاوه او په پايله كښې لوبه يې وګټله.

In the beginning of the match, Maywand boxed very well, but then his rival made a great push on him, and as a result, he (his rival) won the match.

When the infinitive is used as a subject, the verb must take the third-person masculine plural form.

I like running very much. منډه وهل زما ډېر خوښ دي.

When the infinitive is governed by a preposition or postposition (or both), it takes the plural oblique form.

د وزن پورته كولو په سيالي كښې د بلغاريا لوبغاړي لومړى مقام وګاټه.

In the weight lifting competition, the Bulgarian athletes took first place.

زمونږ لوبډلېددې مسابقې د ګټلو دپاره ډېره هڅه وكړه.

Our team made a great effort to win this competition.

2. To name the action, some verbs use also a verbal noun, which is derived from the infinitive of the verb.

I don't like boxing. سوك وهنه زما نه خوښېږي.

Use of the Infinitive and the Verbal Nouns (cont.)

To form the verbal noun, change the infinitive ending [ə́l] to the suffix [ə́na].

Verbal noun		English	Infinitive	
[wahə́na]	وهنه	to hit, beat	[wahə́l]	وهل
[katə́na]	کتنه	to watch	[katə́l]	کتل
[lidə́na]	لیدنه	to see	[lidə́l]	لیدل
[likə́na]	لیکنه	to write	[likə́l]	لیکل
[lwastə́na]	لوستنه	to read	[lwastə́l]	لوستل
[cārə́na]	څارنه	to observe	[cārə́l]	څارل
[ceṛə́na]	څېړنه	to investigate	[cəṛə́l]	څېړل
[žğorə́na]	ژغورنه	to save, protect	[žğorə́l]	ژغورل

ورزشکارانو د سپورټ له موزیم څخه کتنه وکړه.
Athletes observed the sport museum.
ستاسو په لیکنه کښې څه ناڅه غلطیانې تر سترګو کېږي.
In your writing, some (minor) errors are found.

Also, some verbs form the verbal nouns differently.

[ǰgāsta]	ځغاسته	to run	[ǰğastə́l]	ځغستل
[tag]	تګ	to go	[tləl]	تلل
[rātág]	راتګ	to come	[rātlə́l]	راتلل

Note that the verbal nouns are used only for a limited set of verbs whereas infinitives can always function in this way when the context requires.

Exercise 4: ۴ تمرین: دا په پښتو ووایاست.
Say it in Pashto.

- Your younger brother likes swimming.
- It is very easy to find the stadium.
- Weight lifting requires strength.
- You don't like waiting for the bus at the bus stop.
- Students go to the park to take a stroll.
- Cooking takes a lot of your time.

The Causal Subordinate Clause

The causal subordinate clause is used to express the cause of or reason for the action expressed in the main clause.

Casual subordinate clauses often begin with the conjunction ځکه چې [ǰəka če] 'because' and follow the main clause, and in writing the two clauses are separated by a comma.

میوند نن لوبغالي ته نه ځي، ځکه چې سبا امتحان لري.

Maywand does not go to the stadium today, because he has an exam tomorrow.

The casual subordinate clause may be connected to the main clause with the conjunction چې [če] as well. In this case چې corresponds with English 'because'.

Open the window, because it's hot. کړکۍ خلاصه کړئ چې ګرمي ده.

ګرمې جامې واغوندئ چې هوا سړه ده.

Put on (your) warm clothes, because the weather is cold.

To associate the subordinate clause with the main clause, the conjunctions such as له دې امله چې [lə de amala če], له دې کبله چې [lə de kabala če], له دې سببه چې [lə de sababa če] 'because of ...' are also used; when using these conjunctions, the subordinate clause precedes the main clause and often the main clause begins with adverbs نو [no], نو ځکه [no ǰəka] 'so, hence'.

له دې سببه چې ګل جان پخوا سپورټي پرهار اخیستی و، نو نه شي کولای چې په دې لوبه کښې ګډون وکړي.

As Goljan had earlier gotten a sports injury, he cannot participate in this match.

له دې امله چې سخت باران لوبغالی لوند کړی و، نو ځکه د فوټبال لوبه د یوې ورځې دپاره وځنډېده.

As a heavy rain had soaked the stadium, the soccer game was postponed for one day.

Use the following table as a reference for usage of conjunctions to associate the causal clause with the main clause depending on the content.

because	[ǰəka če]	ځکه چې
because	[če]	چې
because of ...	[lə de amála če]	له دې امله چې
because of ...	[lə de kabála če]	له دې کبله چې
because of ...	[lə de sabába če]	له دې سببه چې

Exercise 5: ۵ تمرین: جملې ولولئ او سره ونښلوئ.

Match the clauses in column الف with the appropriate follow-up in column ب.

	الف		ب
۱	سږ کال بريالی په وزلوبه کښې ګډون نه کوي،	___	ځکه چې دده تلويزيون خراب شوی و.
۲	د ګل جان زوی د بوکسينګ نوي دستکلې واخيستې،	___	ځکه چې رنګ يې دده خوښ نه شو.
۳	زلمي د فوټبال وروستۍ لوبه ونه کتله،	___	ځکه چې نن د ښار په واټونو کې ډېر زيات خلک هاخوا دې خوا ګرځېدل.
۴	ميوند خپل زوی د سوک وهلو کلپ ته پرې نه ښود،	___	ځکه چې تېر کال دده لاس مات شوی و او تر اوسه پورې بشپړ نه دئ جوړ شوی.
۵	ګل آقا د منډه وهلو د پاره لوبغالي ته ولاړ،	___	ځکه چې د بوکسينګ ورزش دده نه خوښېده.
۶	ببرک هغه سپورتي جامې وانه اخيستلې،	___	ځکه چې پخواني دستکلې يې ورته تنګې شوې وې.

Exercise 6: ۶ تمرین: دا په پښتو ووایاست.

Say it in Pashto.

You did not buy a sports outfit (د ورزش جامې), because you did not have enough (کافي) money.
You bought a chess set for your classmate for his birthday, because he likes to play chess.
Your friend did not go to the soccer game, because the ticket (ټکټ) was too expensive (ګران).
Your younger brother wants to become a basketball player, because he is very tall.
Afghan youth like taekwondo and wushu, because they are interested in martial arts.
Many Afghan girls do not do sports, because their parents do not permit them to.

Exercise 7: ۷ تمرین: له خپل همټولګي سره مشق وکړئ.

Using the chart below, ask your classmate about his/her favorite sport, discuss why s/he likes it, and then compare your interests, presenting arguments defending your answer.

Sample questions and answers:

- بایسکل ځغلول ستاسو خوښېږي؟
- هو، بایسکل ځغلول زما خوښ دي./ نه، بایسکل ځغلول زما خوښ نه دي.
- ولې؟
- ځکه چې ....

د ورزشونو نومونه	ستاسو د همټولګي فکر	ستاسو فکر
بایسکل ځغلول	بایسکل ځغلول زما خوښ نه دي، ځکه چې دا لوبه ما ته لږ څه خطرناکه ایسي، له دې نه پرته زه بایسکل ښه نه شم ځغلولای.	بایسکل ځغلول زما خوښ دي او زه کله کله په لوبغالي کښې له خپلو دوستانو سره سیالي کوم، ځکه چې زه غواړم سږ کال د پوهنتون په اتلولي کښې ګډون وکړم.
فوټبال		
والیبال		
شطرنج		
غېږ نیول		
تکوانډو		
دبدن دغړو ښکلا		
پهلواني		
سوك وهنه		

Cultural Note فرهنگی نوت

The Afghan National Game 'Wuzloba'

The Afghan national game وزلوبه [wuzloba] 'the goat game,' which is familiar to the American audience from movies The Horsemen and Rambo 3, is one of the most ancient and popular games, not only in Afghanistan but also in many other Central Asian countries such as Uzbekistan, Tajikistan, Kyrgyzstan, Turkmenistan, and Kazakhstan. In these countries, it is known by different names: 'Buzkashi', 'Ulaaq', 'Kopkari' or 'Kok Boru', etc.

There are no detailed histories of the goat game, nor any definite opinion as to when the game emerged. On the other hand, the dominant view is that the goat game has Turkic-Mongolian roots and became popular after Genghis Khan's invasion (XIIIth century) of Central Asia.

At the same time, according to some internet sources (www.spogmai.com; naraywal.com), the goat game emerged as a martial art long before the Mongol invasion in ancient times. Playing Wuzloba, Arian

tribes, who lived between the Amu Darya and Sir Darya rivers, trained their horseman to prepare to launch sudden unexpected attacks on their enemies in order to take captives. Greek historians writing in the period between the 4th century BC and the first centuries of the Common Era also record that the people of Central Asia taught their youth horse-racing and other martial arts.

Today the goat game is especially popular among Afghans, including Pashtuns, settled in central and northern Afghanistan; it has received official status as a national game of the country. The Olympic Committee of Afghanistan has developed regulations establishing rules for organizing and conducting the game, and has put in place regulations to make the games safe and fair. According to these regulations the game takes place between two teams with 15 horsemen each (each horseman (player) is called چاپ انداز [čāpandāz]) on a square field 350 meters on each side. During the game the horsemen should stay inside these bounds; passing outside the field is penalized.

Cultural Note

Two main actors play the game: the strong man and the trained horse within the boundaries of the playing field. There are three important objects in the goat game: a) the circle named حلال [halāl] 'authorized, permitted' drawn on one side of the field 25 meters from the edge, b) the flag planted on the other side of the field the same distance from the edge, and c) the corpse of a goat or calf put in the Halal circle.

The horsemen first fight to seize the goat from the Halal circle, and then, with the help of the other members of his team, the player who has taken the goat tries to drag it to the other side of the field, go past the flag, and bring the goat back to the Halal circle. The other team all the time tries to block their rivals, take away the goat from them and perform the same action themselves. Each time a team succeeds in making this long and difficult way with the goat earns points according to the rules. The team with more points at the end of the game wins and becomes a champion. For the most part the goat game is performed in the spring and fall when the weather is moderate.

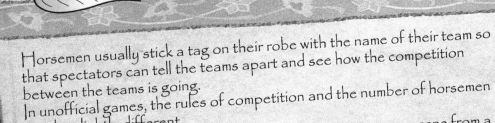

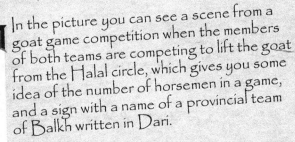

Horsemen usually stick a tag on their robe with the name of their team so that spectators can tell the teams apart and see how the competition between the teams is going.

In unofficial games, the rules of competition and the number of horsemen may be slightly different.

In the picture you can see a scene from a goat game competition when the members of both teams are competing to lift the goat from the Halal circle, which gives you some idea of the number of horsemen in a game, and a sign with a name of a provincial team of Balkh written in Dari.

Exercise 8: ۸ تمرین: متنونه ولولئ او نښه کړئ چې لاندینې څرګندونې صحیح دي که غلط.

Read and indicate.

۱

نن سهار په یوولسو بجو کښې د غازي لیسې په جیمنازیوم کښې د غازي لیسې او د شېرخان لیسې د لوبډلو په مینځ کښې د والیبال لوبه پیل شوه. د غازي لیسې لوبډلې لومړی میدان وګاټه، خو دوهم او دریم میدانونه د شېرخان لیسې لوبډلې وګټل او د غازي لیسې لوبډلې ته یې ماته ورکړه.

۲

پرون له غرمې نه وروسته د جلال آباد د عایشې دراني د لیسې او د کابل د ملالۍ لیسې د نجونو د لوبډلو تر مینځ د استقلال د لیسې په لوبغالي کښې د بیډ مینټن سیالي تر سره شوه. دا په زړه پورې لوبې نږدې دوه ساعته دوام درلود. په اول سر کښې دواړو ټیمونو مساوي لوبې کولې، خو په آخر کښې د ملالۍ د لیسې ټیم دوه میدانونه وبایلودل او ماته یې وخوړله.

۳

ټېره شنبه له غرمې نه وروسته څلور بجې د عبدالهادي داوي د لیسې په جیمنازیوم کښې د کندهار او د کابل د تکوانډو منتخبو لوبډلو مسابقه درلوده. دواړو ټیمونو ډېر کوښښ وکړ چې سیالي وګټي، خو نه شول کولای چې یو بل ته ماتې ورکړي او مسابقه مساوي پای ته ورسېده.

نمبر	څرګندونې	صحیح	غلط
۱	د غازي لیسې او د شېرخان لیسې د لوبډلو په سیالۍ کښې د غازي لیسې لوبډلې د شېرخان لیسې لوبډلې ته ماته ورکړه.	☐	☐
۲	د غازي لیسې لوبډلې د والیبال په سیالۍ کښې لومړی میدان و ګاټه، خو نور دوه میدانونه یې وبایلودل.	☐	☐
۳	د ملالۍ د لیسې او د عایشې دراني د لیسې د ټیمونو د بیډ مینټن سیالي په مساوي حساب پای ته ورسېده.	☐	☐
۴	د کندهار د تکوانډو منتخبې لوبډلې مسابقه د کابل ټیم ته وبایلوده.	☐	☐

Exercise 9: ۹ تمرین: راپوټ ولیکئ.

In pairs, write a report about a recent game of your favorite team or a competition of your favorite athlete using the notes of exercise 8 as a model, and then read each other's work and discuss the game you described.

Exercise 10: ۱۰ تمرین: ورزشکار وپېژنئ.

Get acquainted with the athlete. Skim the following brief information about athletes, and then using them as a model, introduce your favorite athlete to your classmate.

۱

نوم مې محمد نصير دئ، په ۱۳۶۴ لمریز هجري کال کښې زېږېدلی یم. زما د قد لوړوالی ۱۷۵ سانتي مېتره، وزن مې ۷۵ کيلوګرامه او بازو مې ۴۵ سانتي مېتره دئ. تقریبا پنځه کاله کېږي چې زه د بدن د ښکلا تمرين کوم. زه اوس د جلال آباد په ښار کښې یو کلپ لرم چې تقریبا ۳۵ تنه ځلمیان د بدن د ښکلا تمرین پکښې کوي. په نږدې راتلونکې کښې د پولینډ په هېواد کښې د بدن د ښکلا یا باډي بیلډینګ نړیواله سیالي پیل کېږي چې زمونږ د هېواد د باډي بیلډینګ ملي ټیم یې هم غوښتی دئ. مونږ اوس د هغو سیالیو د پاره آماده ګي نیسو.

۲

نوم مې عزیز جلالي، په ۱۳۶۷ لمریز هجري کال کښې زېږېدلی یم. زما د قد لوړوالی ۱۸۰ سانتي مېتره، وزن مې ۷۳ کيلوګرامه دئ. زه له فوټبال سره ډېره علاقه لرم. درې کاله کېږي چې د خپلې لیسې په لوبډله کښې فوټبال کوم.

سږ کال زمونږ لوبډلې د ښار په اتلولۍ کښې لومړی مقام وګاټه او زه هم د ښار د منتخب ټیم غړی شوم.

دوې میاشتې وروسته به په کابل کښې د هېواد د فوټبال د ټیمونو سیالي تر سره شي. زمونږ منتخب ټیم همدا اوس د هغې تورنمنټ د پاره په تیارۍ بوخت دئ.

Listen غوږ ونیسئ

In this part of the lesson, you will listen to audio and practice listening comprehension of the spoken Pashto on the topics related to sports, games, etc.

Exercise 11: ۱۱ تمرین: غوږ ونیسئ او د متن تش ځایونه ډك کړئ.
Listen to the dialogue; fill in the blanks with the missing words and phrases, and then taking one role, read it with your classmate.

ببرك – تورجانه، ________ یې؟
تورجان – پلاره، دلته، کور کښې یمه، ________.
ببرك – څه شی ګورې؟
تورجان – ________ ګورم، د غازي لیسې او د شېرخان لیسې ________ لوبې کوي.
ببرك – کوم ________ یې ګټي؟
تورجان – تر اوسه چا ________ نه دئ کړی، ________ صفر دئ.

Exercise 12: ۱۲ تمرین: غوږ ونیسئ او پوښتنو ته ځواب ورکړئ.
Listen and answer the questions.

۱ په لوبغالي کښې کوم قسم لوبه تر سره کېږي؟

۲ په لوبغالي کښې کوم کوم ټیمونه لوبې کوي؟

۳ لوبه په څو بجو شروع کېږي؟

۴ تاسې فکر کوئ چې ګلجان او بریالی به د لوبې د کتلو دپاره لوبغالي ته ولاړ شي؟

Let's Speak Pashto! راځئ چې په پښتو خبرې وکړو!

In this part of the lesson you will practice speaking on topics related to sports, competitions, games, etc.

Exercise 13: ۱۳ تمرین: متن ولولئ او پوښتنو ته ځواب ورکړئ.

Read the text and discuss the following questions with your classmate.

52 په لرغونو زمانو کښې په افغانستان کښې څه ډول ورزشونه موجود وو؟

د افغانستان خلکو له ډېر پخوا څخه بدني روزنې او ورزش ته ارزښت ورکاوه. د افغانانو تر ټولو لرغونی ملي ورزش پهلواني یا غېږ نیونه ګڼلای شو چې په ولس کښې یې ډېر محبوبیت درلود.

په لرغوني افغانستان کښې د ځلمیانو د ورزش تر ټولو مهمې برخې رزمي ورزشونه وو. ځلمیان له آس ځغلولو، غشي ویشتلو، زور آزمویلو او وزلوبې سره روږد شول او په دغو برخو کښې یې ډېر ښه مهارت تر لاسه کړ.

یوه یوناني تاریخ لیکوال داسې لیکلي وو چې په دې هېواد کښې ځلمیان به سهار وختي پاڅېدل او په بېلا بېلو ورزشونو به بوختېدل.

یو بل یوناني تاریخ لیکوال په خپل کتاب کښې لیکلي دي چې زلمیان به سهار مهال راوتل او یوه تن به غږ کاوه چې "لوبغالي ته راووځئ". ټول زلمیان به لوبغالی ته راوتل، په پنځه کسیزو ډلو وېشل کېدل او وروسته به په رزمي لوبو او نورو زده کړو بوخت شول. ویل کېږي چې خلکو به خپلو اولادونو ته درې څیزونه ورزده کول: آس ځغلول، غشي ویشتل او رښتینولي.

Note:

The particle به [bə] used with the past imperfective tense of verbs indicates an action that was experienced in the past habitually or as a usual event.

په دې هېواد کښې ځلمیان به سهار وختي پاڅېدل او په بېلا بېلو ورزشونو به بوختېدل.

In this country, the youth used to get up early in the morning and do various exercises and sports.

میوند به له خپلو همټولګیانو سره فوټبال کاوه او ماښام ناوخته کورته راتئ.

Maywand used to play soccer with his classmates and then come home late.

Also, the same particle used with the past perfective tense of verbs indicates a completed, definite action that was experienced in the past habitually or as a usual event.

وروسته به په رزمي لوبو او نورو زده کړو بوخت شول.

Then (they) used to practice martial arts and other studies.

د افغانانو تر ټولو لرغونی ملي ورزش څه و؟

پخوا کوم ورزش په ولس کښې ډېر محبوبیت درلود؟

په لرغوني افغانستان کښې ځلمیانو په کوم ډول ورزشونه زیاته علاقه ښودله؟

په افغانستان کښې پخوا کوم قسم ورزشونه رزمي ورزش بلل کېدل؟

په لرغوني افغانستان کښې به ځوانان کوم وخت په ورزش بوخت شول؟

ځلمیانو څرنګه په خپلو تمرینونو پیل کاوه؟

Exercise 14: ۱۴ تمرین: له خپل همټولګي سره مشق وکړئ.

Now tell a classmate about your favorite sports, and then change roles. Make notes for your narration in the space provided.

Exercise 15: ۱۵ تمرین: ولولئ او څرګند کړئ!

Read the text and indicate an appropriate referent for the underlined pronouns in the following sentences.

د ګردېز ښار د ښوونځیو د سپك اتلېتیك لوبې

د کابل ښار د هلکانو د ښوونځیو د سپك اتلېتیك د لوبو په نتیجه کښې چې د کابل په لوبغالي کښې تر سره شوې د ګلولې د غورځولو په لوبه کښې د استقلال لیسې د دوولسم ټولګي زده کوونکي ګلجان لومړی مقام، د شېرشاه لیسې د یوولسم ټولګي زده کوونکي احمدګل دویم مقام او د میرویس نیکه لیسې د یوولسم ټولګي زده کوونکي شېرخان دریم مقام وګاټه. د یوه بل خبر له مخې د ځغاستې په لوبو کښې د انصاري لیسې ټیم لومړی مقام، د شېرشاه لیسې ټیم دویم مقام او د نادر پښتون لیسې ټیم دریم مقام وګاټه.

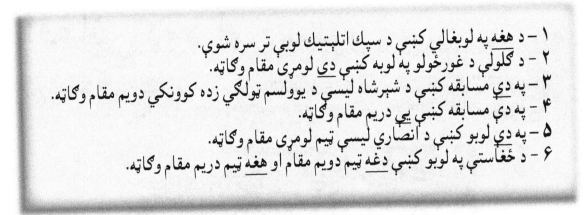

۱ – د هغه په لوبغالي کښې د سپک اتلیټیک لوبې تر سره شوې.
۲ – د ګلولي د غورځولو په لوبه کښې دی لومړی مقام وګاټه.
۳ – په دې مسابقه کښې د شېرشاه لیسې د یوولسم ټولګي زده کوونکي دویم مقام وګاټه.
۴ – په دې مسابقه کښې يې دریم مقام وګاټه.
۵ – په دې لوبو کښې د انصاري لیسې ټیم لومړی مقام وګاټه.
۶ – د ځغاستې په لوبو کښې دغه ټیم دویم مقام او هغه ټیم دریم مقام وګاټه.

Exercise 16: ۱۶ تمرین: له خپل همټولګي سره مشق وکړئ.

Using exercise 15 as a model, tell your classmate the results of any tournament that was held recently in your country, home state, or home town. Make notes in the space provided.

۱
۲
۳
۴
۵
۶

Exercise 17: ۱۷ تمرین: له خپل همټولګي سره مشق وکړئ.

Make a conversation with your classmate using each of the following situations.

Situation 1

Your classmate looks unhappy because his favorite basketball team lost an important game. Ask him why he looks upset, and then ask how the game went and why his team lost.

Situation 2

On the weekend you watched a boxing match between two heavyweight boxers. Tell your classmate how the match went and answer his questions.

Afghan Realia افغاني دود او دستور

In this part of the lesson, you will practice listening and speaking while watching an authentic video clip with a conversation about a favorite sport.

Exercise 18: ۱۸ تمرین: ویډیو وګورئ او پوښتنوته ځواب ورکړئ.
Watch the video clip and answer the following questions.

۱ هغه ځلمی چې په ښی لاس کښې ولاړ دئ، د کوم شي په هکله یې پوښتنه وکړه؟

۲ هغه سړی چې په چپ لاس کښې ولاړ دئ د کوم ورزش سره علاقه لري؟

۳ ځلمي د کوم ورزش سره علاقه لري؟

۴ سړي والیبال او نور ورزشونه هم کوي که نه؟

۵ ولي دا سړي فوټبال کوي؟

۶ فوټبال دده د څه د پاره ښه دئ؟

Exercise 19: ۱۹ تمرین: ویډیو وګورئ او ووایئ چې لاندیني ځرګندوني صحیح دي که غلط

Watch the video and indicate whether the following statements are صحیح or غلط.

نمبر	ځرګندوني	صحیح	غلط
۱	فوټبال د دکانوالا (هغه سړي چې خړ رنګه واسکټ يې اغوستی دئ) خوښ نه دئ.	☐	☐
۲	د دکانوالا په اند سپورت د وګړي د وجود دپاره ګټه لري.	☐	☐
۳	يوه چا ويلي دي چې فوټبال د سپورتونو پاچا ده.	☐	☐
۴	دکانوالاله مازديګر نه وروسته ټيم ته ځي او فوټبال کوي.	☐	☐
۵	مشتري (هغه سړي چې سپين کميس اغوستی دئ) دا خبره نه مني چې فوټبال د سپورتونو پاچا ده.	☐	☐
۶	نن مازديګر به دکان والا او مشتري دواړه ټيم ته ولاړ شي او فوټبال وکړي.	☐	☐

Additional Exercises اضافي تمرينونه

In this part of the lesson, you will complete exercises to improve your knowledge of the grammar points and vocabulary about sports and games.

Exercise 20: ۲۰ تمرین: لاندیني جملې بشپړې کړئ.

Complete the sentences below using the prompts.

۱ – کله چې ګل آقا په لیسه کښې سبق وایه ډېر ښه ________ . (played chess)

۲ – د فوټبال په سیالي کښې د استقلال د لیسې ټیم لومړی مقام ________ .(got)

۳ – د لوبې په دوهمه برخه کښې د کندهار ټیم دوه ځله د غزنی ټیم په دروازه کښې ________ (made a goal) او بریالی شو.

۴ – تېر کال د غازي لیسې د تکواندو ټیم لوبغاړي په جیمنازیوم کښې هره ورځ دوه دوه ساعته ________ . (trained)

۵ – سپوږمۍ ویلي وو چې ددې کشر ورور د افغانستان د فوټبال د ________ (national team) غړی دی.

Exercise 21: ۲۱ تمرین: پښتو کلمې له انګلیسي ترجمې سره ونښلوئ.

Match the Pashto words with the corresponding word in English.

	ب	الف	
__	goat game	ملي لوبې	۱
__	athlete	لوبډله	۲
__	martial arts	آس ځغلول	۳
__	national games	وزلوبه	۴
__	boxing	لوبغاړی	۵
__	running	غېږ نیول	۶
__	team	تمرین	۷
__	competition	دودیز	۸
__	horse race	سیالي	۹
__	traditional	سپك اتلېتيك	۱۰
__	exercise	غشی ویشتل	۱۱
__	wrestling	لوبغالی	۱۲
__	field and track events (athletics)	سوك وهل	۱۳
__	chess	شطرنج	۱۴
__	stadium	رزمي ورزش	۱۵
__	archery	منډه وهل	۱۶

Exercise 22: ۲۲ تمرین: ولولئ او پوښتنو ته ځواب ورکړئ.

Read and answer the questions.

ورزش څه وخت په خلکو کښې دود شو؟

ورزش هغه وخت په وګړو کښې دود شو، کله چې بشری ټولنه را مينځ ته شوه. لرغوني وګړي اړ وو چې د خپلې ژغورنې لپاره له ځنګلي ځناورو او نورو دښمنانو سره جګړې وکړي. همدا کار ددې لامل شو چې د وګړي په وزګارو وختونو کښې پخپلو مينځو کښې په بېلا بېلو ورزشونو بوخت شي.

په لرغوني مصر کښې هم ورزش بېلا بېل ډولونه لرل لکه د آس ځغلول، غشي ويشتل او نور. هغه انځورونه چې په مصر کښې د مقبرو پر دېوالونو توږل شوي، دا راښيي چې ۳۴۰۰ کاله وړاندې د مصر ګڼ شمېر خلك د رزمي ورزشونو مينه وال وو.

نورو قومونو هم بېلا بېل ورزشونه درلودل چې د ملي ورځو په غونډو کښې به يې تر سره کول. د ځينو خلکو په تمدن کښې د غويي پر ښکرو نڅا ډېر جالب ورزش ګڼل کېده چې نننۍ بڼه يې "د غويي لوبه" ("بل فايتينګ") په نامه په هسپانيه کښې موجوده ده.

۱ ورزش کله په بشري ټولنه کښې دود شو؟
۲ لرغونو وګړو د چا سره جګړې کولې؟
۳ لرغوني وګړي کله او د چا سره به په ورزشونو بوخت کېدل؟
۴ لرغوني وګړي په کومه موخه په ورزشونو بوخت کېدل؟
۵ په لرغوني مصر کښې وګړي د ورزش کوم کوم قسمونه لرل؟
۶ مونږ له کومه پوهېږو چې په لرغوني مصرکښې خلك د مختلفو ورزشونو مينه وال وو؟
۷ "د غويي لوبه" کله پيدا شوه او دا لوبه اوس مهال په کوم هېواد کښې موجوده ده؟

Vocabulary لغتونه

In this part of the lesson, you will review, listen, and practice pronunciation of phrases and vocabulary used in the chapter.

Phrases اصطلاحات

now, at the present time	اوس مهال
human society	بشري ټولنه
in the beginning	په اول سر کښې
till now, so far	تر اوسه پورې
to be seen, noticed	تر سترګو کېدل
to complete, fulfill, carry out	تر سره کول
to obtain	تر لاسه کول
by the name (of)	د ... په نامه
as a result	د ... په نتیجه کښې
by, according to, in accordance with	د ... له مخې
martial arts	رزمي ورزشونه
to teach one	ورزده کول

Vocabulary Words لغتونه

championship, tournament	اتلولي
value to apprise	ارزښت ~ ورکول
representative	استازی
horse horse race	آس ~ ځغلول
preparation to make ~s	آماده ګي ~ نیول
body-building	باډي بیلډینګ

basketball	باسکتبال
to lose	بایلل
body beauty of the ~, ~-building	بدن د ~ ښکلا
bodily, corporal body training	بدني ~ روزنه
victorious	بریالی
success, victory	بریالیتوب
to be engaged, be busy (intransitive)	بوختېدل

boxing	بوکسینګ
badminton	بیدمینټن
wound, injury sporting/sports ~	پرهار سپورټي ~
wrestling	پهلواني
taekwondo	تکواندو
exercise	تمرین
ball	توپ
to jump	ټوپ وهل
basket basketball basket	ټوکرۍ د باسکېټبال ~
tennis	ټېنس
see: لوبډله	ټیم
net	جال
judo	جیډو
gymnasium	جیمنازیوم
to run	ځغستل
branch	څانګه
score	حساب
see: ډنډ	حوض
gloves boxing ~	دسکلې، لاس ماغو د بوکسینګ ~
pool (swimming)	ډنډ
(hockey) stick	ډنډه
racket tennis ~	رکټ د ټېنس ~
truth	رښتینولي
to get accustomed to	روږدېدل
force, strength to apply ~ to fight, compete	زور ~ اچول ~ ازمویل
to protect	ژغورل
field and track events (athletics)	سپک اتلیټیک
sport martial arts	سپورټ رزمي ~
to box, boxing	سوک وهل
rival	سیال
rivalry, competition	سیالي
chess ~ board ~ piece/man	شطرنج د ~ تخته د ~ دانه
horn	ښکر
health	صحت
one interested in, fan	علاقمند
interest to be interested in, to be fan of	علاقه ~ لرل
gathering, meeting	غونډه
bull	غویی
wrestling	غېږ نیول
see: غېږ نیول	غېږ نیونه
soccer	فوټبال
height	قد
karate	کراټې
cricket (sport)	کریکټ
club	کلپ
to win, gain	ګټل
participation to participate	ګډون ~ کول

goal to make a ~	ګول ~ کول / وهل
to swim, bathe	لامبو وهل
see: لامبو وهل	لمبل
team	لوبډله
player, athlete, sportsman	لوبغاړی
stadium	لوبغالی
game, play	لوبه
broken to defeat to be defeated	مات / ماته / ماتې ~ ورکول ~ خوړل
attractiveness, popularity	محبوبیت
see: سیالي	مسابقه
equal	مساوي
position	مقام
national ~ team	ملي ~ لوبډله / ټیم
selected all-star team	منتخب (ه) ~ ټیم / لوبډله
to run	منډه وهل
sports ground; game, set, part	میدان
fan	مینه وال
dance	نڅا
volleyball	والیبال
sport, exercise	ورزش
see: لوبغاړی	ورزشکار
free, not busy	وزګار
goat game, buzkashi	وزلوبه
to lift weights, weightlifting	وزن پورته کول
wushu	ویشو
to shoot to shoot an arrow, do archery	ویشتل غشی ~

شپږم لوست

CHAPTER SIX 6

په رستوران کښې (افغاني ډوډۍ)

AT A RESTAURANT (AFGHAN FOOD)

IN THIS CHAPTER

- Let's Get Started د درس پیل

  Speaking about Afghan food, people cooking and serving at restaurants, food utensils; Ordering food, complaining; Describing Afghan table customs

- Language Points قاعده زده کړئ

  Instrumental expressions; Forming attributive expressions

- Listen غوږ ونیسئ

  Listening exercises on the topic

- Let's Speak Pashto! راځئ چې په پښتو خبرې وکړو

  Practice speaking about food; Ordering food; Talking about food quality

- Afghan Realia افغاني دود او دستور

  Describing Afghan table culture; Practice speaking about Afghan national dishes; Describing preparation of some foods

- Additional Exercises اضافي تمرینونه

  Exercises for practicing language points and vocabulary of the chapter

- Vocabulary لغتونه

  Review phrases and words used in this chapter

Let's Get Started   د درس پيل

In this chapter you will learn vocabulary related to food, ordering food, eating utensils.

Exercise 1: 🎧 ۱ تمرين: غوږ ونيسئ او مشق وکړئ.

Listen and then repeat the names of food being served today at Khyber Restaurant.

خيبر رستوران نن خپلو ګرانو ميلمنوته لاندينۍ وطني خوراکونه وړاندي کوي:

د تناره ډوډۍ	د غويي کباب، د چرګ کباب	د غوښي منتو، د کدو منتو	قابلي پلو
د روميانو او بادرنګو سلاته	د غوښي سمبوسي، د کچالو سمبوسي	سور شوی چرګ	د پسه ښوروا
هيلداره شيريخ	تور او شين چای	کشمشي کيک	خوږي کلچي

Exercise 2: 📖 ۲ تمرين: ولولئ او تشريح کړئ.

Read the dialogues next to the pictures and indicate who speaks each part of the conversation.

- کباب ډېر مزه دار و. پخوا زه دې رستوران ته نه وم راغلی. کور مو ودان چې دا رستوران دې راوښود.
- ددې رستوران کبابي ښه تکړه دئ، په دې شا و خوا کښې ښه شهرت لري.

- ستاسو ډوډۍ به په لسو دقیقو کښې آماده شي، اوس دا سلاته نوش جان کړئ.
- ښه دئ، جوړ اوسې وروره ، خو ژر شئ چې مونږ لږ څه په تادي کښې یو.

- ښوروا یو خوراك که دوه خوراکه درکم؟ سره مرچ پکې واچوم؟
- دوه خوراکه، خو مرچ پکې مه اچوه، مېلمانه مرچ نه غواړي.

- ستاسو څه خوښ دئ، څه راوړم؟
- یو خوراك قابلي پلو، یو بشقاب سلاته او یوه چاینکه شین چای.

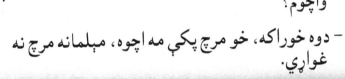

Exercise 3: ۳ تمرین: له خپل همټولګي سره خبرې اترې وکړئ.

Pair work. Using the dialogues of exercise 2, make conversations with your classmate about the following situations:

- You are ordering two dishes from the foods shown in exercise 1. One of you plays the role of a customer, the other the waiter, then change roles.
- You had two of your favorite dishes in the restaurant; you were satisfied by one of them but the second one was not tasty as you expected. Tell a waiter or the manager your complaint, describing what was wrong with the food.

Exercise 4: ۴ تمرین: لاندیني جملې ولولئ او په ترتیب سره یې ځای پر ځای کړئ.

A. Read the following sentences carefully, reorganize them to make a meaningful dialogue.

- بلې صاحب. دا ده مېنو، هر خوراك چې وغواړئ په شلو دقیقو کښې به آماده شي.
- په خیر اوسې وروره، خو زه یو مېلمه هم لرم، دا دئ، راځي. بل ځای هم لرئ؟
- ورته هم شین چای راوړم؟
- په دواړو سترګو صاحبه، یو خوراك قابلي پلو، سلاته او فرني. ښه، څه څښاك راوړم؟
- ښه صاحبه، نو دلته مهرباني وکړئ. دا مېز ستاسو خوښ دئ؟
- یوه چاینکه شین چای او بس.
- ستړي مشئ صاحبه، ښه راغلاست، دلته یوه خالي څوکئ لرو، مهرباني وکړئ.
- یو خوراك سبزي بوراني، بانجڼ سلاته او د پالکو بولاني راوړه.
- بالکل. کوم قسم خوراکونه لرئ، نباتي خوراکونه هم لرئ؟ زما مېلمه غوښه نه خوري، سبزیخوار دئ.
- نه، هغه چای نه څکي، یو بوتل اوبه راوړه.
- ښه نو، ماته یو خوراك قابلي پلو له سلاتې سره او فرني راوړه.
- ښه صاحبه، مېلمه ته څه راوړم؟

B. Practice the dialogue with your classmate, taking turns playing each role.

Exercise 5: ۵ تمرین: لاندیني جملې ولولئ او ووایئ چې کوم یو یې د مېلمه او کوم یو د پېشخدمت خبرې دي.

Read the following phrases and sentences and decide which of them is likely to be said by the customer (مشتري [muštarí], مېلمه [melmá]) and which by the waiter (پېشخدمت [pešxidmát], ګارسون [gārsún]). If you think of any other phrases that are not mentioned here, write them in the spaces provided.

You are welcome!	ښه راغلاست!
Please.	مهرباني وکړئ.
Which national dishes do you have?	کوم وطني خوراکونه لرئ؟
One serving of kebabs.	یو خوراك کباب.
Would you like something else?	نور څه شی غواړئ؟ نور څه امر و خدمت؟
Do you have western dishes?	غربي خوراکونه هم لرئ؟
Would you like tea or cola?	چای راوړم که کوك؟
You can order both western and national dishes.	هم غربي، هم وطني خوراکونه فرمایښت کولای شئ.
Bon appétit!	نوش جان!
The soup is too salty, I can't eat it; please bring me ashak.	ښوروا زښته مالګینه ده، نه شم یې خوړلای، ماته آشك راوړئ.
The soup is cold.	ښوروا سړه ده.
May I bring your bill?	بل راوړم؟
The meat in the dumplings is damp, take it back.	د منتو غوښه نه ده ښه پخه شوې، ویسئ.
The soup is too spicy.	ښوروا ډېر مرچ لري.
The salad is too salty.	سلاته ډېرې زیاته مالګه لري.
The ashak was really tasty.	رښتیا چې آشك ډېر خوندور و.
Do you have carrot juice?	د ګازرې شربت لرئ؟
Give me cilantro sauce.	ما ته ګشنیزي چټني راوړئ.
How much does it cost?	څومره پیسې شوې؟
Give me the bill, please.	لطفاً بل راوړئ.
Here is your tip.	دا ستاسو بخشش دي.
Thanks, and come again!	مننه، هر کله راشئ.

پېشخدمت / ګارسون	مېلمه / مشتري

Exercise 6: ۶ تمرین: له خپل همټولګي سره نوې خبرې اترې (ډیالوګ) جوړې کړئ.
Working with your classmate, make a dialogue employing sentences and phrases from exercise 5 and then perform it in front of the class.

پېشخدمت

مشتري

پېشخدمت

مشتري

پېشخدمت

مشتري

پېشخدمت

مشتري

Exercise 7: ۷ تمرین: لاندیني جملې ولولئ او ووایئ چې ددوی مضمون سم دئ که نه.
Read the following sentences and decide if they describe properly how people employ the following food serving items.

د سلاتې د خوړلو دپاره پنجه کاروو.

مونږ ښوروا او آشك په کاچوغې خورو.

پر دسترخوان باندي چاړه هم کېښږدو ځکه چې مېلمانه مېوې په چاړه پوستوي.

د ډوډۍ خوړلو په وخت کې مونږ
لومړی دسترخوان غوړوو، بیا
پرې باندې خوراکونه ږدو.

خپل لاس او شونډان د لاس په
دسمال پاکوو.

اکثراً د چای کاچوغه د مربا
خوړلو دپاره کاروو

د مېلمستیا پر دسترخوان
باندې مالګنی کښېږدو،
ځکه چې ځینې کسان په خپل
خوراک مالګه شیندي.

مېلمنو ته ښوروا په کاسه
کښې ورکوو.

پر دسترخوان باندې مرچ داني هم
کښېږدو ځکه چې ځینې کسان په
ښوروا کښې مرچ اچوي او بیا یې
خوري.

مونږ په چاینکه کښې اکثراً
شین چای دموو

اوبه هم معمولاً په ګیلاس
کښې اچوو او بیا یې څکو.

مونږ چای په پیاله کښې
اچوو او څکو.

د افغاني دود سره سم مونږ قابلي پلو په قاب
/ غوري کښې اچوو او پر دسترخوان باندې
کښېږدو.

بیا هر مېلمه یوه اندازه پلو په خپل
بشقاب کښې اچوي او خوري یې.

Exercise 8: ۸ تمرین:لاندیني اسمونه له مطابقو فعلونو سره و نښلوئ او بیا جملي جوړي کړئ.

Based on the descriptions above (exercise 7), match the food serving items given in column الف with the appropriate verbs given in column ب and then write a sentence using each pair.

ب	الف
پاکول	دسترخوان
کارول	مېوې
پوستول	د لاس دسمال
غوړول	مرچ
دمول	پنجه
اچول	مالګه
شیندل	چای

Language Points قاعده زده کړئ

In this part of the lesson, you will learn about instrumental, and attributive expressions in Pashto.

Instrumental Expressions in Pashto

To express activities that are carried out with an instrument (device), use the preposition په [pə], which corresponds with the English prepositions 'with, by means of.' Note that the preposition په is always located before the noun designating the instrument (device) being used to carry out the action expressed by the verb.

(I) peel a cucumber with a knife.	بادرنگ په چاقو پوستوم.
(I) eat soup with a spoon.	ښوروا په کاچوغه خورم.
(I) write a letter with a pen.	لیك په قلم لیكم.
(I) dry my lips with a napkin.	خپل شوندان د لاس په دسمال پاكوم.

In colloquial Pashto, the postposition سره [sará] also is used with the preposition په [pə] to convey the same meaning.

We eat salad with a fork. مونږ سلاته په پنجې سره خورو.

Exercise 9: ۹ تمرین: لانديني مضمونونه په پښتو وواياست.

How you would express the following in Pashto?

1. You came from Ghazni to Kandahar by taxi.

2. Your Afghan pen pal writes letters to you with a pencil.

3. After washing, everybody dries hands with a towel.

4. While cooking, your sister peels potato with a knife.

5. In Afghan villages people usually eat pilaf with their hands.

6. Young boys eat ice cream with a teaspoon.

Exercise 10: ۱۰ تمرین: کوم خوراك به فرمايښت وکړئ؟ څه به وخورئ؟

A. Imagine that you and your friend (classmate) are sitting at the Khyber Restaurant in Kabul. Look at the following menu and discuss with your classmate which dishes you will order for dinner.

خیبر رستوران
مېنو

خوراکونه	قیمت في خوراك
سلاته	۵۵ افغانۍ
ګشنيزي چټني	له ډوډۍ سره يو ځای
د چرګ ښوروا	۲۵۰ افغانۍ
د پسه ښوروا	۲۷۵ افغانۍ
آشك	۳۱۰ افغانۍ
بولاني	۴۲۰ افغانۍ
سمبوسه	في دانه ۱۶۵ افغانۍ
قابلي پلو	۵۶۰ افغانۍ
منتو	۶۰۰ افغانۍ
قورمه	۴۸۰ افغانۍ
د پسه کباب	۶۸۰ افغانۍ
د غويي کباب	۶۳۰ افغانۍ
شین چای / تور چای	۲۵ افغانۍ
فانتا	فی بوتل ۱۵۰ افغانۍ
کوك	فی بوتل ۱۵۵ افغانۍ
شیریخ / آیس کریم	۳۸۰ افغانۍ

B. Now, one of you plays a role of a customer, the other the waiter. The customer should order food and the waiter should write down the order following the model of the list below. After ordering, ask how much it costs. Then switch roles.

شمېره	د خوراکونو نومونه	څو خوراکه؟	قیمت

مجموع

Attributive Expressions in Pashto

To express word combinations such as 'lamb kebab,' 'chicken soup,' 'apple juice,' 'goat milk,' 'vegetable salad,' etc., attributive expressions (in which one noun modifies another) are used; they are formed with the preposition د [də] (see 'Genitive case' in chapter 4 of volume 1). This construction is also used to express in Pashto English words identifying types of meat (such as 'beef,' chicken,' 'lamb,' etc).

The attributive combinations are structured as follows:

English	Attributive expression	Modifying word		Modifier		Preposition
lamb kebab	د پسه کباب	kebab	کباب	sheep	پسه	د
apple juice	د مني شربت	juice	شربت	apple	منه	د
goat milk	د وزې شيدې	milk	شيدې	goat	وزه	د
vegetable salad	د سبو سلاته	salad	سلاته	vegetables	سابه	د
beef	د غويي غوښه	meat	غوښه	bull	غويی	د

Exercise 11: ۱۱ تمرين: لاندينی اسمونه سره ونښلوئ او بيا د دوی په کارولو سره جملې جوړې کړئ؟

Using the table in the grammar note above as a guide, combine the nouns given in column ۱ with those in column ۲ to make attributive expressions (column ۳), then write in column ۴ a sentence for at least two of them from each section. The first example is done for you.

۴	۳	۲	۱
په افغانستان کښې مسلمان خلك د سركوزي غوښه په خوراك نه استعمالوي.	د سرکوزي غوښه/ د خوك غوښه		سرکوزی/ خوك
			پسه
		غوښه	چرگ
			سوی
			هوسۍ
			انار
		شربت/	مالته
		جوس	انګور
			ګازره
			غوا
			ميږه
		شيدې	اوښ
			اسپه

۱	۲	۳	۴
رومي او پياز			
بادرنګ او رومي	سلاته		
ګازره او کرم			

Exercise 12: ۱۲ تمرين: د ډوډۍ پخولو لاندېني لارښوونې ولولئ، او هر يو يې له مطابقې ډوډۍ سره ونښلوئ.

There are some popular Afghan dishes and their ingredients. Read the ingredients carefully and use your experience and what you have learned in this chapter about Afghan food to guess which dishes contain which ingredients.

- يو پاو د غنمو اوړه
- يو پاو پياز
- يو پاو د پسه يا د غويي غوښه
- مالګه
- زيره
- تور مرچ

- دوې دانې رومي بانجڼ
- يوه دانه بادرنګ
- يوه غوټه پياز
- يوه پلۍ سره مرچ
- مالګه

- دوه پاوه وريجې
- يو او نيم پاوه د پسه يا د چرګ غوښه
- ۲۵۰ ګرامه نباتي تيل
- يوه غوټه پياز
- مميز
- زيره
- مالګه

- یو پاو د پسه غوښه
- دوې دانې کچالان
- یوه دانه ګازره
- یوه غوټه پیاز
- یوه دانه رومي بانجڼ
- مالګه

Exercise 13: ۱۳ تمرین: ددې لوست د لغتونو په کارولو سره د تصدیق او انکار په معناوې جملې ولیکئ.

Choose five foods from the vocabulary list for this chapter and form affirmative and negative sentences with them. The first examples are done for you.

Negative

په هندوستان کښې ځینې کسان د غویې غوښه په خوراك نه استعمالوي. دغه کسان په رستوران کښې هم نباتي خوراکونه فرمایښت کوي.

Affirmative

په خیبر رستوران کښې د ګازرې او کرم سلاته ډېر ښه وي. زه معمولاً د غرمې له ډوډۍ سره دا سلاته هم فرمایښت کوم.

Exercise 14: ۱۴ تمرین: لاندیني کلمې له مطابقو تشریحاتو سره ونښلوئ.

Match each word with the appropriate definition given in the chart below.

	الف		ب
۱	چاړه	___	په دې خلك ښوروا یا آشك له کاسې څخه اخلي او خوري يې .
۲	ګیلاس، پیاله	___	خلك يې پر مېز یا مځکې باندې غوړوي او خوراکونه پرې باندې ږدي.
۳	پنجه	___	په دې کښې وګړي ښوروا یا آشك اچوي او بیا يې په کاچوغې خوري.
۴	کاچوغه	___	آشپز په دې غوښه، سابه او نور خوراکي مواد ټوټه کوي.
۵	بشقاب	___	په رستوران کښې مېلمانه په دې سلاته او ځینې نور خوراکونه خوري.
۶	قاب، غوري	___	خلك په دې کښې چاى دموي، وروسته چاى په پیالو یا ګیلاسونو کښې اچوي او څکي يې.
۷	ترموز	___	په مېلمستیا کښې خلك له قاب څخه ډوډۍ او سلاته اخلي، په دې کښې يې اچوي بیا خوري.
۸	دسترخوان	___	خلك په دې اوبه، چاى یا نور څښناك څکي.
۹	چاینکه	___	په دې کښې پلو یا نور خوراکونه اچول کېږي او بیا هر څوك له دې نه ځان ته خوراك اخلي.
۱۰	کاسه	___	خلك له دې نه د چاى د ګرم ساتلو لپاره کار اخلي.

Exercise 15: ۱۵ تمرین: د لاندینو عکسونو په اړه خپل تشریحات وړاندې کړئ.

How you would describe the people you see in the following pictures? Who are they and what they are doing? Make up stories about them to present to the class. Write your notes in the space provided.

Cultural Note فرهنگی تبصره

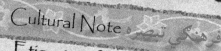

Etiquette of Eating Food in Afghan Culture

There are some distinct rules and rituals that Afghan traditional families follow during meals. It will be considered good habits if guests also follow them. Traditional Afghan families usually eat while seated on long narrow mattresses called توشك [toshák] that are spread around the room. People sit in a squat to avoid extending their legs in any direction, particularly towards table settings. Before the food is set, all the people at the table wash their hands ritually. One of the younger boys of the family comes around with a special dish called چلمچی [čilamčí] and some water in a jug, and helps the guests wash their hands. Usually everyone takes part to make sure that nobody will inconvenience the others, because Afghans generally eat food by hand. After washing hands, a younger member of the family spreads a tablecloth called the دسترخوان [dastarxǎn] on the floor and sets the meal on it. When somebody who is not an immediate family member participates in the meal, a young man spreads the دسترخوان and sets food on it.

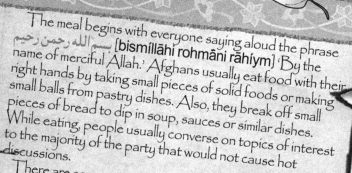

The meal begins with everyone saying aloud the phrase بسم الله رحمن رحیم [bismíllāhi rohmǎni rāhíym] 'By the name of merciful Allah.' Afghans usually eat food with their right hands by taking small pieces of solid foods or making small balls from pastry dishes. Also, they break off small pieces of bread to dip in soup, sauces or similar dishes. While eating, people usually converse on topics of interest to the majority of the party that would not cause hot discussions.

There are some restrictions, violation of which would be considered bad habits: Using bread to wipe one's fingers or lips; Eating food in a rush; Taking a piece of food from another's plate; Staring at others and their food; Putting one's leavings (bones from one's food, seeds or rinds of fruit, etc.) on the tablecloth. People usually put them on their own plate or a special dish for the purpose. Pushing guests too often to have food is not recommended as well. Usually, people offer guests food three times: the beginning, middle, and end of the meal. At this time a guest would say ماته بس دی، مننه 'It is enough for me (I am full), thanks'.
At the end of the meal, the party gives a prayer of thanks and washes their hands again.

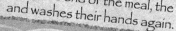

Exercise 16: ۱۶ تمرین: متن ولولئ، بیا په متن کښې بیان شوي فعالیتونه په ترتیب سره ولیکئ.

Read the text and then describe in Pashto the order of actions in a meal according to Afghan tradition as presented.

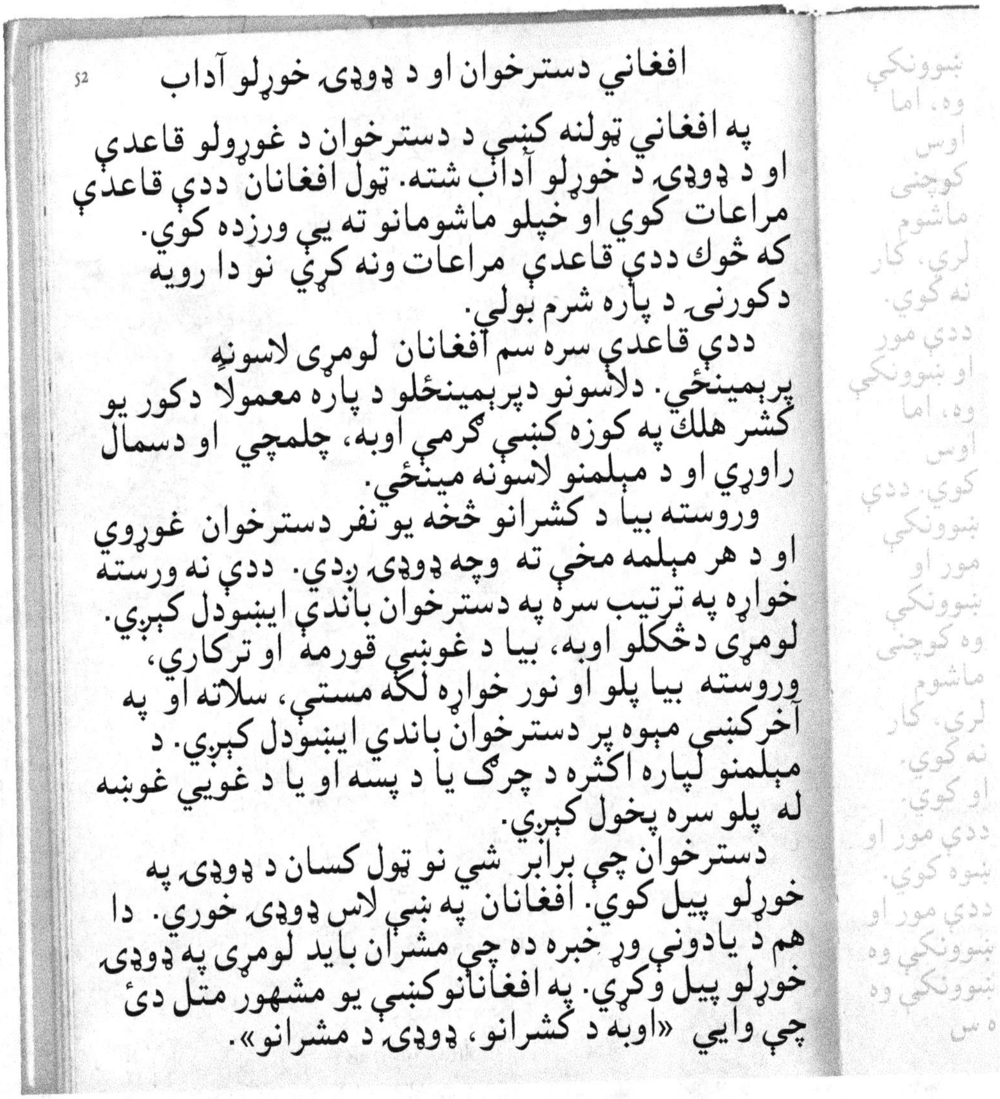

٥٢

افغاني دسترخوان او د ډوډۍ خوړلو آداب

په افغاني ټولنه کښې د دسترخوان د غوړولو قاعدې او د ډوډۍ د خوړلو آداب شته. ټول افغانان ددې قاعدې مراعات کوي او خپلو ماشومانو ته يې ورزده کوي. که څوك ددې قاعدې مراعات ونه کړي نو دا رويه دکورنۍ د پاره شرم بولي.

ددې قاعدې سره سم افغانان لومړی لاسونه پرېمينځي. دلاسونو دپرېمينځلو د پاره معمولاً دکور يو کشر هلك په کوزه کښې ګرمې اوبه، چلمچي او دسمال راوړي او د مېلمنو لاسونه مينځي.

وروسته بيا د کشرانو څخه يو نفر دسترخوان غوړوي او د هر مېلمه مخې ته وچه ډوډۍږدي. ددې نه ورسته خواړه په ترتيب سره په دسترخوان باندې اېښودل کېږي. لومړی دڅکلو اوبه، بيا د غوښې قورمه او ترکاري، وروسته بيا پلو او نور خواړه لکه مستې، سلاته او په آخر کښې مېوه پر دسترخوان باندې اېښودل کېږي. د مېلمنو لپاره اکثره د چرګ يا د پسه او يا د غويي غوښه له پلو سره پخول کېږي.

دسترخوان چې برابر شي نو ټول کسان د ډوډۍ په خوړلو پيل کوي. افغانان په ښي لاس ډوډۍ خوري. دا هم د يادونې وړ خبره ده چې مشران بايد لومړی په ډوډۍ خوړلو پيل وکړي. په افغانانو کښې يو مشهور متل دئ چې وايي «اوبه د کشرانو، ډوډۍ د مشرانو».

۱

۲

۳

۴

۵

۶

Exercise 17: 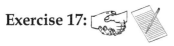 ۱۷ تمرین: له خپل همټولګي سره د دوډۍ خوړلو په اړه د افغاني
دود او ستاسو د هېواد د دودونو په مينځ کښې د ورته والي او
توپيرونو په هکله وغږېږئ.

Discuss with your classmate how Afghan
table customs are similar to or different from those in your own
country. Write your preliminary notes in the space provided.

<table>
<tr><td>زما د هېواد دود</td><td>افغاني دود</td></tr>
</table>

Listen غوږ ونیسئ

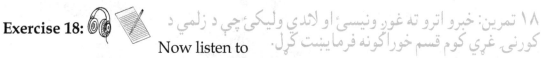

In this part of the lesson, you will listen to audio and practice listening comprehension of the spoken Pashto on the topics related to the Afghan food.

Exercise 18: ۱۸ تمرین: خبرو اترو ته غوږ ونیسئ او لاندي ولیکئ چې د زلمي د کورنۍ غړي کوم قسم خوراکونه فرمایښت کړل.

Now listen to the dialogue between members of Zalmay's family in the Khyber Restaurant and write down in the chart which dishes each of them ordered.

زلمی ، پلار، ۴۵ کلن	ښایسته، مور، ۳۹ کلنه	میوند ، زوی، ۱۹ کلنه	نصیر، زوی، ۱۴ کلن

Exercise 19: ۱۹ تمرین: غوږ ونیسئ او لاندینو پوښتنو ته ځواب ورکړئ.

Listen to the audio and answer the following questions.

۱ کلیوال سړی د څه دپاره رستوران ته ولاړ؟
۲ کلیوال سړي کوم قسم خواړه غوښتل خو د کوم قسم خواړه یې فرمایښت ورکړ؟
۳ ولي پېشخدمت کلیوال سړي ته غوښه ورنه وړه؟
۴ ولي کلیوال سړی په غوسه شو؟
۵ په دې پېښه کې څوك ملامت و، کلیوال سړی که پېشخدمت؟
۶ په پښتو کښې "اکېن!" ته څه وایي؟

Let's Speak Pashto! راځئ چې په پښتو خبرې وکړو!

In this part of the lesson, you will practice speaking on topics related to food, ordering food, and quality of food.

Exercise 20: ۲۰ تمرین: له خپل همټولګي سره لنډ ډیالوګ (خبرې اترې) جوړ کړئ.

Employing the following categories of words, make short dialogues with your classmate about activities related to foods. Two examples are done for you.

verbs فعلونه	foods خوراکونه	people وګړي
خوړل	چای	پېشخدمت /
پخول	فانتا	ګارسون
څکل	قهوه	
دمول	ښوروا	مشتري /
فرمایښت ورکول	بولاني	مېلمه
سور کول	کباب	آشپز
راوړل	چرګ	
پیسې ورکول	منتو	
اخیستل	قابلي پلو	
پاکول	سمبوسه	

لومړی مثال

میوند: - ببرکه، ته د ځان دپاره پخپله ډوډۍ پخوې؟

ببرک: - نه، زه معمولاً په رستوران کې ډوډۍ خورم، خو کله کله هلته بولاني یا کباب اخلم او په کور کې یې خورم.

دوهم مثال

میوند: - ببرکه، ته ځان ته څه خوراکونه فرمایښت کړل؟

ببرک: - زه اوس مېنو ګورم، پېشخدمت هم لا نه دئ راغلی. غواړم ځان ته د پسه ښوروا، چرګ او شین چای فرمایښت وکړم. ته به څه واخلې؟

میوند: - زه به منتو واخلم او تور چای.

Exercise 21: ۲۱ تمرین: د لاندینو تشریحاتو په اساس له خپل همټولګي سره وغږېږئ.
Discuss the following situations with a classmate.

الف. تصور وکړئ چې تاسي د لومړي ځل د پاره په کابل کښې
افغاني رستوران ته ولاړئ تر څو چې افغاني ډوډۍ وخورئ، خو د
افغاني خوړو په نومونو ښه بلد نه یاستئ. لومړی له پیشخدمت
څخه د افغاني ډوډیو د څرنګوالۍ په هکله پوښتنې وکړئ او بیا
د ځان د پاره ډوډۍ فرمایښت وکړئ.

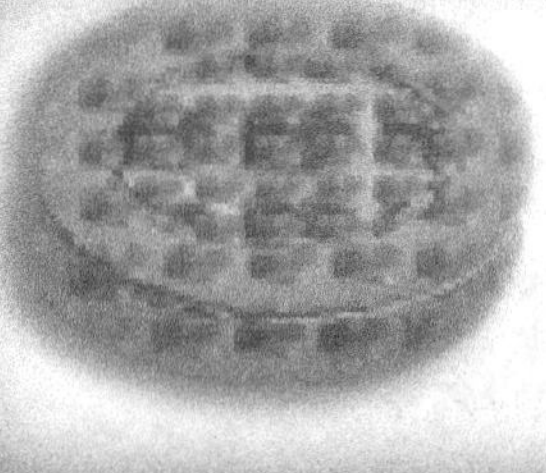

ب. تصور وکړئ چې تاسي په جلال آباد کښې یو کوچنی رستوران
ته ولاړئ، ځان ته مو قابلي پلو، د پسه کباب او شین چای
فرمایښت وکړ. د رستوران پیشخدمت تاسو ته قابلي پلو، د غویي
کباب او تور چای راوړل. له پیشخدمت سره خبرې وکړئ، ور ته
ووایئ چې ځینې خوراکونه یې غلط راوړي دي، وغواړئ چې بدل
یې کړي.

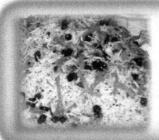

ج. تصور وکړئ چې تاسي یو افغاني محصل یاست، د خپل
امریکایي همټولګي مېلمستیا ته ولاړئ. ګورئ چې پر مېز
باندې خوراکونه دي. ددوی نومونه او څرنګوالي په هکله
پوښتنې وکړئ او ځان ته ډوډۍ انتخاب کړئ. پام وکړئ چې
افغانان د سرکوزي غوښه نه خوري.

د. تصور وکړئ چې تاسي د کندهار په یوه رستوران کښې آشك
فرمایښت وکړ خو آشك زیات مالګین و. د رستوران پیشخدمت
وغواړئ، په نرمۍ سره دا ستونزه ور ته تشریح کړئ او ځانته بل
خوراك فرمایښت وکړئ.

Exercise 22: ۲۲ تمرین: ددې په هکله کیسه وکړئ چې وروستی ځل مو په رستوران
کښې څرنګه ډوډۍ وخوړله او په رستوران کښې خدمتونه څنګه وو.

Have you visited a restaurant recently? Which one and when? Can you tell how you went to the restaurant, chose your table, and ordered food? Did you enjoy the food and the service? Were there any problems like a dirty tablecloth, food that was not fresh or tasty, salty, spicy, and so on, or poor service? Would you recommend this restaurant to your friends? Using what you have learned in this chapter, tell your classmates about your experience. Write your notes in the space provided.

Exercise 23: ۲۳ تمرین: ولولئ او پوښتنو ته ځواب ورکړئ.

Read and answer the questions.

د بدن د اړتیا دریمه برخه د سهار د چای د خوړلو له لارې تامینېږي

د سهار د چای خواړه یعنی ناری د خوراك یو مهم وخت ګڼل کېږي. ناری د انسان د بدن د فعالیتونو، د ذهني او فکري ودې لپاره د غرمې د ډوډۍ او د ماښام د ډوډۍ څخه ډېر مهم دئ.

د غذایي موادو یو متخصص وایي چې د انسان د بدن یو په درې اړتیاوې د سهار د ډوډۍ له لارې د انسان په بدن کې تامینېږي. په هغه کې انرژي، پروتین، ویتامینونه او نور معدني مواد شامل دي.

دا متخصص زیاتوي چې د سهار چای په دسترخان باندې حد اقل باید څلور ډوله خواړه وجود ولري. په هغه کې باید د غنمو ډوډۍ ، شات، خرما، مربا او داسې نور شیان موجود وي. ددې متخصص په وینا، په سلو کې لس انرژي له قندونو څخه تامینېږي. د لبنیاتو له ډلې څخه شیدې او پېروی ډېر ګټور دي. البته پېروی چې د پروتینو سرشاره منبع ګڼل کېږي، د سهار په چای کې په زړه پورې رول لوبوي. خو کولای شو چې هګۍ هم د هغه په ځای استعمال کړو.

دا متخصص یادونه کوي چې په بدن کې د ویتامین "سي" د پوره کولو د پاره باید له سبو او مېوې څخه هم ګټه واخلو. د ویتامین "سي" په زړه پورې منابع مالټې او لیمو دي. همدا رنګه د انرژۍ د پوره کولو د پاره له غوز څخه هم ګټه اخیستل توصیه کېږي.

۱ د سهار خواړه د انسان د بدن د پاره اهميت لري که نه؟

۲ څوك وايي چې ناری د انسان په روغتيا کښې ځانګړی اهميت لري؟

۳ د انسان دبدن ورځني اړتياوي له څه شي نه پوره کېږي؟

۴ د سهار دسترخوان بايد کوم قسم خوراکونه ولري؟

۵ د انسان بدن په سلو کې لس انرژي له کوم شي څخه اخلي؟

۶ کوم قسم لبنيات د انسان د بدن د پاره ډېر ګټور دي؟

۷ ولي د سهار په چای کې پېروی استعمالول ښه ګټه لري؟

۸ د پروتينو د پوره کولو لپاره له پېروي نه پرته کوم خواړه ښه دي؟

۹ د ويتامين "سي" له نظره کوم خواړه د بدن دپاره ګټور دي؟

۱۰ کومې مېوې د ويتامين "سي" ښه منبع ګڼل کېږي؟

Exercise 24: ۲۴ تمرين: د مقالې پر مضمون باندې له خپل همټولګي سره وغږېږئ.
Discuss the content of the article with a classmate, paying attention to the following points:

1. Does the content of the article match the traditions of your country?
2. Do you think that the recommendations of this article are acceptable for you?
3. Do you have alternative suggestions about breakfast according to the traditions of your country?

Afghan Realia افغاني دود او دستور

In this part of the lesson, you will practice listening and speaking about Afghan culture of eating food, and preparing some Afghan national food while watching authentic video clips.

Exercise 25: ۲۵ تمرین: ویډیو وګورئ.

Watch the silent video clip and comment on which custom is being performed and how. Can you compare it with some custom in your native culture?

Exercise 26: ۲۶ تمرین: بل ویډیو وګورئ.

A. Watch the video clip and listen carefully to the names of foods served for guests as presented by the young woman. Now, read the following food vocabulary list and indicate which of them are not mentioned.

۱	سابه	۹	هوږه	۱۷	مرچ
۲	لوبیا	۱۰	ترکاري	۱۸	مسترد
۳	بغیر	۱۱	ډوډۍ	۱۹	تره تېزك
۴	ګازرې	۱۲	چټني	۲۰	تشریحات
۵	تنور	۱۳	آچار	۲۱	نخود
۶	نارنج	۱۴	اوري	۲۲	ماشین
۷	ملۍ	۱۵	کدو		
۸	ګشنیز	۱۶	مستې		

B. Watch the video one more time and answer the following questions.

۱ چټني څرنګه جوړېږي؟

۲ هغه خوراك چې له کدو نه جوړ شوی دئ، څه نومېږي؟

۳ هوږه په چټنۍ کښې د څه د پاره اچول کېږي؟

۴ وچه ډوډۍ يې چيرې پخه کړې ده؟

۵ دا ټول خواږه چا پاخه کړي دي؟

Additional Exercises اضافي تمرينونه

In this part of the lesson, you will complete exercises to improve your reading skills.

Exercise 27: ۲۷ تمرین: پښتو کلمې له مطابقو انګلیسي کلمو سره ونښلوئ.

Match the Pashto words with the corresponding word in English.

	ب	الف	
___	beef	د سرکوزي غوښه	۱
___	lamb	شیدې	۲
___	chicken	اوبه	۳
___	pork	کدو	۴
___	tea	خواړه	۵
___	sauce	د پسه غوښه	۶
___	milk	ډوډۍ	۷
___	water	څښاك	۸
___	juice	سلاته	۹
___	coffee	د چرګ غوښه	۱۰
___	pumpkin	قهوه	۱۱
___	salad	د غويي غوښه	۱۲
___	salt	چټني	۱۳
___	food, bread	چای	۱۴
___	food, provisions, foodstuffs	شربت	۱۵
___	drinks	مالګه	۱۶
___	pizza		
___	soup		

Exercise 28: ۲۸ تمرین: متن ولولئ او ووایئ چې لاندیني څرګندوني صحیح دي که غلط.

Read the text and mark the statements if they are true or false.

52

اته ډوډۍ

داسې ويل کېږي چې په يو ځای کښې دوه تنه سړي وو چې سره يو ځای ناست وو، ډوډۍ يې خوړله، مګر يو سړي څخه پنځه ډوډۍ وې او بل څخه درې وې. ناګهانه يو ځوان په لاره تېرېده، چې د دوی خواته نږدې شو، السلام عليکم يې ووېل. دوی ووېل وعليکم السلام! ځوانه، راځه، مونږ سره ډوډۍ وخوره!

هغه ورسره کښېناست او ډوډۍ يې ورسره وخوړله. چې د ډوډۍ له خوړلو نه وزګار شول نو هغه د لارې سړي د ډوډيو خاوندانوته اته روپۍ پرېښودې او ورته يې ووېل چې واخلئ، دا ستاسو د ډوډيو بدل دئ.

چې دوی روپۍ واخيستلې نو دواړه په جګړه شول. د پنځه ډوډۍ خاوند ووېل چې پنځه روپۍ زما شوې او درې ستا شوې، ځکه چې زما څخه پنځه ډوډۍ وې او ستا درې وې. او د درېو ډوډيو خاوند ووېل چې دا روپۍ نيمې ستا دي او نيمې زما دي. چې جګړه يې زياته شوله او يو د بل په ويل نه راضي کېدل، نو په هغه زمانه کښې يو عادل حاکم و، هغه ته ورغلل. چې دواړو ورته خپل حال ووايه، نو هغه حاکم هغه د درېو ډوډيو خاوند ته ووېل چې ځوانه! دا ځوان تا ته په خوښه درې روپۍ درکوي، نو ته يې ولې نه اخلې؟

هغه ووېل چې صاحبه! زه په دې راضي نه يم. زه خو خپل حق غواړم.

هغه حاکم ورته ووېل چې ته خپل حق غواړې، نو ستا حق يوه روپۍ کېږي او ددې بل اووه روپۍ.

سړي فرياد وکړ او ويې ويل چې صاحبه! څنګه زما يوه روپۍ کېږي؟ زه په درې هم نه راضي کېږم او ته ماته يوه راکوې؟

حاکم ورته ووېل چې تاسو درې تنه وئ او ډوډۍ اته وې. او هره يوه ډوډۍ چې درې درې ټوټې شي نو څلېرويشت حصې ترې جوړېږي او تاسو چې برابر خوړلې وې، نو اته اته حصې د سړي په سر راځي، نو ستا د دريو ډوډيو څخه نهه حصې شوې، اته تا وخوړلې او يوه پاتې شوه او دده د پنځيو ډوډيو څخه پنځلس حصې جوړې شوې. اته ده وخوړلې او اووه پاتې شولې. چې دې سړي اته حصې خوړلې وې، نو ستا يوه حصه ولاړه او دده اووه ولاړې، نو ستا يوه روپۍ رسېږي. ته پخپله هم فکر وکړه چې حساب څنګه جوړېږي. نو هغه سړي ووېل چې بې شکه اوس پوه شوم او په خپل حق راضي شوم.

(ګنج پښتو)

نمبر	څرګندوني	صحيح	غلط
۱	کله چې دوه تنه سړو ډوډۍ خوړله يو ځوان په لاره تېرېده.	☐	☐
۲	د پنځيو ډوډيو خاوند ووېل چې دا روپۍ نيمې ستا دي او نيمې زما دي.	☐	☐
۳	حاکم ووېل: ستا حق يوه روپۍ کېږي او ددې نور اووه روپۍ.	☐	☐
۴	هغه ځوان ورسره کښېناست اما ډوډۍ يې ورسره ونه خوړله.	☐	☐
۵	د درېو ډوډيو خاوند ووېل چې پنځه روپۍ زما شوې او درې ستا شوې.	☐	☐

غلط	صحيح	څرګندوني	نمبر
☐	☐	د لارې سرې د ډوډيو خاوندانوته اته روپۍ پرېښودې.	۶
☐	☐	اته ډوډۍ چې درې توتې شي نو څلېرويښت حصې ترې جوړېږي.	۷
☐	☐	کله چې دوی پيسې واخيستلې نو دواړه په جګړه شول.	۸
☐	☐	د دريو ډوډيو خاوند د حاکم په خبرو راضي شو.	۹
☐	☐	حاکم وويل: ستا يوه حصه ولاړه او دده اووه ولاړې، نو ستا يوه روپۍ رسېږي.	۱۰

Exercise 29: ۲۹ تمرين: لاندېنې جملې په ترتيب سره ځای پر ځای کړئ.

Read the text a second time and put the following sentences in order according to the text:

— تاسو درې تنه وئ او ډوډۍ اته وې.
— زه خو خپل حق غواړم.
— السلام عليکم يې وويل
— دا ستاسو د ډوډيو بدل دئ.
— زه په درې هم نه راضي کېږم او ته ماته يوه راکوې
— نو ستا يوه حصه ولاړه او دده اووه ولاړې، نو ستا يوه روپۍ رسېږي.
— د لارې سرې د ډوډيو خاوندانوته اته روپۍ پرېښودې
— دده د پنځيو ډوډيوڅخه پنځلس حصې جوړې شوې.

Exercise 30: ۳۰ تمرين: له خپل همټولګي سره د متن پر مضمون باندې وغږېږئ.

Discuss with your classmates the content of this article: Is it interesting? What do you think about each character? Why couldn't the first two people make up by themselves? What is the moral of the story?

Vocabulary لغتونه

In this part of the lesson, you will review, listen and practice pronunciation of phrases and vocabulary used in the chapter.

Phrases اصطلاحات

that's all (green tea and that's all)	او بس (شین چای او بس)
and so on, etc.	او داسي نور
in a hurry we are ~	په تادي (مونږ) ~ يو
by order	په ترتيب سره
to begin arguing, fighting	په جګړه کېدل
to become distressed, upset	په غوسه کېدل
gently, smoothly	په نرمۍ سره
in order to, in terms of	تر څو چې
at least, minimum	حد اقل
from (from drinking tea)	د ... له لاري (د چای د خوړلو له لاري)
from the point of (from the point of vitamin C)	د ... له نظره (د ويټامين "سي" له نظره)
per person	د سړي په سر
breakfast	د سهار چای
for the first time	د لومړي ځل دپاره
here it is	دا دئ
Hurry up!	ژر شه / شئ!
You are welcome!	ښه راغلاست!
Thank you, I appreciate it	کور مو ودان
What kind?	کوم قسم؟
Something else? Can I help you?	نور څه امروخدمت؟
Bon appétit! to enjoy food	نوش جان! ~ کول
Always you are welcome!	هر کله راشئ!

Vocabulary Words لغتونه

etiquette	ادب (آداب)
to use, utilize	استعمالول
to use for food	په خوراك ~
water	اوبه
drinking ~	د څکلو ~
mustard	اوري
flour	اوړه
wheat ~	د غنمو ~
pickles	آچار
ravioli (boiled)	آشك
ice cream	آيس كريم
tip; gift, present	بخشش
plate	بشقاب
bill	بل
bulaani (type of pie)	بولاني
spinach ~	د پالكو ~
protein	پروتين
pod	پلۍ
a ~ of a red pepper	يوه ~ سره مرچ
fork	پنجه
to peel	پوستول
cream	پېروی
cup	پياله
vegetables	تركاري
thermos	ترموز
watercress	تره تيزك
bread oven	تنور
oil	تېل

vegetable ~	نباتي ~
piece	ټوټه
to tear, cut	~ كول
society	ټولنه
Afghan ~	افغاني ~
knife	چاړه
tea	چای
black ~	تور ~
green ~	شين ~
teapot	چاينكه
sauce	چټني
cilantro ~	گشنيزي ~ / د گشنيزو ~
hand washing dish	چلمچي
drinks	څنباك
empty; free (not occupied)	خالي
food	خوراك
national ~	وطني ~
vegetarian ~	نباتي ~
western ~	غربي ~
serving, portion	خوراك
tasty	خوندور
tablecloth	دسترخوان
to spread the ~	~ غوړول
towel; kerchief	دسمال
napkin	د لاس ~
to brew (tea); stew	دمول
tomato	رومي (بانجن)

cumin	زیره
sabzi boranee (vegetable food)	سبزي بوراني
vegetarian	سبزي خوار
salad	سلاته
tomato ~	بانجڼ ~
samosa (patty with filling)	سمبوسه
to grill, roast	سور کول
honey	شات
juice	شربت
carrot ~	د ګازري ~
milk	شیدې
soup	ښوروا
food; nutriment	غذا
nutrition factor	غذايي مواد
wheat	غنم
~ bread	د غنمو ډوډۍ
knot; bulb	غوټه
a bulb of onion	یوه ~ پیاز
see: قاب	غوری
meat	غوښه
order	فرمایښت
to ~	~ ورکول / کول
rice gruel	فرني
dish, big plate	قاب
pilaf	قابلي پلو
sugar	قند
coffee	قهوه
spoon	کاچوغه

tea ~	د چاې ~
bowl	کاسه
kebab	کباب
kebab cook	کبابي
potato	کچالو
pumpkin	کدو
cabbage	کرم
kishmish (type of grapes, and raisin made from them)	کشمش
cookie	کلچه
cake	کېك
waiter	ګارسون
warm, hot	ګرم
glass (for drink)	ګیلاس
dairy	لبنیات
bean	لوبیا
lemon	لیمو
orange	مالته
salt cellar, salt shaker	مالګنی
salty	مالګین
jam	مربا
pepper	مرچ
black ~	تور ~
pepper-pot	مرچداني
see: خوندور	مزه دار
yogurt	مستې
customer	مشتري
radish	ملۍ
raisin	ممیز

stewed dumpling	منتو
party; hospitality	مېلمستيا
guest; customer	مېلمه
menu	مېنو
sour orange	نارنج
flat bread	وچه ډوډۍ

rice	وريجي
egg	هګۍ
garlic	هوږه
cardamom	هېل
~ mixed	هېلداره

اووم لوست

CHAPTER SEVEN

د مڼو کيلو په څو دي؟
(په بازار کښې سودا اخيستل)

HOW MUCH IS A KILOGRAM OF APPLES? (MAKING A PURCHASE AT THE BAZAAR)

IN THIS CHAPTER

- د درس پيل Let's Get Started

Let's Get Started   د درس پیل

In this chapter, you will learn vocabulary related to fruits and vegetables, bargaining, and making purchases at the bazaar.

۱ تمرین: د لاندینو خورو د نومونو تلفظ ته غوږ ونیسئ او د ویاند پسې یې تکرار کړئ.

Exercise 1: 🎧 Listen to the names of foodstuffs and repeat them following the speaker.

رومي بانجڼ   بادرنگ   زردالو   هندوانه

کبله   منه   مٱکنی توت

انگور   پیاز   کرم

کچالو، آلو   هگۍ   مکروني   مسکه، کوچ

گازره   پنیر   مالګه

غوبنه غوبنه   غوښه   تېل، غوړي   اوبه   شیدې   اوړه

ساسیج   وریجي   قند   شکره، بوره   ډوډۍ

د چرګ غوبنه

Exercise 2: ٢ تمرين: په لاندينې هرم وزمه شکل کښې کوم کوم خواړه وینئ؟
لطفاً تشریح یې کړئ.

What do you see in the following food
pyramid? Work with your classmates, introducing each other
to the foodstuffs presented above in the categories given.

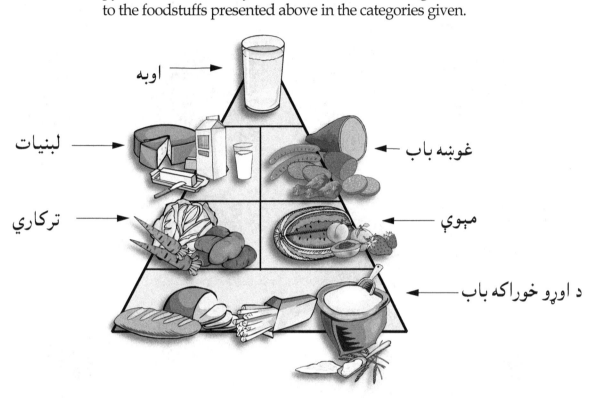

اوبه

لبنيات

غوښه باب

ترکاري

مېوې

د اوړو خوراکه باب

Exercise 3: ٣ تمرين: د لومړي تمرين د خوړو نومونه په جدول کښې تر مناسبو ډولونو
لاندي ولیکئ.

Sort the foods in exercise 1 into the following
categories.

مېوې او سابه	لبنيات او ښنباك	غوښه باب	د اوړو خوراکه باب

Exercise 4: ۴. تمرین: تاسې د دغو مېوو او سبو کوم اکثراً اخلئ او کوم کله کله اخلئ؟ نومونه يې په لاندېني جدول کښې وليکئ.

Which of the following fruits and vegetables do you often buy and which of them do you buy seldom? Write them in the following chart. Add to the list what is missing here.

لیمو

سنتره

مالته

ناك

هوږه

دولمه مرچ

چغندر

بامیه، بېنډۍ

ګشنیز

شبت

نوش پیاز

ملۍ

خټکی

شلغم، ټیپر

سره مرچ

انار

اکثراً اخلم	کله کله اخلم

Language Points قاعده زده کړئ

In this part of the lesson, you will learn about use of the verb خوښېدل 'to like,' the use of units of weight, and the use of classifiers in Pashto.

Use of the Verb خوښېدل 'to like' in the Present Tense

The verb خوښېدل [xwaṣedə́l] 'to like' is used both in the present imperfective and present perfective tenses with a subject that is a possessive pronoun or a noun in the genitive case.

د مزار خټکي زما ډېر خوښېږي.
I like melons from Mazar (Mazari Sharif).

د هوږې بوی د ملالۍ نه خوښېږي.
Malaley does not like the smell of garlic.

د لوګر مڼې د هر چا خوښېږي.
Everybody likes apples from Logar.

فکر کوم چې د کدو بوراني باید د مېلمنو خوښ شي.
I think that the guests must like pumpkin buraani.

ښايي چې د دغه ناك خوند ستاسو خوښ نه شي.
Maybe you (will) not like taste of this pear.

Exercise 5: ۵ تمرين: له خپل همټولګي سره د ستاسو د خوښې خوراکونو په هکله وغږېږئ.

Using the vocabulary from exercise 1, discuss your favorite foods with a classmate. Example:

ببرك: سپوږمۍ، تاسې تور بانجن خورئ؟ تور بانجن ستاسو خوښېږي؟
سپوږمۍ: بلې هو، کله کله خورم. تور بانجن په بانجن بوراني کښې ډېر ښه مزه راکوي.
ببرك: سپوږمۍ، تاسې هوږه هم خورئ، هوږه ستاسو خوښېږي؟
سپوږمۍ: نه، زه هيڅکله هوږه نه خورم، ځکه چې هغه زښت تېز بوی لري.
ببرك: سپوږمۍ، تاسې مڼه خورئ؟
سپوږمۍ: بلې هو، مڼه زما ډېر خوښېږي. زه هره ورځ يوه که دوې دانې مڼې خورم.
ببرك: سپوږمۍ، دا مڼه وخورئ، که خوند يې ستاسو خوښ شي، سبا به بيا راوړم.
سپوږمۍ: مننه.

In the following chart, write what you found out about your classmate's likes and dislikes.

د خوړو نومونه	هره ورځ خوري	کله کله خوري	هیڅکله نه خوري

Exercise 6: ۶ تمرین: لاندیني جملې ولولئ او له دوی څخه په کار اخیستلو سره متن ولیکئ.

Read the following sentences and then compose a text based on them about the fruits and vegetables of Afghanistan.

۱ – په افغانستان کښې د مزار شریف خټکي ډېر مشهور دي ځکه چې هغوی خواږه دي.
۲ – د ننګرهار په ولایت کښې ډېرې هندوانې کرل کېږي.
۳ – د کابل په بازارونو کښې ګندنه پریمانه ده، خلك له ګندنې سره بولانې پخوي. د ګندنې بولانې ډېرې مشهورې دي.
۴ – په افغانستان کښې خلك ډېر زیات پیاز کري ځکه چې پیاز د هېواد د خلکو په خوړو کښې ډېر مهم ځای نیسي.
۵ – ټېپر د هېواد په ټولو ولایتونو کښې کرل کېږي ځکه چې هغه د خلکو د خوړو ډېره مهمه برخه ده.
۶ – په افغانستان کښې انار، زردالو او مالته ډېر حاصل ورکوي، نو ځکه بهرني هېوادونو ته هم صادرېږي.
۷ – د افغانستان په مرکزي او شمالي ولایتونو کښې انګور او توت ډېر حاصل ورکوي، خلك یې تازه خوري. له دې نه پرته، د انګور او توت مېوې وچوي او ممیز ترې جوړوي. رښتیا چې د افغانستان وچې مېوې په نړۍ کښې ښه بازار لري.
۸ – د کابل په بازارونو کښې اکثراً د ننګرهار مالتې، سنترې او زیتون پلورل کېږي. د ننګرهار په باغونو کښې دا مېوې زیاتې دي.

Exercise 7: ٧ تمرین: جملې ولیکئ:

Choose five fruits and vegetables that grow in your country or state and five that do not and form sentences about them. You can use the following prompts:

١ – زمونږ هېواد ډېر ښه ناك لري.

٢ – زمونږ په هېواد كښې كېله وده نه كوي كدو هم نه شنه كېږي.

وده نه كوي	وده كوي

Use of Units of Weight in Pashto

In Afghanistan, the metric system of measurement is used.

gram	[grām]	گرام
kilogram	[kilogrâm, kiló]	کیلوګرام، کیلو
ton	[ṭan, ṭon]	ټن

Parallel to this, the traditional regional measures are also widely used.

Pound (≈ 441 grams)	[pāw]	پاو
Charak, equals to four pounds (≈ 1766 grams)	[čārák]	چارك
Ser, equals to four charaks (≈ 7006 grams)	[ser]	سېر
Kharwar, equals to 80 sers (≈ 565 kilograms)	[xarwâr]	خروار

Both the metric and regional units of measurement modified by a number two and above take the plural form with the suffix ـه [-a].

زه به یو چارك کچالان او یو کیلوګرام منې و اخلم.
I'll buy a charak of potatoes and a kilo of apples.
Give me two pounds of onions. ماته دوه پاوه پیاز راکړئ.
I need five kilograms of carrots. پنځه کیلوګرامه ګازرې زما پکارې دي.

The exception is کیلو 'kilo,' which does not change form.

How much do four kilos of oranges cost? څلور کیلو مالټې څومره کېږي؟

Exercise 8: ۸ تمرین: خپل د زیږېدنې ورځ د مېلمستیا د پاره د خوړو یو لیست جوړ کړئ.
What kinds and amounts of foodstuffs do you want to buy for your birthday party? Provide a list of them.

مقدار	خوراکي مواد	نمبر

Cultural Note فرهنگي تبصره

Afghan Money

The Afghan currency issued in 2002 consists of 1, 2, 5, 10, 20, 50, 100, 500, and 1000 Afghani (افغانی [**afğānəy**]) banknotes (نوټ [**not**]). One Afghani consists of 100 puls (پول [**pul**]). In 2005, the 1, 2, and 5 Afghani banknotes were replaced by coins (سکه [**sekká**]) of the same value. The exchange rate currently is about 50 Afghanis per dollar.

In some regions, in parallel to the official term افغانی for the Afghani, people use روپی [**rupə́y**] 'rupee' as well.

Here are some pictures of Afghani banknotes:

Exercise 9: ۹ تمرين: لهلاندينو جملو څخه ډيالوګ جوړ کړئ.

Read the following sentences carefully and rearrange them to make a meaningful conversation, then listen to the audio to check whether you put them in the right order. Then practice the conversation with your classmate.

- دوی سره فرق لري؟
- اتيا افغانۍ.
- کومې مالتې، هغه چې په صندوق کښې دي که هغه چې په شکرۍ کښې دي؟
- ښه نو، دوه کيلو به راکړې؟
- دغه بهر نه راغلي او هغه چې په شکرۍ کښې دي، وطني دي.
- کوم يو يې ښې دي؟
- والله صاحب، دواړه هم ښې دي، خو زما په فکر وطني ښه خوند لري، تازه کينوګانې دي.
- وروره، ددې مالتې کيلو په څو دئ؟
- همدا بس دئ. څومره پيسې شوې؟
- په دواړو سترګو، نور څه غواړئ؟

Use of Classifiers in Pashto

To express quantity, besides measures of weight (see page 188 of this chapter), various classifiers are used.

one (piece of) watermelon يوه دانه هندوانه
a bunch of green onions يوه ګېډۍ نوش پياز
an onion bulb (one bulb of onion) يوه غوټه پياز

With uncountable items, the names of containers can also be used as classifiers.

a can of dry milk يوه قطي وچې شيدې
a spoonful of cumin يوه کاچوغه زيره
a glass of water يو ګلاس اوبه
a cup of tea يوه پياله چای
a jar of jam يومرتبان مربا
a sack of flour يوه بورۍ اوړه
a bag of raisins يوه کڅوړه مميز

Classifiers modified by the number two and above take the plural form.

د ښوروا پخولو د پاره دوې غوټې پياز پکار دي.
To cook soup, two onion bulbs are needed.

Use of Classifiers in Pashto (cont.)

ډېر تږی شوم، دوه ګيلاسه اوبه مې وڅښلې.

I got too thirsty and drank two glasses of water.

Questions with the classifiers are formed with the interrogative pronoun څو؟ [co?] 'how many?' Classifiers associated with the interrogative pronoun څو؟ 'how many?' take the plural form as well.

تاسې په ورځ کښې څو بوتله اوبه څښئ؟

How many bottles of water do you drink in a day?

څو دانې منې يو پاو کېږي؟

How many apples are in a pound?

Exercise 10: ۱۰ تمرين: پوښتنوته ځواب ورکړئ.

Answer the following questions.

کوچنيان په ورځ کښې څو دانې منې خوري؟

تاسې په خپل چای کښې څو کاچوغې شکره اچوئ؟

څو قطۍ وچې شيدې غواړئ؟

ميوند د خپلې مور د زېږېدنې په ورځ کښې ورته څو دانې ګلان راوړل؟

د نوروز پر دسترخوان باندې خلك څو ډوله مېوې ږدي؟

نن تاسې د ترکاريو له دکان څخه څو کېلۍ نوش پياز واخيستل؟

Exercise 11: ۱۱ تمرين: دا په پښتو ووایاست.

Say the following in Pashto.

1. Surgul's mother uses two or three jars of jam per month for cooking.
2. Malaley buys four cans of dry milk every week for her children.
3. Baryalay's family uses (spends) three sacks of flour for bread every month.
4. You and your friend got two teapots of tea at a restaurant.
5. Yesterday you bought six (pieces of) cucumbers at the bazaar.
6. Maywand brought 20 bottles of drinks to the picnic.

Listen غوږ ونیسئ

In this part of the lesson, you will practice listening to a dialogue about making purchases and a radio announcement about food prices in Afghan cities.

Exercise 12: ۱۲ تمرین: دیالوګ ته غوږ ونیسئ او لاندینو پوښتنو ته ځواب ورکړئ.
Listen to the dialogue and answer the following questions.

۱ پېرودونکي څه څه شیان واخیستل؟
۲ د نوش پیاز بیه ګېډۍ په څو ده؟
۳ په دې دکان کښې قیمتونه فیکس دي که آزاد؟
۴ پېرودونکي دکان والاته څو افغانۍ ورکړلې؟
۵ پېرودونکي په دې دکان کښې تور بانجڼ واخیستل که نه؟
۶ ولې دکان والاله پېرودونکي څخه لس افغانۍ کم پیسې واخیستلې؟

Exercise 13: ۱۳ تمرین: د راډیو اعلان ته غوږ ونیسئ او لازم معلومات په لاندیني جدول کښې ولیکئ.
Listen to the radio announcement for merchants about food prices in the cities of Afghanistan and find the information necessary to fill out the following chart. Check your work with a classmate.

د خوراکي موادو نومونه	په کوم ښار کښې تر ټولو ارزان دي؟	بیه	په کوم ښار کښې تر ټولو ګران دي؟	بیه
غوښه				
کچالو				
مالته				
وریجې				
شفتالو				
د کندهار بې دانه انار				

Let's Speak Pashto! راځئ چې په پښتو خبرې وکړو!

In this part of the lesson, you will practice speaking about making purchases and food quality.

Exercise 14: ۱۴ تمرین: د لاندینو عکسونو په کارولو سره له خپل همټولګي سره خبرې اترې وکړئ.

Use the following pictures taken in an Afghan bazaar to make conversations with your classmate in which one of you plays a buyer and the other the seller. Then switch roles.

Example:

میوند: وروره، دا هندوانې دانه په څو دي؟
پلورونکی: د هندوانو غټې دانې په شپېته افغانۍ او وړوکي دانې په پنځوس افغانۍ دي.
میوند: والله، ډېرې ګرانې دي.
پلورونکی: نه، په ټول بازار کښې له دې نه ارزانه نه شئ موندلای.
میوند: رښتیا؟ دغه په څو ورکوې؟
پلورونکی: دغه په شپېته افغانۍ.
میوند: په پنځوس نه کېږي؟
پلورونکی: نه، پنځوس د خرید بیه ده. پنځه پنځوس راکړئ او بس.
میوند: ښه دئ، مننه.

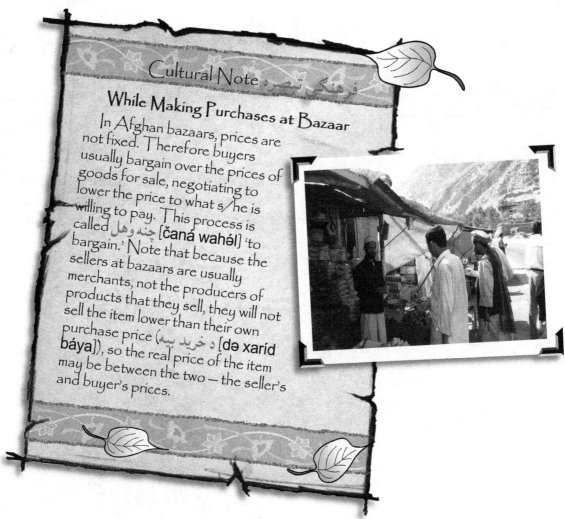

Cultural Note فرهنګي تبصره

While Making Purchases at Bazaar

In Afghan bazaars, prices are not fixed. Therefore buyers usually bargain over the prices of goods for sale, negotiating to lower the price to what s/he is willing to pay. This process is called چنه وهل [čaná wahә́l] 'to bargain.' Note that because the sellers at bazaars are usually merchants, not the producers of products that they sell, they will not sell the item lower than their own purchase price (د خرید بیه [dә xaríd báya]), so the real price of the item may be between the two – the seller's and buyer's prices.

Exercise 15: ۱۵ تمرین: متن ولولئ او د خپل ناري، د غرمې ډوډۍ او د ماښام ډوډۍ د پاره د خوړو لیستونه جوړ کړئ.

Read the following information about the characteristics of various foods and use it to make a diet for your breakfast, lunch, and supper. Then discuss the diet with your classmate and make any necessary adjustments.

د ویتامین منابع

۱ – د ویتامین A تر ټولو ښه منابع دا دي: غوړي، کب، پالك، کچالو، زردالو، ګازره، رومي بانجڼ، کوچ، هندوانه، پنیراو د چرګې هګۍ.

۲ – ویتامین B: د چرګې هګۍ، شیدې او اینه.

۳ – د B1 ویتامین تر ټولو ښه منابع دا دي: اوربشې، غنم، د اوربشو او د غنمو ډوډۍ.

۴ – دا خواړه زیاته اندازه ویتامین C لري: کرم، ګلپي، پالك، مالته، لېمو، ټیپر، رومي بانجڼ.

۵ – D ویتامین لرونکي خواړه دا دي: کب، د چرګې هګۍ ، د غوا اینه .

۶ – ویتامین E د غنمو په ډوډۍ کښې موجود دئ.

۷ – ویتامینK په ګازره کښې، د پالك او چغندر په پاڼو کښې موجود دئ.

ناري

د غرمې ډوډۍ

د ماښام ډوډۍ

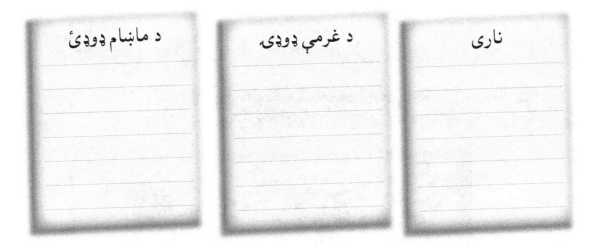

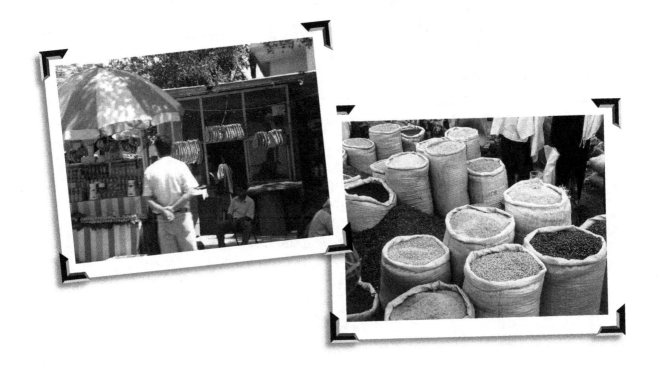

Afghan Realia افغاني دود او دستور

In this part of the lesson, you will practice listening and speaking about bazaars and making purchases by watching an authentic video clip.

Exercise 16: ۱۶ تمرين: ويډيو وګورئ او تشريح يې کړئ.

Watch the video clip with the sound turned off and describe all the stages of what you saw on it.

Exercise 17: ۱۷ تمرين: ويډيو يو ځل بيا وګورئ او لاندينو پوښتنو ته ځواب ورکړئ.

Watch the video clip in exercise 16 a second time with the sound turned on and answer the following questions.

۱ د پلورونکي نوم څه دئ او هغه څه شی پلوري؟
۲ ددې مېوې کيلو په څو ده؟
۳ پېرودونکی ددې مېوې نه څومره اخلي؟
۴ پېرودونکي څرنګه غوښتنه وکړه؟
۵ مېوې څومره پيسې شوې؟

Additional Exercises اضافي تمرینونه

In this part of the lesson, you will practice fruit and vegetable names by completing an exercise and playing a game.

Exercise 18: ۱۸ تمرین: د پښتو لاندینۍ کلمې له انګلیسي معادلو سره ونښلوئ.

Match the Pashto word with the corresponding word in English.

ب	الف	
banana	پیاز	۱
rice	کدو	۲
mulberry	سنتره	۳
pomegranate	بادرنګ	۴
apricot	کېله	۵
cabbage	بامیه	۶
lettuce	توت	۷
watermelon	مالته	۸
onion	مرچ	۹
pumpkin	شفتالو	۱۰
okra	مڼه	۱۱
cucumber	انار	۱۲
strawberry	هندوانه	۱۳
orange	وریجي	۱۴
pepper	زاردالو	۱۵
peach	کاهو	۱۶
apple		
tangerine		

Exercise 19: ۱۹ تمرین: د بینګو لوبه تر سره کړئ.

Bingo! Fill in the table with the names of fruits and vegetables that you learned in this chapter, then play the game by listening to your instructor call out the names of various vegetables and fruits. Cross out each item mentioned if you find it in your table. The first student to cross out an entire row wins.

B	I	N	G	O
		FREE		

Vocabulary لغتونه

In this part of the lesson, you will review, listen, and practice pronunciation of phrases and vocabulary used in the chapter.

Phrases اصطلاحات

how much?	په څو؟
strong smell / odor	تېز بوی
to bargain	چنه وهل
food stuffs	خوراکي مواد
buying price	د خريد بيه
to be different	سره فرق لرل
to have good market	ښه بازار لرل
to have a good taste	ښه خوند لرل
to make living	ګذاره کېدل
to employ ...	له ... څخه کار اخيستل
to regard	مراعات کول
to enjoy	مزه راکول
to take an important place	مهم ځای نيول

Vocabulary Words لغتونه

free	آزاد
plum	آلوچه
pomegranate	انار
pineapple	اناناس
grape	انګور
water	اوبه
barley	اوربشي
liver	اينه
cucumber	بادرنګ
okra	باميه
see: شکره	بوره
sack	بوری
seedless	بې دانه
see: باميه	بينډۍ
spinach	پالك
see: کچالو	پټاټې
cheese	پنير
buyer	پېرودونکی
onion	پياز
mulberry strawberry	توت مځکنی ~
eggplant	تور بانجن
turnip	ټيپر
beet	چغندر
melon	خټکی
rotten	خوسا
shopkeeper	دکان والا
apricot	زردالو

olive	زيتون
vegetables	سابه
sausage	ساسيج
tangerine	سنتره
oleaster	سنځله
dill	شبت
peach	شفتالو
sugar	شکره
see: ټيپر	شلغم
milk dried / powdered ~	شيدې وچې ~
bulb	غوټه
meats, poultry	غوښه باب
can, jar	قطي
cubed sugar	قند
carrot	ګازره
cilantro	ګشنيز
cauliflower	ګلپي
chives	ګندنه
bunch	ګېډۍ
cherry	ګيلاس
lettuce	کاهو
fish	کب
potato	کچالو
bag	کڅوره
see: مسکه	کوچ
banana	کېله
dairy	لبنيات

lemon	**ليمو**
orange	**مالته**
salt	**مالگه**
jam	**مربا**
jar	**مرتبان**
pepper **red ~** **sweet ~**	**مرچ** **سره ~** **دولمه ~**

butter	**مسکه**
macaroni	**مکروني**
radish **red ~**	**ملۍ** **سره ~**
apple	**مڼه**
pear	**ناك**
green onion	**نوش پیاز**
watermelon	**هندوانه**

اتم لوست
CHAPTER **EIGHT**

آسماني رنگه کميس غواړم
(د رخت په پلورنځي کښي سودا اخيستل)

I WANT A BLUE SHIRT
(SHOPPING AT A STORE)

IN THIS CHAPTER

- د درس پيل Let's Get Started

  Buying clothes and footwear; Discussing about sizes, colors, and fashions; Expressing intentions

- قاعده زده کړئ Language Points

  Use of the Present Participle; The verb غوښتل *'to wish, want'*

- غوږ ونيسئ Listen

  Listening exercises on the topic

- راځئ چي په پښتو خبري وکړو Let's Speak Pashto!

  Practice speaking about clothing, sizes, colors, shopping

- افغاني دود او دستور Afghan Realia

  Listening and speaking about asking prices using an authentic video clip

- اضافي تمرينونه Additional Exercises

  Exercises for practicing the chapter vocabulary

- لغتونه Vocabulary

  Review phrases and words used in this chapter

Let's Get Started د درس پیل

In this chapter, you will learn vocabulary related to clothing, Afghan national clothes, and shopping.

Exercise 1: ۱ تمرین: غوږ ونیسئ او مشق وکړئ.

Listen and then repeat the names of the items of clothing that the Nazargol Clothing Shop is offering to their fellow countrymen at reasonable prices.

نظرګل رخت پلورنځی خپلو ګرانو هېوادوالو ته لاندیني نارینه او ښځینه جامې په مناسبه بیه وړاندي کوي:

پتلون / پطلون

جاکت

کورتۍ/کرتۍ

یخنقاق

دریشي

واسکټ

بالاپوښ

پرتوګ

کمیس

جاکت لمن / جمپر لمن

زېرپېراهني

لمن

جمپر

جراپه

بنیان

څادرۍ

پټو

د سر دسمال

نېکټايي

کمربند

بګړۍ، لنګوټه

کندهاري خولۍ

پکول

څرمي بوټونه

پلاستيکي څپلۍ

پاپوشونه

موزې

Exercise 2: ۲ تمرين: : پورتني پوښاك په نارينه او ښځينه ووېشئ او په جدول کښې يې وليکئ.

Can you guess which of the clothes listed in exercise 1 are worn by men or women? Sort them by categories, write them down in the chart below, and compare answers with your classmate.

نارينه	ښځينه

Cultural Note فرهنگي تبصره

Afghan National Clothing

Typical Afghan men's national clothing consists of a long shirt كميس [kamís], trousers پرتوگ [partug], and a hat خولۍ [xwaləy].

Afghan kamis-partug are sewn mostly from solid white, grey, or brown linen and are loose fitting for ease of movement. The vest واسكټ [wāskat] and shawl پټو [patu] are also an important part of the outfit. A turban, called بګړۍ [bagṛəy], لنګوټه [languṭa] or لونګي [lungí], is usually worn by older men and mullahs, especially in Pashtun tribal areas. Turbans are usually worn during prayer, tribal meetings, and religious ceremonies, although there are many Pashtun men who choose to wear one in everyday life as well.

Women's regular clothing is more colorful and fancy than men's. A girl's kamis-partug is especially colorful and patterned.

A woman's kamis is enough long to cover her entire body, all the way down to the ankles, and usually has long sleeves.

In Afghanistan, women are required to wear a headscarf covering their head and neck. Wearing a veil څادرئ [cāderəy] (also برقع [burqa]) is not required by the present national authorities, however in rural areas many local leaders and family elders still enforce this tradition.

For many Afghan women, wearing the veil is not only traditional, but they feel more comfortable and safer doing so.

Besides their everyday clothing, Afghan women also wear a great number of beautiful dresses decorated with gold threading, gold beads, coins, and other embellishments for weddings, holidays, and other special occasions.

Exercise 3: ۳ تمرين: په لاندېني جدول کښې د جامو نومونه ومومئ.

In the word square below, find the Pashto names of clothes and write them down next to corresponding words in English in the following table. The words begin from the letters underlined and run right to left or up to down.

پ	ګ	و	ت	ر	پ	د	ن	ب	ر	م	ک
ت	ص	ا	ن	م	ل	و	ک	پ	ټ	و	ب
ل	ک	س	ط	ن	ا	ی	ن	ب	ص	ز	ګ
و	ر	ک	ث	ض	س	ط	ض	ث	ذ	ه	ړ
ن	ت	ټ	ض	ث	ت	ک	ا	ج	ط	ص	ی
ص	ی	ل	و	خ	ي	ر	ا	ه	د	ن	ک
ث	ي	ی	ا	ت	ک	ې	ن	ص	ج	ث	م
ق	ا	ق	ن	خ	ي	ي	ش	ې	ر	د	ي
ط	ی	ر	د	ا	څ	ض	ث	ط	ا	س	س
ث	ش	و	پ	ا	پ	ص	و	ټ	پ	م	ث
ظ	ش	و	پ	ا	ل	ا	ب	ث	ه	ا	ص
ط	ض	ث	ظ	ص	ی	ث	ظ	ث	ص	ل	ظ

Afghan circle hat ____	Kandahar hat ____	shirt ____	tie ____
Afghan national pants ____	overcoat ____	shoes ____	t-shirt ____
belt ____	pants ____	skirt ____	turban ____
footwear ____	plastic sandals ____	socks ____	veil ____
high boot ____	scarf ____	men's suit ____	vest ________
jacket ____	shawl ____	suit-shirt ____	

Exercise 4: ۴ تمرین: متن ولولئ او لاندیني تمرینونه تر سره کړئ.

Read the text, underline all names of items of clothing, and then complete the following exercises.

د افغانانو ملي جامې

په افغانستان کښې د خلکو جامې مختلفې دي. په کليو کښې زيات نارينه خلك ملي جامې اغوندي، چې له کميس پرتوګ او خولۍ څخه عبارت وي. نارينه کميس پرتوګ معمولاً د يورنګه نخي يا وړين ټوکر څخه جوړېږي او رنګونه يې مختلف وي، لکه سپين، نسواري، آسماني، شين او تور.

نجوني او پېغلې معمولاً اوږده لستوني لرونکي ګلداره يا شوخ رنګه کميس پرتوګ اغوندي، رنګين دسمال په سر کوي او ښکلي بوټونه په پښو کوي. د ښځو کميس پرتوګ زياتره يورنګه وي، خو کله کله لستوني او لمنې يې ګلداره وي.

په ښارونو کښې عادي خلك زياتره ملي جامې اغوندي او يا ملي جامې له اروپايي جامو سره ګډ اغوندي، لکه کميس پرتوګ له جاکټ سره يا يخنقاق او پتلون له واسکټ سره او داسې نور.

مامورين، د پوهنتونونو استادان په رسمي وخت کښې درېشي له يخنقاق سره اغوندي، نېکټايې په غاړه تړي او بوټونه په پښو کوي. هغې پېغلې او ښځې چې په دفترونو کښې کار کوي يا په ښوونځيو کښې ښوونکې دي، هغوی په رسمي وخت کښې جاکټ لمن اغوندي، دسمال په سر او بوټونه په پښو کوي.

په عمومي توګه په افغانستان کښې خلك داسې جامې اغوندي چې د وګړي بدن د سر څخه نيولې د پښو تر ښنګري پورې پټ کړي. په همدې سبب نيکر اغوستل او له نيکر سره په واټونو کښې ګرځېدل په افغانستان کښې عام نه دي.

دا هم بايد وويل شي چې په افغانستان کښې خلك په جشنونو او ودونو کښې نوې جامې اغوندي، کندهاري خولۍ په سر کوي او ښځې هم ښکلې رنګينې جامې اغوندي او خوشالي کوي.

A. Find the verbs used with the following clothes.

کميس پرتوګ		نيکر	
نېکټايې		بوټ	
دسمال		يخنقاق	
درېشي		کندهاري خولۍ	

B. Answer the questions:

۱ په افغانستان کښې د کلیو او د ښارونو د اوسېدونکو د جامو په مینځ کښې څرنګه توپیرونه شته؟

۲ په دې هېواد کښې څوك ګلداره او شوخ رنګه جامې اغوندي؟

۳ هغې ښخي، چې په دفترونو کښې کار کوي، څرنګه جامې اغوندي؟

۴ د عادي کسانو جامې او د مامورینو جامې یو شانه دي که سره فرق لري؟

۵ افغانان معمولاً کومې ورځې نوي جامې اغوندي؟

۶ په افغانستان کښې څوك اوږده لستوني لرونکي جامې اغوندي؟

Language Points قاعده زده کړئ

In this part of the lesson, you will learn about use of the present participle and expressing intention in Pashto.

Use of the Present Participle

1. Present participles function as adjectives to modify nouns.

نجوني او پېغلې معمولاً اوږده لستوني لرونکي ګلداره یا
شوخ رنګه کمیس پرتوګ اغوندي.

Girls and young women usually wear patterned or fancy colored kamees partug.

The present participle is formed from the infinitive of verbs by dropping the ending ل- [-əl] and adding the suffix ونکی [- únkay] instead.

having	لرونکی	- ونکی	لر-	to have	لرل
going	تلونکی	- ونکی	تل -	to go	تلل
laughing	خندونکی	- ونکی	خند -	to laugh	خندل
being built	جوړېدونکی	- ونکی	جوړېد -	to be built	جوړېدل
riding	سپرېدونکی	- ونکی	سپرېد -	to get on, ride	سپرېدل

په لاره کښې تلونکی سړی ناڅاپه ودرېد.

The man walking on the street unexpectedly stopped.

دغه خندونکې پېغله زما د خور همټولګې ده.

This laughing girl is my sister's classmate.

په دې میدان کښې جوړېدونکې ودانۍ په یوه بانك پورې اړه لري.

The building being built in this area belongs to a bank.

په سرویس کښې سپرېدونکي کسان ټول ددې پوهنتون محصلان وو.

The people taking this bus were all students of this university.

Functioning as a modifier, present participles decline as adjectives taking the form required by the modified noun:

Modified noun		
walking man	[tlúnkay saṛáy]	تلونکی سړی
walking young woman	[tlúnke péğla]]	تلونکې پېغله
walking men	[tlúnki saṛí]	تلونکي سړي
walking women	[tlúnki ṣ̌əǯi]	تلونکي ښځې

Use of the Present Participle (cont.)

2. A number of present participles function as nouns.

resident اوسېدونکی	salesman, vendor پلورونکی
buyer, customer پېرودونکی	teacher ښوونکی
listener اورېدونکی	reader لوستونکی
	student (middle school) زده کوونکی

When it functions as a noun, the present participle declines in gender, number, and case.

ښوونکی په موټر کښې سپور شو او خپل کور ته ولاړ.
A teacher (m) got in the car and left for his home.
ښوونکې په موټر کښې سپره شوه او خپل کور ته ولاړه.
A teacher (f) got in the car and left for her home.
ښوونکي په موټرونو کښې سپاره شول او خپلو کورونو ته ولاړل.
Teachers (m) got in cars and left for their homes.
ښوونکې په خپلو موټرونو کښې سپرې شولې او خپلو کورونو ته ولاړلې.
Teachers (f) got in cars and left for their homes.
په افغانستان کښې د ښوونکو شمېر پنځه اتیا زروته رسېدلی دئ.
In Afghanistan, the number of teachers has reached 85,000.

Exercise 5: ۵ تمرین: لاندیني جملې بشپړې کړئ.

Complete the following sentences with the present participles of the given verbs in the appropriate number, gender, and case.

۱ – نن په بازار کښې ________ لږ دي. (اخیستل)
۲ – زما په پوهنتون کښې په ________ اوونۍ کښې امتحانونه پیلېږي. (راتلل)
۳ – ګرانو ________ ، اوس د هوا د حالاتو راپور ته غوږ شئ. (اورېدل)
۴ – ددې ودانۍ ________ یو څو افغاني شرکتونه دي. (جوړول)
۵ – د برېښنالیک ________ خپل نوم نه و لیکلی. (لیکل)
۶ – اوس مهال په کابل ښار کښې له پنځه دېرشو زرو څخه زیات ګرځنده ________ په کار بوخت دي. (پلورل)

Exercise 6: ۶ تمرين: په لاندينو عکسونو کښي کسان کوم قسم جامې اغوستي دي؟ تشريح کړئ.

Employing the verbs used in exercise 4, describe the clothing worn by the people in the following pictures. The first example has been done for you.

دا ځلمي تور رنګه کميس او پرتوګ اغوستي دي، پر اوږه باندي يې پټو اچولی او پلاستيکي څپلۍ په پښو کړي دي.

Exercise 7: ۷ تمرین: عکس تشریح کړئ او خپل همټولګي ته ووایئ چې ویې مومي.

Choose one of the people in the following pictures to describe for your classmate, who must find the person you describe. Then switch roles.

Example:

لومړی محصل: هغه کمیس پرتوګ اغوستي او پلاستیکي څپلۍ په پښو کړي دي. پر کمیس باندې یې واسکټ هم اغوستی دئ.
دوهم محصل: هغه خولۍ لري؟
لومړی محصل: نه، خولۍ نه لري.
دوهم محصل: دده کمیس پرتوګ سپین رنګه دي؟
لومړی محصل: بلې هو، سپین رنګه دي.
دوهم محصل: هغه سړی په پنځم عکس کښې دئ.
لومړی محصل: صحیح ده، آفرین.

Exercise 8: ۸ تمرین: متن ولولئ او پوښتنو ته ځواب ورکړئ.

Read the advertisement below and answer the following questions.

ګرانو هېوادوالو!

- که غواړئ چې له موډ څخه وروسته پاتې نه شئ،
- که غواړئ چې په خپل ذوق برابرې جامې واخلئ،
- که غواړئ چې له بازار څخه په ارزانه بيه کالي واخلئ،

نو بيړه وکړئ او ځان د سنترال بوتيك دکان ته ورسوئ!
د سنترال بوتيك دکان تاسو ته لاندينې جامې <u>په مناسبه بيه</u> وړاندې کوي:

۱ - ايتالوي دريشيګانې، جاکټ لمنې او يخنقاقونه په مختلفو سايزونو او رنګونو،
۲ - وطني ملي کميسونه او پرتاګه په مختلفو سايزونو او رنګونو،
۳ - ايراني پاپوشونه په مختلفو سايزونو او رنګونو.

د دکان پته: د جلال آباد ښار، د پښتونستان چوك، د کابل د سړك په ښي لاس کښې د خيبر رستوران ته څېرمه.

A. According to the advertisement, which of the following statements is false?

نمبر	ځرګندونې	صحيح	غلط
۱	په دکان کښې په خارج کښې توليد شوي جامې او پاپوشونه پلورل کېږي.	☐	☐
۲	په دکان کښې جامې او پاپوشونه په مختلفو سايزونو او رنګونو پلورل کېږي.	☐	☐
۳	اخيستونکي په دکان کښې په خپل ذوق برابرې جامې او پاپوشونه اخيستلای شي.	☐	☐
۴	په دکان کښې اخيستونکي په ارزانه بيه کالي، پاپوشونه او رنګونه اخيستلای شي.	☐	☐

B. Which one of the following definitions reflects the meaning of the underlined phrase?

a) cheap price
b) compatible price
c) good price
d) average price

Exercise 9: ۹ تمرین: د پورتني اعلان څخه په کار اخیستلو سره دا متن بشپړ کړئ.

Use the advertisement in exercise 8 to complete the following description of Central Boutique.

د سنترال بوتیك دكان

د سنترال بوتیك دكان د جلال آباد ښار د پښتونستان په چوك کښې پروت دئ.
په دې دكان کښې له اوسني موډ سره برابر كالي پلورل كېږي.

Exercise 10: ۱۰ تمرین: لاندیني كلمې له مناسبو تشریحاتو سره ونښلوئ.

Match the words in the right column with their definitions in the left.

	الف	ب
۱	بالاپوش	د جامې یوه برخه ده چې له دې سره پتلون تړل كېږي.
۲	زیرپیراهني	ښځینه جامه ده چې په افغانستان کښې عامه ده او ښځې یې د كور څخه د وتلو په وخت کښې اغوندي.
۳	واسكټ	ډبله جامه ده چې خلك معمولاً په ژمي کښې اغوندي.
۴	څادرۍ	مختلف ډول شیان چې خلك په پښو كوي.
۵	كمربند	یو ډول جامه ده چې نارینه خلك تر كمیس یا یخنقاق لاندې اغوندي.
۶	پاپوش	یو ډول جامه ده چې خلك یې پر كمیس باندې اغوندي.

Exercise 11: ۱۱ تمرین: لاندیني جملې د مناسبو کلمو په کارولو سره بشپړې کړئ.

Read the following sentences and fill in the blanks with the most appropriate word provided.

۱ – پلاره ، زما همتولګی برېښنا وايي چې پرون پلار يې ور ته د ژمي د پاره يو ښکلی ———— اخيستی دئ.

۲ – د کابل په دکانونو کښې د ملي عنعنوي ———— په پرتله اوروپايي ———— زيات خرڅېږي.

۳ – دا پتلون ما ته لږ څه غټ دئ ، غواړم چې بل ———— وګورم.

۴ – تاسي کولای شئ چې د ———— په دکان کښې ځان ته کاغذ او کتابچې واخلئ.

۵ – د پوښاکو په پلورنځی کښې مې يو کميس واخيست اما دا لږ څه ———— دئ او زه غواړم چې دا په غټ سائز بدل کړم.

۶ – نن زما د ماندينې د زېږېدنې ورځ ده، نو ځکه د ———— دکان ته ځم چې ورته د سره زر غوږوالۍ واخلم.

جامې، بالاپوښ، تنګ، زرګرۍ، سائز، قرطاسيه

Expressing Intention in Pashto

To express one's intention to perform an action ('He wants to go,' 'I want to buy,' etc.), use the following structure:

Form a clause with the verb غوښتل conjugated in the appropriate tense

I want. (زه) غواړم
Najibullah wanted. نجيب الله وغوښتل

Then express the intended action in a noun subordinate clause. In this type of sentences, the verb of the subordinate clause takes the present perfective tense.

(زه) غواړم د ځان دپاره يو نوى آسماني رنګه يخنقاق واخلم.
I want to buy a blue dress shirt for myself.
پرون بريالي وغوښتل د ګنډونکي دکان ته ولاړ شي
او د خپل زوى د پاره د يوې جوړې کميس پرتوګ فرمايښت ورکړي.
Yesterday, Baryalay wanted to go to the tailor shop
and order a pair of kamis partug for his son.
مونږ غوښتل هغه بالاپوښ واخلو، خو ډېر قيمت و او مونږ کافي پيسې نه درلودې.
We wanted to buy that overcoat, but it was too expensive
and we did not have enough money.
مشتري غوښتلي وو دريشي مسترد کړي، خو نه شو کولاى،
ځکه چې ددې رسيد په کور کښې پاتې شوى و.
A customer wanted to return a suit, but he could not do it
because its receipt was left at home.
مونږ غوښتل په بانک کښې افغانۍ په ډالر بدل کړو، خو بانک تړلى و.
We wanted to exchange Afghanis to dollars, but the bank was closed.

Exercise 12: ۱۲ تمرین: د لاندینو عباراتو په کارولو سره جملې ولیکئ:
Using the prompts given in the left column, write sentences
to express the person's intention and what it was that did not allow
it to happen.

- Miriam's older brother,
- to buy a jacket,
- Miriam didn't like the color.

- John,
- to exchange money,
- at the bazaar,
- too cheap.

- Baryalay,
- to return a T-shirt,
- receipt lost.

- Miriam,
- to order a dress
  from a tailor,
- the tailor was too busy.

- Babrak,
- to exchange some pants,
- none available in his size.

- Malaley,
- a veil for her daughter-in-law,
- not enough money.

Exercise 13: ۱۳ تمرین: ډیالوګ ولولئ او لاندیني تمرینونه تر سره کړئ.

Read the conversation and complete the following tasks.

بریښنا – سترې مه شئ، په دې دکان کښې د جاکټ لمن فرمایښت ورکولای شم؟

ګنډونکې – بلې هو، خورې، ټوکر مو راوړی؟

بریښنا – نه والله، را یې وړم؟ تاسې پخپله ټوکر ونه نه لرئ؟

ګنډونکې – ښه ټوکر ونه لرو، دا دي. د اوږې د پاره جاکټ لمن غواړئ؟

بریښنا – بلې هو، د اوږې د پاره، له نازک او ګلداره ټوکر څخه جاکټ لمن غواړم، خو چې شوخ نه وي.

ګنډونکې – ښه، پوهه شوم. دا ټوکر پر خپله اوږه واچوئ، ډېر عالي. په هنداره کښې یې وګورئ، ګومان کوم چې ستاسو خوښ به شي.

بریښنا – رښتیا هم ښه معلومېږي. خو ... ماته لږ څه تیاره ښکاري. ددې ټوکر نه لږ روښانه لرئ؟

ګنډونکې – لرو، خو زما په خیال همدا رنګ ستاسو څېره لاسپینه ښیي، وګورئ.

بریښنا – هو، رښتیا ده، زه به دغه ټوکر واخلم. مودل یې په کتلاک کښې دروښیم. دا دئ، دا مودل زما ډېر خوښ دئ. اما یوازې دا چې دلته لستوني لنډ دي. که لستوڼی اوږد شي شکل به یې خراب نه شي؟

ګنډونکې – نه، نه، مونږ ګنډلي دي، ښایست یې نه خرابېږي.

بریښنا – ښه، ښه. بیه به یې څومره شي؟ پیسې یې اوس درکړم؟

ګنډونکې – د ټوکر پیسې اوس غواړو، څلور سوه او اتیا افغانۍ کېږي. درې ورځې وروسته به یو ځل د خام کوک د پاره دکان ته راشئ. هغه وخت اجوره تادیه کولای شئ. اجوره هم کېږي دوه سوه او پنځوس افغانۍ، خو تاسې دوه سوه راکړئ او بس. دا څنګه، یعني ستاسو خوښه ده؟

بریښنا – بالکل.

A. Which one of the following statements is true about the place and matter of the conversation?

نمبر	ځرګندونې	صحیح	غلط
۱	دا د رخت پلورنځی دئ او مشتري ټوکر اخلي.	☐	☐
۲	دا د ګنډونکې دکان دئ او مشتري د واده کالي اخلي.	☐	☐
۳	دا د ګنډونکې دکان دئ او مشتري جاکټ لمن اخلي.	☐	☐
۴	دا د ګنډونکې دکان دئ او مشتري د جاکټ لمنې فرمایښت ورکوي.	☐	☐

B. Answer the following questions:

١ دا پېغله دې دکان ته د څه دپاره راغله؟
٢ هغه پېغله کوم قسم جامې غواړي؟
٣ هغې پېغلې دکان ته خپل ټوکر راوړ که ګنډونکې ورته ټوکر وټاکه؟
۴ د جاکټ لمنې دپاره کوم قسم ټوکر وټاکل شو؟
۵ پېغله اوږده لستوني لرونکی جاکټ غواړي که لنډ؟
۶ دې جامې د کوم فصل د پاره فرمایښت کېږي؟
٧ د ټوکر او د اجورې پیسې څومره شوې او مشتري باید ګنډونکې ته څومره پیسې ورکړي؟
٨ مشتري ولي د دریو ورځو څخه وروسته باید دکان ته ورشي؟

Listen غوږ ونیسئ

In this part of the lesson, you will listen to dialogues about shopping and making a shopping list.

Exercise 14: ۱۴ تمرین: خبرو اترو ته غوږ شئ او نښه کړئ چې لاندیني څرګندونې صحیح دي که غلط.

Listen to the audio of a conversation and indicate whether the following statements are true or false.

غلط	صحیح	څرګندونې	نمبر
		پېرودونکی غواړي خړ رنګه بالاپوښ او تور رنګه درېشي واخلي.	۱
		په دې مغازه کښې یوازې راهداره درېشي موجوده وه.	۲
		لومړۍ درېشي د پېرودونکي په ځان تنګه وه.	۳
		پېرودونکي یورنګه توره درېشي واخیستله.	۴
		پېرودونکي له دکانوالا څخه یخنقاق وغوښت.	۵
		دکانوالا پخپله پېرودونکي ته یخنقاق پیشنهاد وکړ.	۶
		پېرودونکي یو یخنقاق او دوې جوړې درېشي ګانې واخیستلې.	۷
		پېرودونکي دوه یخنقاقونه او یوه درېشي واخیسته.	۸

Exercise 15: ۱۵ تمرین: ډیالوګ ته غوږ شئ او ووایئ چې ویونکي کوم قسم جامې غواړي.

Listen to the dialogue and indicate what kinds of clothes the speakers are going to buy, and where? Also, find out their motivations for purchasing the listed items in a store, at the bazaar, or from a tailor.

ولې په دې ځای کښې اخلې؟	په کوم ځای کښې یې اخلې؟	کوم قسم پوښاک اخلې؟

Let's Speak Pashto! راځئ چې په پښتو خبرې وکړو!

In this part of the lesson, you will practice speaking in Pashto about the size, color and quality of clothing, discussing seasonal clothes, specific Afghan clothing rituals.

Exercise 16: ۱۶ تمرین: لاندیني شیان په پښتو ووایاست.

How you would say the following in Pashto? Give your version and compare it with your classmate. Discuss if they are different.

1. This suit is too tight for me, I need a bigger size.
2. I like the color blue; I want to buy a blue skirt/shirt.
3. My coat has gotten old; I need a new coat.
4. My friend wanted to order a dress/kamis partug at the tailor shop, but there wasn't good fabric available.
5. I bought a dress/dress shirt in the department store; it was beautiful but expensive.
6. I like the color of these pants, but the fashion looks old to me.

Exercise 17: ۱۷ تمرین: له خپل همټولګي سره پر لاندینو موضوعاتو باندي وغږیږئ.

Discuss with your classmate the following matters employing the vocabulary below as well as what you learned in this chapter:

۱ په کومو رنګونو جامې ستاسو خوښې دي او په کومو رنګونو جامې ستاسو خوښې نه دي ؟

۲ کالي مینځل ستاسو خوښیږي؟ خپل کالي پخپله مینځئ که دوبي خانې ته ورکوئ؟

۳ تاسي خپل کوم کوم کالي هره ورځ اوتو کوئ، کوم کوم یې کله کله اوتو کوئ او کوم کوم هیڅ اوتو نه کوئ؟

۴ که په دکان کښې جاکت یا کمیس واخلئ او هغه ستاسو په ځان برابر نه وي تاسي به څه وکړئ؟

light-colored	[ruṣ̌ān ráng larúnkay]	روښان رنګ لرونکی
dark-colored	[tiyārá ráng larúnkay]	تیاره رنګ لرونکی
striped	[xat larúnkay]	راهدار، خط لرونکی
spotted	[xāl xāl]	خال خال
checkered	[čārxāná]	چارخانه

ironed	[utú šə́way]	اوتو شوی
wrinkled	[ğwunj]	غونج
big (size)	[ğaṭ (sāyz)]	غټ (سایز)
small (size)	[waṛúkay(sāyz)]	وړوکی (سایز)

Exercise 18: ۱۸ تمرین: لاندیني یادښتونه ولولئ او پوښتنوته ځواب ورکړئ.

Read the following notes about Afghan customs in wearing clothes and then answer the questions about your culture.

۱

په افغانستان کښې خلك په جشنونو کښې، په ځانګړې توګه په لوی
اختر او نوروز کښې، نوي جامې اغوندي. که څوك نوي جامې ونه
لري، خپلې موجودې جامې پاك مینځي او بیا اغوندي. همدا رنګه،
په ودونو کښې ټول کسان خپلې تر ټولو ښکلې جامې اغوندي. په
ځانګړې توګه، نجونې ښکلي رنګین کمیسونه اغوندي، ګلدار
دسمالونه په سر او فېشني پاپوشونه په پښو کوي.

اوس وواياست چې ستاسو
په هېواد کښې خلك په
جشنونو او ودونو کښې
څرنګه جامې اغوندي؟

۲

په افغانستان کښې اکثره ښځې او پېغلې د خپل کور په بهر
کښې څادرۍ په سر کوي. تعلیم یافته ښځې او پېغلې په ځانګړې
توګه هغې ښځې او پېغلې چې په دفترونو کښې کار کوي، هغوی
داسې کالي اغوندي چې ددوی ځان د سر څخه نیولی د پښو تر
شنګرۍ پورې پټ وي. معمولاً هغوی څادرۍ نه اغوندي، خو
حتماً دسمال په سر کوي.

اوس وواياست چې ستاسو په هېواد
کښې ښځې او پېغلې په کور کښې
او د کور په بهر کښې یو شانه جامې
اغوندي؟ دا هم وواياست چې ستاسو
په هېواد کښې داسې ښځې او پېغلې
هم شته چې څادرۍ په سر کوي؟

۳ په افغاناتن کښې پولیس، عسکران، افسران او په ځینو ښوونځیو
کښې زده کوونکي یونیفرم اغوندي.

اوس وواياست چې ستاسو په
هېواد کښې نور کسان هم شته
چې یونیفرم اغوندي، دوی
څوك دي؟

۴

په افغانستان کښې کله چې وګړي په جومات کښې لمونځ کوي خولۍ
په سر کوي. ځینې کسان، په ځانګړې توګه سپین ږیري، بګړۍ تړي.
ملایان معمولاً سپین رنګه بګړۍ په سر تړي.

اوس وواياست چې ستاسو په
هېواد کښې کله چې وګړي
په کلیسا کښې لمونځ کوي،
ځانګري جامې اغوندي که نه؟

۵

د افغانستان په ښارونو کښې زیات ځلمیان اروپایي فېشن جامې
اغوندي، لکه بنیان، کاوبایي پتلون، دریشي او داسې نور، خو
په کلیو کښې زیات ځلمیان ملي کالي اغوندي، لکه خولۍ،
کمیس پرتوګ، واسکټ و غیره.

اوس وواياست چې ستاسو په هېواد
کښې د کلیوالو او ښاري ځلمیانو
جامې یو شانه دي که ددوی جامې
سره فرق لري؟

Exercise 19: ۱۹ تمرین: متن ولولئ او د بګړۍ د کلتوري جنبې په هکله له خپل همټولګي سره وغږېږئ.

Scan the text and discuss with your classmate the following cultural aspects of the turban.

بګړۍ

بګړۍ د افغانانو د نارينه کاليو يوه مهمه برخه ده. په افغانستان کښې نه يوازي پښتانه، بلکه د نورو مليتونو نارينه هم بګړۍ په سر کوي. ځينې کسان بګړۍ ته لنګوټه يا لونګۍ هم وايي.

بګړۍ معمولاً پر خولۍ باندي تړل کېږې، ځينې خلك يې همېشه په سر کوي، خو ځينې کسان يوازي د لمانځه په وخت کښې يې اغوندي.

بګړۍ په مختلفو رنګونو وي، که څه هم خړ رنګه، نسواري، سپين او تور رنګ لرونکي بګړۍ د خلکو په مينځ کښې ډېر عام دي. دا هم بايد وويل شي، چې سپين رنګه بګړۍ معمولاً ملايان او سپين ږيري په سر کوي.

په افغانستان کښې د مختلفو مليتونو او ولايتونو په مينځ کښې د لنګوټې په تړلو کښې هم لږ توپير تر سترګو کيږي. د بېلګې په توګه پښتانه خپله بګړۍ داسې تړي چې پر ښې اوږې باندي يې شمله ځوړنده وي. دا هم د يادوني وړ دئ، چې شمله لرونکې بګړۍ اغوستل په ټولو پښتنو کښې، په ځانګړې توګه د پښتونخوا د خلکو په مينځ کښې عام دود دئ. ددې برعکس د شمالي سيمو خلک خپلې لنګوټې ته شمله نه پرېږدي.

دمشرقي ولايتونو زيات خلک بګړۍ په دودېز ډول تقريباً يوه لوېښت اوچت تړي او دا ډول بګړۍ په افغانانوکښې د احترام نښه ګڼل کېږي.

د هېواد په لوېديځو سيمو کښې خلک بګړۍ پر يوې کلکې خولۍ باندي تړي. دا قسم بګړۍ يو وار چې وتړله شي، نو تر څو مودې پورې نه خرابېږي او خلك يې وار وار اغوستلای شي.

په افغانستان کښې د شيعه ګانو ملايان بې له خولۍ تور رنګه لنګوټه تړي او شمله هم نه پرېږدي. عام شيعه ګان معمولاً لنګوټه په سر نه کوي.

۱ په افغانستان کښې څرنګه کسان کوم وخت بګړۍ په سر کوي؟

۲ د بګړۍ اغوستلو له نظره د افغانستان د خلکو په مينځ کښې څرنګه توپيرونه تر سترګو کيږي؟

۳ د بګړۍ د عام رنګونو په هکله څه ويلای شئ؟

۴ ستاسو په خيال ولي خلك بګړۍ په سر کوي؟

۵ آيا ستاسو په هېواد کښې داسې کسان هم شته چې مذهبي جامې او سرپوښ اغوندي؟ تشريح يې کړئ.

Exercise 20: Working with your classmate, make dialogues using the following situations.

۲۰ تمرین: له خپل همټولګي سره د لاندینو تشریحاتو پر بنسټ دیالوګونه جوړ کړئ.

تصور وکړئ چې تاسې د انتروپولوجۍ متخصص یاست او د افغانستان د خلکو پر جامو باندې پلټنه کوئ. لومړی فکر وکړئ چې کوم قسم معلومات ستاسو پکار دي، نو بیا د خپل افغاني همکار څخه پوښتنې وکړئ (د بېلګې په توګه: د افغانانو دودېزې جامې څه دي؛ د مختلفو ملیتونو د جامو په مینځ کښې کوم کوم توپیرونه تر سترګو کېږي او نور). په پای کښې د خپلې پلټنې نتیجه همټولګیانو ته واوروئ.

تصور وکړئ چې تاسې د جلال آباد په ښار کښې د کالیو دکان لرئ او افغاني ملي جامې پلورئ. ستاسو دکان ته یو خارجي ځلمی ننوځي او له تاسو څخه د دودېزو جامو په هکله پوښتنه کوي. لطفاً ورته دودېزې جامې معرفي کړئ او ضمناً ورته ووایئ چې کوم کالي هره ورځ، کوم په جشنونو کښې او کوم په ودونو کښې اغوستل کېږي.

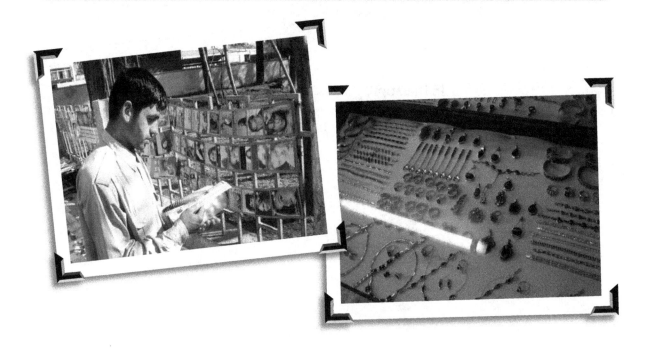

Exercise 21: ۲۱ تمرین: د لاندینو موضوع ګانوڅخه پر یوې موضوع باندي لنډ مضمون ولیکئ.

Choose one of the following topics, do research, write a brief essay, and present it to the class.

۱ د افغانستان او ایران د خلکو د دودېزو جامو په مینځ کښې څرنګه ورته والي او توپېرونه موجود دي؟

۲ په اته لسمه پېړۍ کښې په امریکا کښې خلك څرنګه جامې اغوستلې؟

۳ سږ کال په اروپا کښې یا امریکا کښې تر سره شوې د فېشن په ننداره (فېشن شاو) کښې تاسې کوم قسم په زړه پورې جامې ولیدلې؟ تشریح یې کړئ.

۴ د "پتنګباز" په فلم کښې د ګډون کوونکو جامې څرنګه وې؟ تشریح یې کړئ.

Exercise 22: ۲۲ تمرین: په لاندیني جدول کښې د مختلفو فصلونو د جامو نومونه ولیکئ.

In the appropriate columns provided, list the clothing men and women usually wear in various seasons in your country or a country you visited and present it to the class.

په پسرلي او مني کښې	په اوړي کښې	په ژمي کښې

Afghan Realia افغاني دود او دستور

In this part of the lesson, you will practice listening, speaking, and asking about prices, conversing with vendors.

Exercise 23: ۲۳ تمرين: ویډیو وګورئ.

Watch the video clip with the sound off; describe what you see, who the people are, and what they are doing.

Exercise 24: ۲۳ تمرين: ویډیو یو ځل بیا وګورئ.

Watch the video clip in exercise #23 again, this time with the sound on, and answer the following questions.

۱ پېرودونکو د څو خولیو قیمتونه وپوښتل او د خولیو قیمتونه په څو دي؟
۲ د کندهاري خولۍ قیمت څومره دئ؟
۳ پېرودونکي کوم قسم او کوم سایز خولۍ غواړي؟ په دکان کښې دا قسم خولۍ شته که نه؟
۴ پېرودونکو ولي خولۍ وانه اخیستله؟
۵ ولي دکانوالا په آخر کښې "درې نیم سوه، که نه" وویل؟ ستاسو په خیال په دې جمله کښې "که نه" څه معنا لري؟
۶ په ویډیو کښې پېرودونکي څنه وهله که نه؟

Exercise 25: ۲۳ تمرين: ویډیو وګورئ.

Watch the video clip with the sound off; describe what you see in it, who the people are, and what they are doing.

Exercise 26: ۲۳ تمرین: ویډیو یو ځل بیا وګورئ.

Watch the video exercise 25 again, this time with the sound on, and indicate whether the following statements are true or false.

نمبر	څرګندوني	صحيح	غلط
۱	په دې خياطۍ کښې پېغلې ځان ته د جمپر لمنې فرمايښت ورکړ.	☐	☐
۲	ښځې هم د يوه کميس او د يوې جمپر لمنې فرمايښت ورکړ.	☐	☐
۳	جمپر لمن به په يوه هفته کښې آماده شي، خو کميس به دوې هفتې وروسته آماده شي.	☐	☐
۴	د کميس د پاره ګنډونکي دوه سوه روپۍ اجوره وغوښتله، خو ښځې يو سلو پنځوس روپۍ ورکولې.	☐	☐
۵	د جمپر لمنې اجوره دوه سوه او اتيا افغانۍ شوه.	☐	☐
۶	ګنډونکي د مشتريانو مراعات ونه کړ.	☐	☐

Exercise 27: ۲۷ تمرین: ویډیو وګورئ او پر لاندینو مطالبو باندي وغږېږئ.

Now, using the vocabulary list provided, retell what happened in the video. Pay attention to the following points:

1. Introduce each of the characters according to the role they performed.
2. How did the customer indicate his intention to buy shoes?
3. How was the salesman advertizing his goods?
4. How did the customer bargain?
5. What currency was mentioned in the video? In connection with what?

Don't say more.	بالاخه مه وايه.
It does not matter	پروا نه لري.
a five hundred Afghani note	پنځه سوېزه
How much?	په څو
leather	چرم
Bargaining is okay.	چنه خو سته.

be destroyed, become out of order	خرابېدل
tasty, sweet; pretty	خوندور
Are you doing well?	ساعت دې تېر دئ؟
lightweight shoes	سپك بوټونه
to be torn	شکېدل
God's blessing.	فضل د خدای دئ.

Additional Exercises اضافي تمرينونه

In this part of the lesson, you will complete exercises to improve your speaking, reading and writing skills related to Afghan clothing.

Exercise 28: ۲۸ تمرین: لاندېني جملې ولولئ او پوښتنې جوړې کړئ.

Read the following sentences and form a question for each of them.

۱ پخوا د پښتنو نارينه معمولاً خولۍ سره لنګوټه په سر کوله.

۲ د افغانستان په کليو کښې اکثره ښځو اروپايي فېشن جامې نه اغوستلې.

۳ زما مشر ورور ماته يوه کورتۍ واخيسته اما کورتۍ زما پر ځان لږ څه تنګه وه، له نېکه مرغه د کورتۍ رسيد راسره و او کورتۍ مې دکان ته مسترده کړه.

۴ تېر کال مې په بازار کښې يو ښکلی او ارزان بالاپوښ اخيستی و چې تر اوسه پورې را سره دئ.

۵ افغاني کميس پرتوګ يې په بازار کښې واخيست ځکه چې بيه يې ارزانه وه.

۶ د خپلې خور د زېږېدنې په ورځ کښې مې ورته يوه جوړه ښکلي بوټونه په سوغات ورکړل، چې ددې ډېر خوښ شول.

Exercise 29: ۲۹ تمرین: لاندیني جملې بشپړې کړئ.

Complete the following sentences using the English prompts in parentheses.

۱ – وروره دا دریشي ______ ورکوې؟ (how much)

۲ – ددې بالاپوښ رنګ زما خوښ نه دئ، زه به تور رنګ ______ (to buy).

۳ – ګرځنده پلورونکي معمولاً ______ (cheap) کالي ______ (to sell).

۴ – په لویو مغازو کښې معمولاً قیمتونه فیکس دي او اخیستونکي ______ (don't bargain).

۵ – په افغانستان کښې خلك زیات وخت په نغدي پیسې ______ (make a purchase).

۶ – که تاسي وغواړئ چې خرید شوي کالي مغازې ته ______ (to return)، باید حتماً ددې کالي رسید ______ (to have).

Exercise 30: ۳۰ تمرین: لاندینو کلیماتوته تشریحات ولیکئ.

Provide descriptions for at least four of the following items of clothing.

نېکټايي ______

لمن ______

څادرۍ ______

پرتوګ ______

دریشي ______

بګړۍ ______

خولۍ ______

جراپه ______

Exercise 31: ۳۱ تمرین: لاندیني کلمې له انگلیسي مطابقونو سره ونښلوئ.

Match the words below with their English equivalents.

shawl, plaid		۱	جرابه
veil		۲	خولۍ
turban		۳	بالاپوښ
sock		۴	بنیان
skirt		۵	یخنقاق
hat		۶	بوټ
necktie		۷	لنگوټه
undershirt		۸	پټو
belt		۹	نېکتايي
dress shirt		۱۰	باراني
sandals		۱۱	زېرپیراهني
shoe		۱۲	کمربند
raincoat		۱۳	لمن
coat		۱۴	څادری
t-shirt			

Vocabulary لغتونه

In this part of the lesson, you will review, listen to, and practice the pronunciation of phrases and vocabulary used in the chapter.

Phrases اصطلاحات

it should be said	باید وویل شي
belong to ...	په ... پورې اړه لرل
among Afghans	په افغانانو کښې
especially	په ځانګړې توګه
according to traditions	په دود یز ډول
meeting one's taste, one's favorite	په ذوق برابر
put on, wear (hat)	په سر کول
in general	په عمومي توګه
by compatible price	په مناسبه بیه
therefore, by this cause	په همدې سبب
dark-colored	تیاره رنګ لرونکی
to get to ..., to come to	ځان ... ته رسول
to have fun, to spend time relaxing	خوشالي کول
in comparison to ...	د ... په پرتله
beginning from ...	د ... څخه نیولی
from the point of ...	د ... له نظره
an important part of	د ... یوه مهمه برخه
for instance, for example	د بېلګې په توګه
wedding clothes	د واده کالي
it should be mentioned	د یادونې وړ دئ
in contrast to that	ددې بر عکس
work time	رسمي وخت
light-colored	روښان رنګ لرونکی

although, even though, however	که څه هم
with, together	له ... سره ګډ
fashionable	له موډ سره برابر
luckily, fortunately	له نېکه مرغه
et cetera, and so forth	و غیره
repeatedly, multiple times	وار وار
get behind, fall behind	وروسته پاتې کېدل

Vocabulary Words لغتونه

wage, payment	اجوره
cheap	ارزان
iron (v)	اوتو کول
blue	آسماني
coat	بالاپوښ/ بالاپوش
change, exchange (v)	بدلول
on the contrary	برعکس
turban	بګړۍ
t-shirt	بنیان
hurry, be in hurry (v)	بیړه کول
price (see also قیمت)	بیه
footwear	پاپوش
pants	پتلون / پطلون
jeans	کاوبایي ~
address	پته
shawl	پټو
pakol, hat	پکول
sell (v)	پلورل
seller, vendor	پلورونکی
street vendor	ګرځنده ~

clothing, wear	پوښاك / پوشاك
offer, suggest (see also وړاندېز کول) (v)	پیشنهاد کول
bind; close (v)	تړل
tight, small; narrow	تنګ
produce (v)	تولیدول
be produced (v)	تولیدېدل
fabric, textile, cloth	ټوکر
jacket (see also جمپر)	جاکت
suit (women's) (see also جمپر لمن)	جاکت لمن
socks	جرابه
jacket, pullover (see also جاکت)	جمپر
suit (women's) (see also جاکت لمن)	جمپر لمن
checkered	چارخانه
bargain (v)	چنه وهل
veil, burqa	څادرۍ
leather	څرمي
aside, nearby	څېرمه
near ...	... ته ~

definitely	حتماً
spotted	خال خال
hat	خولۍ
Kandahar hat	کندهاري ~
tailor (see also ګنډونکی)	خیاط
tailor's shop (see also د ګنډونکي دکان)	خیاطي
suit (men's)	دریشي
shawl, kerchief	دسمال
headscarf	د سر ~
laundry	دوبي خانه
traditional	دودیز
thick	ډبل
stripped	راهدار
textile; cloth	رخت
multicolored, varicolored	رنګین
undershirt	زېرپیراهني
shamla (hanging edge of turban)	شمله
playful; fanciful, intricate,	شوخ
fancifully/fantastically colored	~ رنګ لرونکی
women's, lady's	ښځینه
ankle	ښنګری
big (size)	غټ (سایز)
earring	غوږوالۍ
wrinkled	غونج
order (v)	فرمایښت / فرمایش ورکول
fashionable	فېشني
stationary	قرطاسیه

belt	کمربند
jacket	کورتۍ/کرتۍ
patterned	ګلدار
tailor (see also خیاط)	ګنډونکی
tailor's shop (see also خیاطي)	د ګنډونکي دکان
sleeve	لستوڼی
skirt; the lower edge (of)	لمن / لمنه
turban (see also پګړۍ، لونګۍ)	لنګوټه
turban (see also پګړۍ، لنګوټه)	لونګۍ
return (v)	مسترد کول
model	مودل
fashion	موډ
high boot	موزه
men's	نارینه
cotton (adj)	نخي
necktie	نېکټايي
shorts, short pants	نیکر
vest	واسکټ
small (size)	وړوکی (سایز)
woolen	وړین
dress shirt	یخنقاق
one-color, solid (in color)	یورنګه
uniform	یونیفرم

APPENDICES

* These are the transcripts to listening activities for which no text is provided in the textbook.

APPENDIX A: GRAMMAR SUMMARY

This section of the textbook provides supplementary materials as needed by chapter for some grammatical topics discussed in the textbook. Some of these materials contain additional details and further material to help learners gain more complete knowledge of the grammar points in several chapters. Others, especially those that relate to the formation of tenses, provide paradigms for various classes of verbs in the given tense. These samples are intended to help learners to form verbs more fluently and to accurately use the Pashto tenses in their speech. Learners are urged to acquaint themselves with this material while studying the corresponding grammar points in the main text.

CHAPTER 1

Conjugation of verbs in the future tense.

Samples of conjugation of verbs in the future tense are shown in the following charts.

1. Conjugation of the verb ول 'to be':

Plural		Singular	
We will be.	مونږ به یو.	I will be.	زه به یم.
You will be.	تاسي به یاست.	You will be.	ته به يې.
They will be.	دوی به وي.	He will be. She will be.	دی به وي. دا به وي.

2. Conjugation of the regular verb لوستل 'to read' (PS - لول).

Imperfective:

Plural		Singular	
We will be reading / read.	مونږ به لولو.	I will be reading / read.	زه به لولم.
You will be reading / read.	تاسي به لولئ.	You will be reading / read.	ته به لولې.
They will be reading / read.	دوی به لولي.	He will be reading / read. She will be reading / read.	دی به لولي. دا به لولي.

Note: The appropriate translation of the verb is determined by context.

Perfective:

Plural		Singular	
We will read.	مونږ به ولولو.	I will read.	زه به ولولم.
You will read.	تاسي به ولولئ.	You will read.	ته به ولولې.
They will read.	دوی به ولولي.	He will read. She will read.	دی به ولولي. دا به ولولي.

3. Conjugation of the irregular verb تلل 'to go'.

Imperfective: (PS – ځ).

Plural		Singular	
We will be going / go.	مونږ به ځو.	I will be going / go.	زه به ځم.
You will be going / go.	تاسي به ځئ.	You will be going / go.	ته به ځې.
They will be going / go.	دوی به ځي.	He will be going / go. She will be going / go.	دی به ځي. دا به ځي.

Perfective: (PS - ولاړ ش).

The first component of the verb (ولاړ) will change to singular feminine or plural masculine or feminine depending on the gender and number of the subject. For example, if زه refers to a female, the form ولاړه is used, and if دوی refers to females, ولاړې is used.

Plural		Singular	
We will go.	مونږ به ولاړ / ولاړې شو.	I will go.	زه به ولاړ / ولاړه شم.
You will go.	تاسي به ولاړ / ولاړې شئ.	You will go.	ته به ولاړ / ولاړه شې.
They will go.	دوی به ولاړ / ولاړې شي.	He will go. She will go.	دی به ولاړ شي. دا به ولاړه شي.

4. Conjugation of the intransitive denominative verb سپرېدل 'to sit on (transportation)'.

Imperfective (PS سپرېږ-):

Plural		Singular	
We will be sitting / sit on.	مونږ به سپرېږو.	I will be sitting / sit on.	زه به سپرېږم.
You will be sitting / sit on.	تاسي به سپرېږئ.	You will be sitting / sit on.	ته به سپرېږې.
They will be sitting / sit on.	دوی به سپرېږي.	He will be sitting / sit on. She will be sitting / sit on.	دی به سپرېږي. دا به سپرېږي.

Perfective (PS سپور ش -):

The first component of the verb (سپور) will change to singular feminine, plural masculine, or feminine depending on the gender and number of the subject. For example, if ته refers to a female, the form سپره is used, and if مونږ refers to male, سپاره is used.

Plural		Singular	
We will sit on.	مونږ به سپاره / سپرې شو.	I will sit on.	زه به سپور / سپره شم.
You will sit on.	تاسي به سپاره / سپرې شئ.	You will sit on.	ته به سپور / سپره شې.
They will sit on.	دوی به سپاره / سپرې شي.	He will sit on. She will sit on.	دی به سپور شي. دا به سپره شي.

5. Conjugation of the transitive denominative verb جوړول 'to build'.

Imperfective (PS جوړو-):

Plural		Singular	
We will be building / build.	مونږ به جوړوو.	I will be building / build.	زه به جوړوم.
You will be building / build.	تاسي به جوړوئ.	You will be building / build.	ته به جوړوې.
They will be building / build.	دوی به جوړوي.	He will be building / build. She will be building / build.	دی به جوړوي. دا به جوړوي.

Perfective (PS جوړ کړ-):

The first component of the verb (جوړ) will change to singular feminine or plural masculine or feminine depending on the gender and number of the object. For example, if the object is کلا 'courtyard', the form جوړه is used, and if the object is کلاګانې 'courtyards', جوړې is used.

Plural		Singular	
We will build.	مونږ به جوړ/ جوړه / جوړې کړو.	I will build.	زه به جوړ/ جوړه / جوړې کړم.
You will build.	تاسي به جوړ/ جوړه / جوړې کړئ.	You will build.	ته به جوړ/ جوړه / جوړې کړې.
They will build.	دوی به جوړ/ جوړه / جوړې کړي.	He will build. She will build.	دی به جوړ/ جوړه / جوړې کړي. دا به جوړ/ جوړه / جوړې کړي.

6. Conjugation of the intransitive compound verb خپه کېدل 'to become sad'.

Imperfective (PS - خپه کېږ)

Plural		Singular	
We will become sad.	مونږ به خپه کېږو.	I will become sad.	زه به خپه کېږم.
You will become sad.	تاسي به خپه کېږئ.	You will become sad.	ته به خپه کېږې.
They will become sad.	دوی به خپه کېږي.	He will become sad. She will become sad.	دی به خپه کېږي. دا به خپه کېږي.

Perfective (PS - خپه ش)

Plural		Singular	
We will be sad.	مونږ به خپه شو.	I will be sad.	زه به خپه شم.
You will be sad.	تاسي به خپه شئ.	You will be sad.	ته به خپه شې.
They will be sad.	دوی به خپه شي.	He will be sad. She will be sad.	دی به خپه شي. دا به خپه شي.

7. Conjugation of the transitive compound verb تر سره کول 'to finish, complete'.

Imperfective (PS - تر سره کو)

Plural		Singular	
We will be finishing/finish.	مونږ به تر سره کوو.	I will be finishing/finish.	زه به تر سره کوم.
You will be finishing/finish.	تاسي به تر سره کوئ.	You will be finishing/finish.	ته به تر سره کوې.
They will be finishing/finish.	دوی به تر سره کوي.	He will be finishing/finish. She will be finishing/finish.	دی به تر سره کوي. دا به تر سره کوي.

Perfective (PS - تر سره کو)

Plural		Singular	
We will finish.	مونږ به تر سره کړو.	I will finish.	زه به تر سره کړم.
You will finish.	تاسي به تر سره کړئ.	You will finish.	زه به تر سره کړې.
They will finish.	دوی به تر سره کړي.	He will finish. She will finish.	دی به تر سره کړي. دا به تر سره کړي.

CHAPTER 2

Simple past tense

The conjugation of verbs in the simple past tense.

1. Simple intransitive verb تلل 'to go'

Imperfective (Remember that the verb can be conjugated with the past stem (PaS) -تل or the infinitive تلل, except in the third-person masculine singular):

Plural		Singular	
We were going.	مونږ تلو/ تللو	I was going.	زه تلم / تللم
You were going.	تاسي تلئ/ تللئ	You were going.	ته تلې / تللې
They were going.	دوی تلل هغوی تللې	He was going. She was going.	دی تئ دا تله / تلله

Perfective (PaS - ولاړ):

Plural		Singular	
We went.	مونږ ولاړو.	I went.	زه ولاړم.
You went.	تاسي ولاړئ.	You went.	ته ولاړې.
They went. (m) They went. (f)	دوی ولاړل. هغوی ولاړلې.	He went. She went.	دی ولاړ. دا ولاړه.

2. Simple transitive verb لیدل 'to see'

Imperfective (conjugated with the infinitive except in the third-person masculine singular):

As you already know, transitive verbs form ergative sentences agreeing with the direct object instead of the grammatical agent. Also, remember that the agent takes an oblique form. In the chart below, the noun بریالی [baryālay] 'Baryalay' in the oblique form بریالي [baryālí] is used as an agent. Note that changing the agent to any other noun or pronoun would not change the conjugation.

Plural		Singular	
Baryalay was seeing us.	بریالي مونږ لیدلو.	Baryalay was seeing me.	بریالي زه لیدلم.
Baryalay was seeing you.	بریالي تاسي لیدلئ.	Baryalay was seeing you.	بریالي ته لیدلې.
Baryalay was seeing them. (m) Baryalay was seeing them. (f)	بریالي دوی لیدل. بریالي هغوی لیدلې.	Baryalay was seeing him. Baryalay was seeing her.	بریالي دی لیده. بریالي دا لیدله.

Perfective:

Plural		Singular	
Baryalay saw us.	بریالي مونږ ولیدلو.	Baryalay saw me.	بریالي زه ولیدلم.
Baryalay saw you.	بریالي تاسي ولیدلئ.	Baryalay saw you.	بریالي ته ولیدلې.
Baryalay saw them. (m) Baryalay saw them. (f)	بریالي دوی ولیدل. بریالي هغوی ولیدلې.	Baryalay saw him. Baryalay saw her.	بریالي دی ولید. بریالي دا ولیدله.

3. Denominative intransitive verb سپرېدل 'to sit on (transportation)'.

Imperfective (PS - سپرېد):

Plural		Singular	
We were sitting on.	مونږ سپرېدو.	I was sitting on.	زه سپرېدم.
You were sitting on.	تاسي سپرېدئ.	You were sitting on.	ته سپرېدې.
They were sitting on. (m) They were sitting on. (f)	دوی سپرېدل. هغوی سپرېدلې.	He was sitting on. She was sitting on.	دی سپرېده [ə]. دا سپرېده [a].

Perfective:

Remember that the adjectival component agrees with the subject in gender and number.

Plural		Singular	
We sat on.	مونږ سپاره / سپرې شوو.	I sat on.	زه سپور / سپره شوم.
You sat on.	تاسي سپاره / سپرې شوئ.	You sat on.	ته سپور / سپره شوې.
They sat on. (m) They sat on. (f)	دوی سپاره شول. هغوی سپرې شولې.	He sat on. She sat on.	دی سپور شو [šu]. دا سپره شوه [šwa].

4. Denominative transitive verb حيرانول [hayrānawə́l] 'to surprise, astonish'.

Imperfective:

Remember that transitive verbs form ergative sentences.

Plural		Singular	
Baryalay was surprising us.	بريالي مونږ حيرانولو.	Baryalay was surprising me.	بريالي زه حيرانولم.
Baryalay was surprising you.	بريالي تاسي حيرانولئ.	Baryalay was surprising you.	بريالي ته حيرانولې.
Baryalay was surprising them. (m) Baryalay was surprising them. (f)	بريالي دوی حيرانول. بريالي هغوی حيرانولې.	Baryalay was surprising him. Baryalay was surprising her.	بريالي دی حيراناوه. بريالي دا حيرانوله.

Perfective:

Note that depending on the gender of the direct object, the first component of the verb takes the masculine or feminine form.

Plural		Singular	
Baryalay surprised us.	بريالي مونږ حيران / حيرانې کړو / کړلو.	Baryalay surprised me.	بريالي زه حيران / حيرانه کړم / کړلم.
Baryalay surprised you.	بريالي تاسي حيران / حيرانې کړئ / کړلئ.	Baryalay surprised you.	بريالي ته حيران / حيرانه کړې / کړلې.
Baryalay surprised them. (m) Baryalay surprised them. (f)	بريالي دوی حيران کړل. بريالي هغوی حيرانې کړلې.	Baryalay surprised him. Baryalay surprised her.	بريالي دی حيران کړ. بريالي دا حيرانه کړله.

5. Intransitive compound verb ليرې کېدل [lire kedəl] 'to move away'.

Imperfective:

Plural		Singular	
We were moving away.	مونږ ليرې کېدو.	I was moving away.	زه ليرې کېدم.
You were moving away.	تاسي ليرې کېدئ.	You were moving away.	ته ليرې کېدې.
They were moving away. (m) They were moving away. (f)	دوی ليرې کېدل. هغوی ليرې کېدلې.	He was moving away. She was moving away.	دی ليرې کېده [ə]. دا ليرې کېده [a].

Perfective:

Plural		Singular	
We were moving away.	مونږ ليرې شوو.	I was moving away.	زه ليرې شوم.
You were moving away.	تاسي ليرې شوئ.	You were moving away.	ته ليرې شوې.

They were moving away. (m) They were moving away. (f)	دوی لیرې شول. هغوی لیرې شولې.	He was moving away. She was moving away.	دی لیرې شو [šu]. دا لیرې شوه[šwa] .

6. Transitive compound verb خپه کول [xapá kawə́l] 'to upset, sadden'.

Imperfective:

Plural		Singular	
Baryalay was upsetting us.	بریالي مونږ خپه کولو.	Baryalay was upsetting me.	بریالي زه خپه کولم.
Baryalay was upsetting you.	بریالي تاسي خپه کولئ.	Baryalay was upsetting you.	بریالي ته خپه کولې.
Baryalay was upsetting them. (m) Baryalay was upsetting them. (f)	بریالي دوی خپه کول. بریالي هغوی خپه کولې.	Baryalay was upsetting him. Baryalay was upsetting her.	بریالي دی خپه کاوه. بریالي دا خپه کوله.

Perfective:

Plural		Singular	
Baryalay made us upset.	بریالي مونږ خپه کړلو.	Baryalay made me upset.	بریالي زه خپه کړلم.
Baryalay made you upset.	بریالي تاسي خپه کړلئ.	Baryalay made you upset.	بریالي ته خپه کړلې.
Baryalay made them upset. (m) Baryalay made them upset. (f)	بریالي دوی خپه کړل. بریالي هغوی خپه کړلې.	Baryalay made him upset. Baryalay made her upset.	بریالي دی خپه کړ. بریالي دا خپه کړله.

As you already know, when the direct object is a noun, a transitive verb takes one of the following forms agreeing with the direct object:

1. Masculine singular with a masculine singular direct object
2. Masculine plural with a masculine plural direct object
3. Feminine singular with a feminine singular direct object
4. Feminine plural with a feminine plural direct object

See the following examples:

Baryalay ate a pear.	بریالي ناك وخوړ.
Baryalay ate an apple.	بریالي مڼه وخوړله.
Baryalay ate grapes.	بریالي انګور وخوړل.
Baryalay drank water.	بریالي اوبه وڅکلې.

CHAPTER 3

Declension of adjectives

Depending on the peculiarities of declension, Pashto adjectives can be divided into the following categories:

1. Invariable adjectives.

These adjectives remain unchanged regardless of the gender, number and case of the modifying noun.

Type of adjectives	Examples
Adjectives ending in the vowel [-ā]	'violet' چونیا
Adjectives ending in the vowel [-u]	'famous' نامتو
Adjectives ending in the vowel [-i]	'historic' تاریخي
Adjectives ending in the vowel [-a]	'glad' خوشاله

2. Adjectives having five forms.

The nominative plural and singular oblique of these adjectives are the same for both genders. In other words, the form of the adjective in the nominative plural coincides with the oblique form of the singular.

Type 1.

Plural oblique of both masculine and feminine	Nominative feminine plural (a) and oblique of feminine singular (b)	Nominative feminine singular	Nominative masculine plural (a) and oblique of masculine singular (b)	Nominative masculine singular
[prató] پرتو	[praté] پرتې	[pratá] پرته	[prātə́]پراته	'lying down' [prot] پروت
د پرتو کتابونو / کتابچو رنګ Color of the lying-down books / notebooks	(a) پرتې کتابچې lying-down notebooks (b) د پرتې کتابچې رنګ Color of the lying-down notebook	پرته کتابچه The lying-down notebook	(a) پراته کتابونه Lying-down books (b) د پراته کتاب رنګ Color of the lying-down book	پروت کتاب The lying-down book

The adjectives پوخ 'ripen' خوږ 'sweet', سوړ 'cold', تود 'warm', زوړ 'old', ړوند 'blind', کوږ 'curved, crooked', کوڼ 'deaf', پوست 'soft', دروند 'heavy', سپور 'riding', وروست 'rotten', ستون 'returned', لوند 'wet', خپور 'published', روڼ 'bright', ووړ 'small', موړ 'eaten, full', ثورب 'greasy' decline as above.

Type 2.

Plural oblique of both masculine and feminine	Nominative feminine plural & oblique of feminine singular	Nominative feminine singular	Nominative masculine plural & oblique of masculine singular	Nominative masculine singular
[užḍó]اوږدو	[užḍé] اوږدې	[užḍá] اوږده	[užḍə́]اوږده	[užḍ]اوږد 'long'

The adjective اوم 'unripe' declines as above.

Type 3.

Plural oblique of both masculine and feminine	Nominative feminine plural & oblique of feminine singular	Nominative feminine singular	Nominative masculine plural & oblique of masculine singular	Nominative masculine singular
[šno]شنو	[šne] شنې	[šna]شنه	[šnə]شنه	[šin]شین 'green'

The adjective سور 'red' declines as above.

3. Adjectives having four forms.

Type 1.

Plural oblique of both masculine and feminine	Nominative feminine plural & oblique of feminine singular	Nominative feminine singular	Nominative masculine singular & plural and oblique of masculine singular
[tóro]تورو	[tóre] تورې	[tóra]توره	[tor]تور 'black'

The adjective لوی 'big' declines as above.

Type 2.

Plural oblique of both masculine and feminine	Nominative masculine & feminine plural, oblique of masculine & feminine singular	Nominative feminine singular	Nominative masculine singular
[nə́wiyo] نویو	[nə́wi]نوي	[nə́we]نوې	[nə́way]نوی 'new'

The adjectives وږی 'hungry', تږی 'thirsty' decline as above.

Type 3.

Plural oblique of both masculine and feminine	Nominative masculine & feminine plural, oblique of masculine & feminine singular	Nominative feminine singular	Nominative masculine singular
[stə́ṛo] ستړو	[stə́ṛi]ستړي	[stə́ṛe]ستړې	[stə́ṛay]ستړی 'tired'

The adjectives ښکلی 'beautiful' غښتلی 'strong', کمزوری 'weak' decline as above.

Type 4.

Plural oblique of both masculine and feminine	Nominative masculine & feminine plural, oblique of masculine & feminine singular	Nominative feminine singular	Nominative masculine singular
[kučníyo] کوچنیو	[kuční]کوچني	[kučnə́y]کوچنۍ	[kučnáy]کوچنی 'small'

The adjectives اوسنی 'current, as of now' کورنی 'domestic, of the family', منځنی 'middle, average' decline as above.

Type 5.

Plural oblique of both masculine and feminine	Nominative feminine plural, oblique of feminine singular	Nominative feminine singular	Nominative masculine singular & oblique of masculine singular
[jə́go] جګو	[jə́ge]جګې	[jə́ga]جګه	[jəg]جګ 'tall, high'

The adjectives بیده 'sleeping', غټ 'big', شوخ 'playful', ډنګر 'skinny', شتمن 'wealthy', ځوان 'young', ښه [šə] 'good', بیده 'sleeping' decline as above.

CHAPTER 4

Directional pronouns

1. The following charts present the combinations of the directional pronouns with other postpositions than ته، څخه، سره that were introduced in the language point.

At / on me / us.	راباندي
At / on you.	درباندي
At / on him, her, they.	ورباندي
After me / us.	راپسي
After you.	درپسي
After him, her, they.	ورپسي
To me / us.	راپوري
To you.	درپوري
To him, her, they.	ورپوري

2. The following chart presents combinations of directional pronouns and verbs and resulting changes in the meaning of the verb.

Meaning	Combined with a directional pronoun	Meaning	Verb
to arrive (towards here)	رارسېدل	to reach, arrive	رسېدل
to come back	راستنېدل	to go back, return	ستنېدل
to come (in here)	راتلل	to go	تلل
to give	ورکول	to do	کول
to summon	راغوښتل	to want, wish	غوښتل
to remind (to someone)	وریه یاد کول	to memorize	په یاد کول
to teach, train	ورزده کول	to study, learn	زده کول
to come close	رانږدې کېدل	to go close	نږدې کېدل

Some of the verbs above are used with all directional pronouns, such as:

to give (to me / us)		راکول
to give (to you)		درکول
to give (to him / her / they)		ورکول

CHAPTER 5

Verbal nouns

As you learned from the language point, verbal nouns for most verbs are derived from their infinitives by changing the ending [-əl] to the suffix [-ə́na]. However, some verbs derive the verbal noun differently as follows:

Verbal noun	Verb
'rising' خاته	'to raise' ختل
'falling' لوېده	'to fall' لوېدل
'expenditure' لګښت	'to spend' لګول
'agreement, contract' تړون	'to tie' تړل
'laugh' خندا	'to laugh' خندل
'use, benefit' ګټه	'to gain, earn' ګټل
'drinks' څښاك	'to drink' څښل
'study' زده کړه	'to study' زده کول

In modern Pashto some of the verbal nouns above (such as څښاك، ګټه ، خندا ، تړون) are used as regular nouns.

New words and phrases can be derived from verbal nouns, such as the words لمرخاته 'sunrise' and لمرلوېده 'sunset', derived from the verbal nouns خاته and لوېده

Also, some common verbal phrases are derived from verbal nouns.

'achievement' لاس ته راوړنه	'to achieve' لاس ته راوړل
'putting in use' په کار اچونه	'to put in use' په کار اچول
'regarding one's respect' د يو چا مخ ته کتنه	'to regard one's respect' د يو چا مخ ته کتل

CHAPTER 6

1. Summary of the Pashto Cases

The following cases are indicated in Pashto:

Cases	Case indicator	Functions	Example
Nominative	None	- subject in the present and future tenses of all verbs and in the past tense of intransitive verbs	محصل ورځپانه لولي. A student is reading a newspaper.
		- direct object in the past tense of transitive verbs	ډوډۍ مې وخوړله. I ate (food).
Accusative	Personal pronouns take an oblique form	- direct object in the present and future tenses	زه تا وينم. I see you.
Genitive (Possessive)	Preposition د [də]	- possession, belonging	د پوهنتون ودانۍ ښکلې ده. A building of the university is beautiful.
Dative	Postposition ته [ta]	- indirect object, object that motion is directed towards	محصل کتابتون ته ولاړ. A student went to the library.
Ablative	Pre- and postposition له ... څخه [lə...cxa], د ... څخه [də...cxa], له ... نه [lə ... na]	- object from which motion is directed	کارګران له فابريکې څخه وځي. Workers are leaving (coming out of) the plant.

Locative	Pre- and postposition په ... کښې [pə…kṣ̌e], پر ... باندې [pə…kṣ̌e], تر ... لاندې [pə…kṣ̌e], etc.	- indicating location	دی په کوټه کښې ناست دئ. He is sitting in a room.
Instrumental	Preposition په [pə], pre- and postposition په ... سره [pə…sará]	- indicating an instrument or device used in performing an action	زه په پنسل خط لیکم. I write a letter with a pencil. ستیفني په چاړه سره مڼې پوستوي. Stephanie peels apples with a knife.
Agentive	Personal pronouns and nouns take an oblique form; Personal pronouns are substituted by enclitic pronouns	- agent in ergative sentences	رخشانې وویل. Rokhshana said. دغه فلم مې لیدلی دئ. I (have) watched this movie.
Vocative	Suffix [-a] or root-inflected endings in singular; suffix [-o] in plural	- used for calling someone's name	احمده، دلته راشه. Ahmed, come here.

2. Attributive expressions

Attributive expressions formed by modifying nouns that you learned in different sections of the textbook can be summarized as follows:

1. Modifying a noun with an adjective:

'fasting holiday' کوچنی اختر	'beautiful girl' ښکلې پېغله
'good day' ښه ورځ	'white shirt' سپین کمیس

In this type of attributive expression, the adjective joins the modifying noun without a specific grammatical marker.

2. Ordinal numbers modifying nouns form the same type of attributive expression as adjectives joining the modifying noun without a specific grammatical marker.

'two thousand eleventh year' دوه زره او یوولسم کال	'sixteenth floor' شپاړسم پوړ
'twenty seventh date' اووه ویشتمه نېټه	'fifth grade' پنځم ټولګی

3. Modifying a noun with another noun:

'Kabul University' د کابل پوهنتون	'Rokhshana's father' د رخشانې پلار
'birthday' د زېږېدنې ورځ	'Stephanie's car' د ستېفنې موټر

In this type of attributive expression, the modifier takes the genitive case. On the other hand, there are attributive expressions in which a noun modifies another adjoining noun without taking the genitive case:

'Professor Habibi' استاد حبيبي	'Doctor Najib' ډاکټر نجيب
'cloth shop' رخت پلورنځي	'teacher Sadeq' معلم صادق

4. Modifying a noun with a possessive or enclitic pronoun.

'your country' ستاسو هېواد	'our homeland' زمونږ وطن
'your house' کور مو	'my father' پلار مې

CHAPTER 7

Classifiers in Pashto

In Pashto, there are a category of words called classifiers that are used with nouns modified by numbers. The classifier used with a noun mostly depends on the shape, appearance and essence of the item that the noun names. The most frequently used classifiers are presented in the following chart. Remember that with plural nouns, the modifier changes to plural taking the suffix [-a] or root inflecting.

Classifier	Function	Example
دانه	Applied to countable nouns in general.	'ten pencils' لس داني پنسلونه
تن	Applied to nouns for people.	'eighteen workers' اته لس تنه کارګران
سر	Applied to nouns for animals.	'fifty heads of cows' پنځوس سره غواوې
تخته	Applied to nouns for flat items.	'a sheet of paper' يوه تخته کاغذ
حلقه	Applied to nouns for circular items.	'two tires' دوې حلقې ټايرونه
ګېډۍ	Applied to nouns for things that come in bunches.	درې ګېډۍ نوش پياز 'three bunches of green onions'
قطي	Applied to nouns for things packed in boxes.	'four boxes of matches' څلور قطۍ اورلګيت
پايه	Applied to nouns for machines and items having stems.	'twenty sofas' شل پايې کوچونه 'one bulldozer' يوه پايه بلدوزر
عراده	Applied to vehicles.	'one car' يوه عراده موټر

CHAPTER 8

Expressing Intention

Besides the verb غوښتل 'to wish, want', which is commonly used to express intention, the following verbs and verbal phrases are used at various stylistic levels for the same sense:

I was intending to talk to you.	نیت مې کاوه چې ستاسو سره خبرې وکړم.	نیت کول / لرل
Do you want to see these pictures?	میل لرئ چې دغه عکسونه وګورئ؟	میل لرل
I was intending to pray.	په تکل شوم چې لمونځ وکړم.	تکل کول
Also, they meant (had planned) to build a school here.	دا هم په نظر کښې یې نیولې وه چې دلته یو ښوونځی جوړ کړي.	په نظر کښې نیول
I intended to stay some days more in this city.	خیال مې درلود چې په دې ښار کښې یو څو ورځې نور هم پاتې شم.	خیال لرل
I am not willing to talk about these issues now.	زړه ته مې نه کېږي چې اوس ددې ستونزو په هکله خبرې وکړم.	زړه ته کېدل
I do not wish you to remain here. (I'd rather you didn't remain here.)	خواته مې نه کېږي چې ته دلته پاتې شې.	خوا ته کېدل
The village elders intended to reconcile these two neighbors.	د کلي سپینږیرو اراده وکړه چې دا دوه ګاونډیان سره پخلا کړي.	اراده کول

APPENDIX B: TRANSCRIPTS

CHAPTER 1

Exercise 12:

خبرې- اترې

لیلا – رخشانه جانې، په ننګرهار کښې هوا څنګه ده؟

رخشانه – ته خبره یې چې په ننګرهار کښې اوړی ډېر تود وي.

لیلا – تودوخه بېخي زیاته وي؟

رخشانه – ځینې ورځې تودوخه د سانتیګرېډ ۴۵-۴۶ درجې ته رسېږي.

لیلا – د هوا رطوبت زیات وي ؟

رخشانه – کله-کله په سلو کې ۹۶ وي.

لیلا – په ننګرهار کې کوم فصل تر ټولو ښه دئ؟

رخشانه – په ننګرهار کې ژمی ښه فصل دئ.

لیلا – په ژمي کې هوا څنګه وي؟

رخشانه – ډېره ښه وی. نه دومره توده او نه دومره سړه وي .

Exercise 18:

زلمی: – سپینه، نن هوا سړه ده. دا ستا خوښه ده که نه؟

سپین: – هو، سړه هوا زما خوښه ده.

زلمی: – ولې سړه هوا ستا خوښېږی؟

سپین: – ځکه چې زه ننګرهاری یم. په ننګرهار کې په اوړي کې هوا ډېره توده وي.

زلمی: – تاسی په تکلیف یاست ؟

سپین: – هو، ډېر په تکلیف یو.

Exercise 19:

ګرانو اورېدونکو، اوس د هوا د حالاتو راپوټ وړاندې کوو.

نن د افغانستان په راز-رازو سیمو کښې د هوا حالت مختلف دئ. په کابل کښې آسمان صاف او په فیض اباد کښې هوا باراني ده. د بامیانو په غرونو کښې واوره اوري او په کندهار کښې ګردباد چلېږي . په هرات کښې هوا اوریځ، په غزني کښې لړجنه او په جلال آباد کښې توده ده.

نن په کابل کښې د تودوخي لوړه درجه د سانتیګرید ۲۸ او ټیټه ۱۳ ، فیض اباد ۲۲-۹ ،بامیان ۱۱- ۳، غزني ۲۵-۶، هرات ۳۲- ۱۸ ، کندهار ۳۵-۲۲ ، جلال آباد ۳۹-۲۷ درجه ده.

اوس په کابل کښې د هوا حرارت د سانتیګرید ۱۸ درجې دی.

Exercise 20:

کوم فصل ستا خوښ دئ؟

(خبرې-اترې)

زلمی:- سپینه، نن هوا سړه ده. دا ستا خوښه ده که نه؟

سپین: – هو، سړه هوا زما خوښه ده. ته خبر یې، زه ننګرهاری یم. په ننګرهار کښې په اوړي کښې هوا ډېره توده وي. تودوخه د سانتیګرېډ ۴۵-۴۶ درجې وي. له دې نه پرته د هوا رطوبت زیات وي، کله کله په سلو کښې ۹۶ وي. په ننګرهار کښې ژمي ښه فصل دئ. په ژمی کښې هوا ډېره ښه وي، دومره توده هم نه وي، دومره سړه هم نه وي.

زلمی: – په کندهار کښې هم په اوړی کښې تودوخه لوړه وي، اما رطوبت دومره زیات نه وي. په دې سبب د ورځې هوا ډېره توده وي اما د شپې له خوا معتدله وي. په کندهار کښې پسرلی ډېر ښه موسم دئ، په ټول چاپېریال کښې ګلان وي، هوا تازه وي.

سپین: – په کندز کښې منی تر ټولو ښه فصل دئ، ځکه چې په مني کښې سابه زیات وي.

Exercise 29:

او اوس هم پام وکړئ د هوا حالاتو ته چې د سانتیګرېډ په کچه اټکل شوې ده.

په قندهار کښې به آسمان شین وي او د تودوخې لوړه درجه شل او ټیټه یې شپږ؛

په هرات کښې به آسمان اوریځ وي او د تودوخې لوړه درجه شپاړس او ټیټه یې اته؛

په مزار شریف کښې به آسمان اوریځ وي او د تودوخې لوړه درجه شپاړس او ټیټه یې اته؛

په جلال آباد کښې به آسمان برګ وي او د تودوخې لوړه درجه اته لس او ټیټه یې لس؛

او په کابل کښې به آسمان برګ وي او د تودوخې لوړه درجه اته، ټیټه یې پنځه درجې اټکل شوې ده؛

Exercise 31:

په هندوستان کښې په اوړي کښې زیات باران اوري.
په امریکا کښې په ژمي کښې هوا سړه وي.
په افغانستان کښې په پسرلي کښې کله کله ږلۍ اوري.
په لندن کښې په مني کښې آسمان اکثراً اوریځ وي.
په فلوریډا کښې په اوړي کښې کله کله طوفان وي.
په مصر کښې په پسرلي کښې کله کله واوره اوري.
په فرانسه کښې په اوړي کښې هوا دومره توده نه وي.
په کاناډا کښې تندر یوازې په پسرلي کښې وي.
په افغانستان کښې په اوړي کښې هره ورځ لمر ځلیږي.
په آلسکا کښې په ژمي کښې درې میاشتې لمر نه ځلیږي.

CHAPTER 2

Exercise 3:

براین: – میونده، ستړی مه شې، ماته ووایه چې ستاسو په هېواد کې نوی کال کله نمانځل کېږي؟

میوند: – سلام براینه، زمونږ په هېواد کې نوی کال د وري میاشتې په لومړۍ نېټه کې نمانځل کېږي.

براین: – معذرت غواړم، پوه نه شوم، تاسې د نوي کال جشن د وري میاشتې په لومړۍ نېټه کې نمانځئ؟

میوند: – بلې هو، دا ځکه چې د لمریز هجري کال لومړۍ میاشت په پښتو ژبه وری نومېږي او دذې میاشتې په لومړۍ نېټه کې نوی کال کېږي.

براین: – اوس پوه شوم، مننه. د وري لومړۍ ورځ د مېلادي جنترۍ له کومې نېټې سره سمون خوري.

میوند: – د وري لومړۍ ورځ اکثراً د مارچ میاشتې له یوویشتمې نیټې سره سمون خوري.

براین: – مننه.

میوند: – مهرباني.

Exercise 17:

نوروز

نوروز د نوی کال لومړۍ ورځ ته وايي. نوی لمریز کال د حمل یا په پښتو د وري د میاشتې په لومړۍ نېټه کښې پیلېږی. دا ورځ د پسرلي موسم لومړۍ ورځ هم ده.

افغانان نوروز یا نوی کال له لرغونو زمانو څخه په ډېر شوق سره نمانځي.

په نوروز کښې زمونږ په هېواد کې خلك ډول ډول ډوډۍ پخوي، اووه ډوله مېوې پر دسترخوان باندي ږدي.

د نوروز جشن ډېر زیات په زړه پورې دودونه او رواجونه لري. مثلاً، د نوروز په ورځو کښې د نیالګیو کښېنول او د کرهنی کارونو شروع کول رواج دئ.

په نوروز کښې د ډوډۍ د خوړلو نه وروسته هر څوك هنداري ته ګوری. دا دود د نېکمرغۍ نښه ګڼل کېږی.

سربېره پر دې د کورونو په انګړ کې اوراچول کېږی. ځوانان د اور پر سر دانګي او داسې نارې وهي: "زما ژیړ رنګ دي ستا وي او ستا سور رنګ دي زما وي".

د نوروز په جشن کې خلك معمولاً نوې جامې اغوندي، مېلې جوړوي او خوشالي کوي. په لویو ښارونو کې رسم ګذشت، اورلوبې او سپورتي مسابقې تر سره کېږي.

د نوی کال دوهمه ورځ په افغانستان کې د "معارف ورځ" په نامه نومول شوې ده.

Exercise 25:

د نورو کلو په څېر د دیرلس سوه نه اتیا لمریز کال د کابل نوی ورځ د کابل د کارته

سخي د سخي په زيارت کې د لکړو د جنډې په پورته کولو په ډوډېز ډول پيل شوه. په دې زيارت کې د جنډې د پورته کولو ډوډ له کلونو کلونو راهيسې پاتې. د سخي د زيارت شاو خوا ته په لسګونو زرو خلك راغونډ شوي وو او په مېلو يې دا ورځ ونمانځله.

د نوې ورځې د نمانځنې په دې غونډه کې د لوبو مختلفو لوبغاړو هم خپلې په زړه پورې ننداري وړاندې کړې. د پهلواني، ټېکواندو، وشو او جيمناستيك په برخو کې لوبغاړو د نوي کال د نوې ورځ هرکلی وکړ.

CHAPTER 3

Exercise 9:

براين: ميوند خانه، دغه ځلمی تاته ښت ورته دئ، هغه ستا ورور نه دئ؟
ميوند: کوم يو؟ هغه چې ژيړ وېښتان لري؟
براين: نه، هغه بل يو چې تور وېښتان او جګه ونه لري.
ميوند: هغه چې تر ونې لاندې پر اوږدې څوکۍ باندې ناست دئ او د ستېفني سره خبرې کوي؟
براين: هو ، هغه وايم.
ميوند: هغه زما تربور دئ.
براين: دده نوم څه دئ؟ ډېر غښتلی معلومېږي.
ميوند: دده نوم ګلجان دئ. هغه ورزشکار دئ.
براين: ښه؟ ډېر ښه.

Exercise 14:

ګل آقا – ببرکه، پرون مې په بازار کښې يو ځلمی وليد چې تاته ورته و، هغه ستا ورور نه دئ ؟
ببرك – ښايي چې زما ورور وي، ونه يې څومره وه؟
ګل آقا – ونه يې جګه وه او ډنګر و، ژيړ وېښتان يې درلود ل او سترګی يې شنې وي.
ببرك – دا بل سړی ښکاري، ځکه چې زما د ورور ونه ميانه ده او دی دومره ډنګر هم نه دئ، دده وېښتان هم ژيړ نه دي.

Exercise 15:

پوليس – هلکه ، دلته څو دقيقې د مخه يو غنم رنګه ځلمی په منډه تېر نه شو؟
هلك – غنم رنګه؟ هغه يو لنډی او چاغ ځلمی نه و چې تور وېښتان يې درلودل؟ هو، دی په هغه سروېس کښې سپور شو.
پوليس – تور وېښتان؟ ښايي چې وېښتان يې تور وي. شونډك پوزی و؟
هلك – ماته خو پيت پوزی ښکارېده. تور برېتونه يې درلودل.
پوليس – برېتونه؟ نه، هغه بل څوك ښکاري.

Exercise 17:

د مفقودۍ اعلان
احمد ګل د سردار محمد زوی چې عصبي ناروغي لري د ۱۳۸۶ کال د جدي د میاشتې
په ۱۵ نېټه کښې له کوره وتلی او لادرکه دئ. له ګرانو هېوادوالو څخه هیله کېږي که د
نوموړي په هکله کوم معلومات ولري، نو لطفاً د پولیس ځانګې ته یا لاندیني ټېلفون ته
دې خبر ورکړي: ۲۴۳ - ۴۵۶۷.
د احمد ګل نښې: ونه تقریباً ۱۷۰ سانتي مېتره ، څېره غنم رنګه او شونډك پزی،
وېښتان تور، سترګې تورې.
له کور څخه د وتلو په وخت کښې یې خړ رنګه کمیس او پرتوګ او ځرمي کرتۍ اغوستې
وه او پلاستیکي څپلۍ یې په پښو کښې وې.
په درناوي سره، د نوموړي کورنۍ

CHAPTER 4

Exercise 19:

ډاکټر – کاکاجانه، څه مشکل لرې؟
مریض – ډاکټر صاحب څه وایې؟ جګ خبرې کوه ، زه لږ کوڼ یمه.
ډاکټر – وایم ، کوم ځای دې خوږېږي؟
مریض – والله ډاکټر صاحب، ستونی مې درد کوي او ټوخېږم .
ډاکټر – اشتها لرې، ډوډۍ ته دې زړه کېږي؟
مریض – خوا مې ګرځي، ډوډۍ ته مې زړه نه کېږي .
ډاکټر – اجازه ده چې معاینه دې کړم؟ کمیس دې پورته که ! کاکاجانه، ستا په سږو کې
شور دئ، د سینه بغل امکان یې شته . ته باید روغتون ته ولاړ شې.
مریض – خیر وېسې، ډاکټر صاحب.

Exercise 21:

پلار: – منصورجانه، زویه، سر مې سخت خوږېږي ، له درملتون څخه دارو ماته راوړه.
منصور: – پلاره ، کوم قسم دارو درته راوړم؟
پلار: – د انالجین ګولۍ واخله.
منصور: – نسخه لرئ، بې له نسخې څخه به یې را نه کړي.
پلار: – د انالجین د پاره نسخه نه پکارېږي.
منصور: – پوه شوم. تاسو ته معلوم دئ چې څومره پیسې کېږي؟
پلار: – هر څومره چې شي رایې وړه. ځه، ژر شه!
منصور: – په سترګو، پلارجانه.

Exercise 22:

ډاکټر – راځه وروره ، دلته کښېنه، څه تکلیف لرې؟
مریض – ډاکټر صاحب، ټول ځان مې خوږېږی.
ډاکټر – تبه لرې که نه؟
مریض – لکه چې تبه نه لرم ، اما سر مې ګرځي.
ډاکټر – اجازه ده چې معاینه دې کړم؟ ژبه دې راوباسه او ووایه "آ". ښه، ستونی دې

ښه دئ. د وینې فشار دې جګ نه دئ؟
مریض – تېر کال په پسرلي کې د وینې فشار مې جګ شوی و، اما اوس خبر نه یم.
ډاکټر – راځه چې وېې ګورو. رښتیا چې د وینې فشار دې پورته شوی دئ. دا نسخه ونیسه، درملتون ته یې وېسه هلته به دارو واخلې.
مریض – ډاکټر صاحب دا کوم قسم دارو دئ، ګولۍ که پېچکاري؟
ډاکټر – ګولۍ ده، پېچکاري نه ده. دارو په ورځ کې درې پلا و خوره– سهار، غرمه، ماښام یوه یوه ګولۍ . پوه سوې؟
مریض – بلې هو صاحب، ډېره مننه.

Exercise 26:

- ښه، دا مې وېښتان دي، دا مې پوزه ده، دا مې سترګې دي، دا مې خوله ده، دا مې مخ دئ، او دا مې لاسونه دي، او دا مې بدن دئ، او دا مې پښې دي، او دا مې ګوتې دي د پښې، او بس دا مې غاښونه دي، دا مې شوندې دي.

Exercise 27:

- څومره عمر دې دئ، کاکا؟
- زه په عمر یم شپږ څلویښت کاله.
- د یوې میاشتې، ماته ویلي وو، غوښه مه خوره، بل شی هر څه شی چې خورې، اما غوښه زورورہ ده چې هغه مه خوره. بس، یوه میاشت شوه. پس ما دا کار وکړ، بعد غوښه هم وخوړله، هر شی هم خوړل. پس له دوو میاشتو، درو میاشتو نه بېرته دا تکلیف راته پیدا شو بیا نو، بالا، نو زه یې په عذاب کړم.
- نور، دې مسئلو څخه نور څه مشکل احساس کوې؟
- بل مشکل مې سته، دغه د درد د لاسه، بالا، زما ملا ته درد راځي. دغه، سر مې، درد نه کوي، مګر یو وخت لکه دا چې اور لګوي او تبه ورسره.
- نور مشکل لرې، دې دوو مشکلو نو څخه، نور؟
- نور مشکل، خو زه مشکلات ډېر لرم. نو هغه د بې اولادۍ مشکلات دي، هغه کیسه یې اوږده ده، اېله که پسې، زه اولاد نه لرم، حسابونه دي.
- دې مرض ته مطابق تاته یو دوه – درې د وینې معاینات د ادرار سره ، معاینه تلویزیوني وکړو . دا درکوو ددې د پاره چې دا مرض مکمل واضح شي. صحیح ده؟ خوښه دې ده؟

Exercise 29:

مشتري – ستړی مه شې ورورہ ، د نس دردۍ دارو لرې؟
کمپوډر – کاکاجانه ، کوم قسم دارو ستا پکار دئ ؟ نسخه لرې ، را یې که.
مشتري – دا ده.
کمپوډر – ښه، د لته دوه قسمه داروګان دي، یو قسم یې ګولۍ دي او بل یې پېچکاري ده.
مشتري – ورورہ، زه پېچکاري نه غوارم، ورك یې که، ګولۍ ماته راکړه او بس.
کمپوډر – ښه ، ستا اختیار دئ، دا قطي واخله، دلته دوولس دانې ګولۍ دي، هره ورځ سهار، غرمه او ماښام یوه یوه یې وخوره.
مشتري – کور مو ودان، څومره پیسې کېږي؟ دوه نیم سوه افغانۍ ؟ ښه، دا ده، واخله، د خدای په امان.

CHAPTER 5

Exercise 11:

ببرك – تورجانه، چيري يې؟
تورجان – پلاره، دلته، په کور کې يمه، تلويزلون ګورم.
ببرك – څه شی ګورې؟
تورجان – فوټبال ګورم، د غازي ليسې او د شبرخان ليسې لوبډلې لوبې کوي.
ببرك – کوم ټيم يې ګټي؟
تورجان – تر اوسه چا ګول نه دئ کړی، حساب صفر دئ.

Exercise 12:

ګلجان – برياليه، لوبغالي ته ځې؟
بريالی – په لوبغالي کې څه شی دئ؟
ګلجان – د فوټبال لوبه ده.
بريالی – کوم کوم لوبډلې لوبې کوي؟
ګلجان – د افغانستان او تاجکستان ملي ټيمونه لوبې کوي.
بريالی – لوبه په څو بجو شروع کېږي؟
ګلجان – ټيك د ماښام په اووو بجو.

Exercise 18:

- سلام، ښه، جوړ؟
- سلام.
- يوه پوښتنه لرم.
- وايه.
- کوم ورزش سره ډېره علاقه لرې؟
- فوټبال سره.
- ښه، نور؟
- فوټبال کوو، فوټبال نه بغير نور څه نه کوو.
- واليبال، ورزش د بل څه يا.
- صرف فوټبال. او تاسو څه شی کوئ؟
- زه پخپله شخصا علاقه زيات له مخه کريکټ سره لرم. ولي تاسو د فوټبال سره ډېره علاقه لرئ؟
- په دې دليل چې صحت دپاره ښه ده او بدن د پاره ښه ده.
- ډېره مننه.

Exercise 19:

- سلام علیکم، ښه یې، په خیر یې؟
- سلام، څنګه یې؟
- ورزش کوې؟
- هو.
- څه ورزش کوې؟
- فوټبال.
- فوټبال کوې. ښه، فوټبال څه له کوې؟
- والله، فوټبال سره علاقه لرم.
- ډېر ښه دئ. ډېر علاقه لرې؟ فوټبال د وجود دپاره، مثلاً وجود دپاره څه ګټه لري؟
- هو، سپورټ دئ که نه؟ سپورټ خو خامخا ګټه لري.
- بغیر د فوټبال نه کوم دغه سره علاقه لرې؟
- نور چې هر رقم سپورت وي زه علاقه لرم، د هغه سپورت سره ډېر ...
- خو خاص خاص بیا فوټبال سره ډېره علاقه لرې.
- د چا خبره ده چې فوټبال د سپورتونو پاچا ده.
- بالکل صحیح خبره ده. بیا ځئ مازدیګر به فوټبال کوئ.
- هو، مازدیګر تایم ته ځو له خیره سره.
- ستړیم ته ځئ؟ ډېر ښه، ډېر اعلی.
- نه ځې مونږ سره؟
- بس، خیر وېسې، زه ولاړمه چیرته مې کار دئ. سلام علیکم.
- سلام علیکم.

CHAPTER 6

Exercise 4:

کارسون — ستړی مه شئ صاحبه، ښه راغلاست، دلته یوه خالي څوکئ لرو، مهرباني وکړئ.

مشتري — په خیر اوسې وروره، خو زه یو مېلمه هم لرم، دا دئ، راځي. بل ځای هم لرئ؟

کارسون — ښه صاحبه، نو دلته مهرباني وکړئ. دا مېز ستاسو خوښ دئ؟

مشتري — بالکل. کوم قسم خوراکونه لرئ، نباتي خوراکونه هم لرئ؟ زما مېلمه غوښه نه خوري، سبزي خوار دئ.

کارسون — بلې صاحب. دا ده مېنو، هر خوراك چې وغواړئ په شلو دقیقو کښې به آماده شي.

مشتري — ښه نو، ماته یو خوراك قابلي پلو له سلاتې سره او فرني راوړه.

کارسون — په دواړو سترګو صاحبه، یو خوراك قابلي پلو، سلاته او فرني. ښه، څه څښاك راوړم؟

مشتري — یوه چاینکه شین چای او بس.

کارسون — ښه صاحبه، مېلمه ته څه راوړم؟

مشتري — یو خوراك سبزي بوراني، د پالکو بولاني او بانجڼ سلاته راوړه.

کارسون — ورته هم شین چای راوړم؟

مشتري – نه، هغه چای نه څکي، یو بوتل اوبه راوړه.

Exercise 14:

۱ کاچوغه	۲ دسترخوان	۳ کاسه	۴ چاقو
۵ پنجه	۶ چاینکه	۷ بشقاب	۸ ګلاس، پیاله
۹ قاب / غوري	۱۰ ترموز		

Exercise 18:

ګارسون – ښه راغلاست ، څه راوړم ؟
زلمی – لومړی مونږ ته مېنو راوړئ، کوم قسم ډوډۍ لرئ، څه به توصیه وکړئ؟
ګارسون – دا دئ مېنو، صاحبه. نن مونږ ښه ملي خوراکونه لرو: قابلي، بولاني، د پسه کباب، قورمه. د چرګ ښوروا هم ډېره خوندوره ده.
زلمی – ښه، زه به د چرګ ښوروا، قابلي واخلم او سلاته.
ښایسته: زه منتو غواړم او د پسه ښوروا.
میوند: زه آشك او آیس کریم غواړم.
زلمی: لومړی ډوډۍ وخورو بیا آیس کریم. قابلي نه غواړې؟
میوند: نه، قابلي نه غواړم.
زلمی: ښه نو، سمبوسه وخوره.
میوند: شه ، یوه دانه سمبوسه.
زلمی: نصیره، ته ډوډۍ نه خورې، ولي چپ یې؟
نصیر: زه به قابلي پلو وخورم له سلاتې سره او بس.
ګارسون: ښه ، کوم قسم څښاك راوړم؟
زلمی: ټولو ته یو یو بوتل فانتا راوړئ .
میوند: زه کوك غواړم.
ګارسون: ښه، نور څه، آیس کریم؟
زلمی: لومړی ډوډۍ وخورو بیا وګورو چې آیس کریم وخورو که نه.
ګارسون: ډېر ښه، صاحبه، اجازه ده، مېنوګان واخلم؟
زلمی: بلې هو، دا دي.
ګارسون: مننه.

Exercise 19:

یو کلیوال سړی یوه رستوران ته ولاړ چې ډوډۍ وخوري. د رستوران پېشخدمت ور ته راغئ او پوښتنه یې ترې وکړه چې څه شی درته راوړم؟ چون کلیوال سړی د رستوران په ترتیب بلد نه و، نو پېشخدمت ته یې وویل چې نه پوهېږم. پېشخدمت هم حیران پاتې شو، نو بیا یې وویل: سپګېټي (spaghetti) له چټنۍ سره در ته راوړم؟
کلیوال سړی د سپګېټي په نوم بلد نه و، خو په چټنۍ پوهېده. فکر یې وکړ چې خامخا ښه خوراك به یې. ویې ویل چې را یې وړه. کله چې پېشخدمت ور ته سپګېټي راوړله، ګوري چې آش غوندې خواړه دي. خو هغه غوښتل چې د غوښې کوم خوراك وخوري. همدې مهال ګوري چې د بل مېز تر شا یو امریکایی ناست دئ او غوښه خوري. دده ډوډۍ چې خلاصه شوه، پېشخدمت ته یې غږ وکړ «اګېن!» "Again!". پېشخدمت ورته بیا غوښه راوړله. کلیوال سړي فکر وکړ چې خامخا ددې خواړه نوم «اګېن!» دئ. هغه هم پېشخدمت ته غږ وکړ «اګېن!» "Again!". پېشخدمت ور ته بیا سپګېټي راوړله.
کلیوال سړی سخت په غوسه شو، په قار سره یې پېشخدمت ته وویل: وروره، دا څرنګه

خبره ده، ددې خارجي سړي «اګېن!» غوښه، خو زما «اګېن!» آش دئ؟

Exercise 25:

- ښه، تشريح که، وګورو چې چه شی چه شی د نيولو شيان دي.
- چه شي پاخه کړي دي.
- هغوی ډېر راغلي مونږ نه به يې خسته شوي.
- ښه، ټول تشريحات وکه چې چه شی چي شی دي.
- سابه دي.
- بيا هغه بند که.
- هو، ويې ښيه راته.
- دا سابه او دا لوبيا، لوبيا، نخود او هغه دا هم ګازرې، ترکاري، نارنج، ملی، چټني، آچار، اوري.
- آچار د چه شي آچار؟
- اوري.
- د چه شي دي؟
- د کدو دي، کدو.
- اوري ته "mustard" وايي که نه؟
- "mustard" هم وايي.
- ښه، هغه، دغه چه شی دئ؟
- دا چټني.
- دا چټني څرنګه جوړوې؟
- د مستې و، هه؟
- څرنګه جوړې شوې دي؟
- ګشنيز، مستې او مرچ، هوږه د ماشين نه تېروو، بيا مستې ور سره ګډ يې کوو.
- اول مرچ و ګشنيز د ماشين نه تېروو، بيا، پس له هغې ورسره مستې هم ګډوو.
- هوږه هم لري؟
- ښه،
- د خوشبويي د پاره وايه.
- دې ترکاري کښې نور چه شي دي؟ ګشنيز نه بغير.
- تره تېزک دئ.
- تره تېزک.
- ملی ده، نارنج.
- ژورناليست به ته يې؟
- هو.
- ډېر مزه دار دئ که نه؟
- هو.
- دا ډوډۍ دې څه رقم پخه کړه؟
- تنور کښې مې پخه کړه.
- ا؟
- ډوډۍ مې تنور کښې پخې کړې.

CHAPTER 7

Exercise 9:

پېرودونکی: وروره، ددې مالتې کيلو په څو دي؟
دکان والا: کومې مالتې، هغه چې په صندوق کښې دي که هغه چې په شکرۍ کښې دي؟
پېرودونکی: دوی سره فرق لري؟
دکان والا: دا بهر نه راغلي او هغه چې په شکرۍ کښې دي وطني دي.
پېرودونکی: کوم يو يې ښې دي.
دکان والا: والله صاحب، دواړه ښې دي، خو زما په فکر وطني ښه خوند لري، تازه کينوګانې دي.
پېرودونکی: ښه، نو دوه کيلو به راکړې؟
دکان والا: په دواړو سترګو، نور څه غواړئ؟
پېرودونکی: همدا بس دئ. څومره پيسې شوې؟
دکان والا: اتيا افغانۍ.

Exercise 12:

پېرودونکی – سترې مه شې، ګازرې په څو دي؟
دکان والا – کيلو په **۳۵** افغانۍ .
پېرودونکی – کيلو په ۳۰ نه کېږي؟
دکان والا – والله صاحب، کيلو په ۳۰ د خريد بيه ده، که په دې قيمت وپلورم، زما ګذاره نه کېږي.
پېرودونکی – ښه نو، زه نور شيان هم اخلم، مراعات به وکړې، يا ستا په دکان کښې قيمتونه فيکس دي؟
دکان والا – مالومداره، صاحب، مراعات به وکړم، نور څه درکم ؟
پېرودونکی – ښه، ګوره، دوه کيلو ګازرې، صحيح صحيح راکړه، خوسا مه اچوه.
دکان والا – ټول ښه دي. ښه، نور څه درکم؟
پېرودونکی – يو پاو رومي، يوه ګېډۍ نوش پياز، دوه کيلو کچالو، يو کيلو ګازرې او يو دانه کرم راکه. څومره پيسې شوې؟
دکان والا – ټول سره يو ځای حساب کړم؟ ښه، رومي **۴۵** افغانۍ، نوش پياز ۲۰، کچالو ۷۰، ګازره **۳۵** او کرم ۶۰ افغانۍ. ټول دوه سوه دېرش افغانۍ شوې. تاسې ۲۲۰ راکړئ او بس.
پېرودونکی – ښه ، لس روپۍ زما مراعات دي؟ کور مو ودان. دا دي ، واخله.

Exercise 13:

درنو اورېدونکو، اوس د هېواد په مختلفو ښارونو کښې د خوراکي موادو د قيمتونو راپورته غوږ ونيسئ:
غوښه: په کابل کښې کيلو **۵۲۵** افغانۍ، په کندهار کښې **۴۹۵**، په مزار کښې **۳۵۰**.
کچالو: په کندز کښې سېر ۳۰۰ افغانۍ، په غزني کښې ۲۹۰، په کابل کښې ۳۶۰.
مالته: په جلال آباد کښې سېر **۲۵۰** افغانۍ، په کابل کښې **۴۵۰**، په هرات کښې **۵۵۰**
.
وريجې: په اسدآباد کښې کيلو ۳۸۰ ، په مزار کښې ۴۲۰، په کابل کښې ۴۰۰.
شفتالو: په کابل کښې **۷۵**، په کندهار کښې **۴۵**، په هرات کښې ۶۰.

د کندهار بې دانه انار: په کندهار کښې کيلو ۸۵ افغانۍ ، په کابل کښې ۱۱۰، په جلال آباد کښې ۲۱۰ .
هيله کېږي چې د هېواد تجاران په خپلو سوداګري کارونو کښې له دې معلوماتو نه کار واخلي.

Exercise 16:

- زما نوم نسيم ده، زه سنځلي خرڅوم.
- پنځوس روپۍ کيلوګرام.
- دا کوم ځاى والا دي، کوم ځاى دي، کيلو څو ده؟
- دا کيلو پنځوس روپۍ.
- پنځوس روپۍ.
- يو چارك تول کړه.
- يو چارك؟
- هو.
- دغه غټې غټې، دغه واچوه، غټې دې تول په سر اچولي دي.
- نه، تول يو شى ده، ماما.
- څو روپۍ سوې؟
- پنځه اتيا.

CHAPTER 8

Exercise 3:

Afghan circle hat	Afghan national pants	belt	coat	footwear	high boot
پکول	پرتوګ	کمربند	کرتۍ	پاپوش	موزه
jacket	Kandahar hat	overcoat	pants	plastic sandals	scarf
جاکټ	کندهاري خولۍ	بالاپوش	پتلون	پلاستيکي څپلۍ	دسمال
shawl	shirt	shoes	skirt	socks	men's suit women's suit
بټو	کميس	بوټ	لمن	جرابه	دريشي، جاکټ لمن
suit shirt, dress shirt	tie	t-shirt	turban	veil	vest
يخنقاق	نيکټايي	بنيان	بګړۍ	څدرۍ	واسکټ

Exercise 14:

دکانوالا – ښه راغلاست صاحب، څه امر و خدمت؟
پېرودونکی – وروره ، تور رنګه دريشي لرې؟
دکانوالا – بلې هو صاحب ، دوه قسمه تور رنګه دريشي لرو. يوه يې يو رنګه ده او

بله يې راهداره ده. دواړه وګورئ، کومه يوه چې ستاسو خوښه شوه هغه واخلئ.
پېرودونکی – ښه، راځه چې ويې ګورم.
دکانوالا– دربشي ګانې دلته دي صاحب، دا سائز ستاسو په ځان برابر ښکاري، دا وګورئ.
پېرودونکی – دا خو لږ تنګه ده، يوه نومره لويه راکه.
دکانوالا– ښه صاحب، دا ده. اجازه راکړئ چې ويې ګورم. هو، دا ستاسوپه ځان برابره ده.
پېرودونکی – خير وېسي، دغه ماته وپېچه.
دکانوالا– دې دربشۍ ته مناسب ډېر ښه يخنقاق هم لرو، که ستاسو خوښ دئ ويې ګورئ، اصل مال دئ.
پېرودونکی – رښتيا چې يخنقاق هم پکار دئ، سپين دي؟
دکانوالا– بلې هو، يورنګه سپين چې آسماني خطونه لري. فکر کوم خط لرونکی ښه راځي.
پېرودونکی – ښه، له دواړو نه يوه يوه دانه راکه، زما په سايز خو پوهېږې.
دکانوالا– مالومداره صاحب. که دربشي يا يخنقاق ستاسو خوښ نه شو، نو يوه هفته وخت لرئ چې په بل رنګ يې بدل کړئ يا پيسې بېرته واخلئ. يوازې رسيد وساتئ. بې له رسيد ه يې مونږ نه شو بدلولای.
پېرودونکی – ښه ، مننه، د خدای پامان!
دکانوالا– په مخه مو ښه، صاحب، هر کله راشئ!

Exercise 15:

جان – ببرکخانه، زه غواړم يو څه جامې واخلم، ته خو به زما سره به مرسته وکړې؟
ببرك – ولې نه؟ خامخا به مرسته وکړم. اما ووايه، ته خو هر ډول پوښاك لرې، ولې بيا نور هم اخلې؟
جان – ببرکخانه، زه خو جامې لرم، خو دا ټول امريکايي فېشن دي. زه غواړم چې په کابل کښې افغاني کالي واغوندم.
ببرك – اوس پوه شوم، ښه خبره ده. کوم قسم پوښاکونه ستا پکار دي؟
جان – لکه دربشي، کميس پرتوګ، واسکټ، پتلون، پکول او نور.
ببرك – پټو او بګړۍ هم اخلې؟
جان – ښايي چې پټوهم واخلم، خو بګړۍ به وا نه اخلم.
ببرك – ښه، راځه چې يو ليست جوړ کړو. ښه، ووايه، لومړی دربشي، صحيح ده؟. دا په فروشګاه يا کابل سيټي سنټر کښې واخلو.
جان – هلته ګرانه نه ده؟ په دکان يا بازار کښې نه پيدا کېږي؟
ببرك – پيدا خو کېږي، اما د فروشګاه او سيټي سنټردربشي ګانې په جنسيت ښې دي.
جان – ښه، پوه شوم.
ببرك – پتلون د نوي ښار په دکانونو کښې اخيستلای شو، واسکټ او پکول به له بازار څخه واخلو.
جان – واسکټ خياط ته سپارښت ورنه کړو؟ په خياطۍ کښې واسکټونه نه ګنډي؟
ببرك – ګنډي يې، مګر په بازار کښې د واسکټونو نوي نوي مودلونه دي، ته کولای شې چې د خپلې سليقې سره يې سم غوره وکړې.
جان – هو، دا هم سمه خبره ده. کميس پرتوګ ستا نه هېر نه شول؟ هغه به چيرې واخلو؟
ببرك – دا به ګنډونکي ته سپارښت وکړو. په خياطۍ کښې به ته پخپله ټوکر موډ غوره وکړې، ګنډونکی به ستا اندازه واخلي او و به يې ګنډي.
جان – راځه چې له کميس پرتوګ څخه پيل کړو.
ببرك – ښه دئ، ځه چې ځو، په نوي ښار کښې زه يو تکړه ګنډونکی پېژنم، هلته به ولاړ شو.

Exercise 24:

پېرودونکی: دغه خولۍ په څو دي، انډيواله؟
دکان والا: کومه خولۍ؟
پېرودونکی: هغه خولۍ.
دکان والا: دا؟
پېرودونکی: هو.
دکان والا: درې نيم سوه.
پېرودونکی: څو؟
دکان والا: درې نيم سوه.
پېرودونکی: او دا په څو دي، دا؟ اويا روپۍ؟ هغه په څو ده، قندهاري خولۍ؟ څو؟
دکان والا: درې نيم سوه.
پېرودونکی: دا په څو دي، دا؟
دکان والا: دا پينځه ويشت روپۍ.
پېرودونکی: پينځه ويشت روپۍ؟ يوه دانه د دغې راکيي.
لومړۍ ښځه: دا وروستۍ راکه.
دوهمه ښځه: دا مختلف سايزو کښې دي که يو سايز؟
لومړۍ ښځه: ددې غټې وړوکی شته؟
دوهمه ښځه: دې نه غټې شته؟ نه، په همدې رنګ؟
لومړۍ ښځه: په دې رنګ؟
دکان والا: په دې رنګ غټې نشته.
پېرودونکی: نرخ يې ووايه ورته انډيواله.
دکان والا: درې نيم سوه، که نه.

Exercise 25:

ښځه: سلام، څنګه ياستئ؟
ګندونکی: څنګه، ښه؟ تشکر.
ښځه: مونږه دغه دوې دانې تکې راوړې.
ګندونکی: څه وخت مو پکار دي؟
ښځه: دا يو، دغه نږدې ورځو کښې، دغه يوه هفته وروسته که کولای شئ مونږته يې را کړئ.
ګندونکی: ښه، دا نو، نن خو پنجشنبه ده که نه؟
ښځه: هو.
ګندونکی: بله پنجشنبه صحيح ده؟
ښځه: پنجشنبه صحيح ده. تاسې کتلاك، چه شی لرئ؟
ګندونکی: کتلاك راوړه، څه کتلاك، پنجابې که جمپر دامن؟
ښځه: نه، جمپر دامن. دغسې يو شی که نه؟ دغسې يو شی غواړې؟
پېغله: هوه.
ښځه: دغسې يو شی غواړو.
ګندونکی: کوم شی؟
ښځه: دغسې، دا شين.
ګندونکی: او بل څنګه جوړوئ؟ دغسې جمپر دامن جوړ کړم؟ لمنه چاك لري؟
ښځه: هو، چاك شا ته يې.

ګندونکی: دا د جمپر دامن کېږي درې سوه روپۍ او کميس کېږي دوه سوه.
پېغله: درې سوه روپۍ ډېر نه دي؟
ګندونکی: نه،نه، خو، همدا اجوره ده.
پېغله: بېخي ډېر ګران دئ.
ښځه: دا مونږ اول ځل دئ تاسوته کالي راوړي، يو څه مراعات زمونږ وکئ.
ګندونکی: يوه خبره کوو دا د مراعات خبره ده، همدغه ستاسو مراعات دي.
ښځه: دغه مراعات ده؟ د مراعات ګنجايش نشته نو پکې، ها؟
ګندونکی: جمپر دامن دې يو سلو اتيا روپۍ، خير، دوه سوه اتيا، کميس دې يو سلو نوي.
ښځه: کميس دې يو سلو پنځوس او هغه دې چې دوه سوه اتيا ويلي وو، هغه يو نيم سل صحيح ده.
ګندونکی: دا بيا مونږ ته واره نه کيږي. کميس ستاسو ده؟
ښځه: جمپر دامن.
ګندونکی: دا جمپر دومره صحيح ده؟ شا دې راوړه، لاسونه. بغل دې چسپ وي که نه؟ چسپ صحيح ده؟ کمر دې څنګه؟ دا اوږدوالی صحيح ده؟ کمر دې څنګه، لاشتيك به يې که کمربند؟
پېغله: کمربند.
ګندونکی: کمر دې دلته دئ، داسې صحيح ده؟ ستاسو ختم شو. څوك په نوم وليکم؟
پېغله: علينا.
ګندونکی: ستاسو کميس ده که نه؟
ښځه: هو زما کميس ده.
نارينه غږ: ډېره مننه.
ګندونکی: تشکر.
ښځه: ډېر زيات تشکر، د خدای په امان.

Exercise 26:

- ته څنګه يې وروره، ښه يې، په خير يې، ساعت دې تېر دئ، مريض سوی خو نه يې؟ شپې ورځې دې ښه په خير تېرېږي؟ ستړي مسې، څه حال دئ، په خير ياست؟ شکر دئ، فضل د خدای دئ. څه حال دئ، ساعت دې تېر دئ؟ شکر دئ.
- دا خپل دا بوټ څه خراب سوي دي، شکېدلي دي، يو ښه بوټ به ماته راکيې.
- دا دي وروره، د خدای بنده دکان د بوټو ډك دئ، ښو ښو بوټونه دي. دغه دې پکار دئ، دغه دې پکار دئ؟ ستاسي د ډرېورانو لپاره دا سپك بوټونه صحيح دي، يو څه سپك دي.
- دغه تور بوټ راکه.
- دا درکم؟
- هو.
- دا به ستا په پښو و نه سي.
- وبه سي.
- ته په پښو که.
- بيا که دا بوټ په پښه وسي، دغه ښه بوټ دئ.
- په پښه دې سم دئ، سم دئ. بالکل دې په پښو سم دئ، ډېر خوندور بوټ دئ. ښه چرم دئ، مثال ډېر کار به در ته کيې.
- ښه.

- نو، هو، د ده چینایي څخه شی دئ، ښه ټینګ دئ.
- ښه، اوس ووایه، ماته په څو راکیي، وروره؟
- دا به ستا د پاره ګرد سره پروا نه لري، وروره.
- یه، یه.
- ستا د پاره دا ورکوم په اووه سوه روپۍ.
- اووه سوه ډېر دي.
- زمونږ او ستاسي پښتنو به یوه خبره یي، چنه خو سته.
- بس یوه پنځه سوېزه درکوم، بالاڅه مه وایه.
- یو پنځه سوېز بېخي لږ دئ، زما وروره.
- بالاڅه مه وایه.
- ښه، پروا نه لري.
- مونږ یي سیف کوو، ستا به وي خامخا.
- هو، ستا بلا دي واخلي.
- مونږ ډرېوران خلك سیل کوو. ډالر درکم که افغانۍ؟
- افغانۍ راکه.
- ډالر په څو وایي؟
- ډالر خو په څلوېښت دئ که پنځه څلوېښت دئ، هو، پنځه څلوېښت دئ.
- یا افغانۍ؟
- هو، افغانۍ راکه، ډالر به څه کوم، دا افغانۍ سمه ده.

APPENDIX C: PASHTO-ENGLISH GLOSSARY

Guide for glossary usage

The explanatory tools for the glossary in this volume are the same as in volume 1, except for verbs.

The verb entries in this volume provide the following forms in the parentheses, respectively:

- present imperfective third person;
- simple past imperfective third person masculine singular;
- simple past perfective third person masculine singular.

go (v)	تلل (ځي، تیٔ / ته، ولاړ)
do (v)	کول (کوي، کاوه، وکړ)

Past imperfective and perfective forms change in gender and number to agree with the related noun.

There is conjugation of the verb تلل with different noun subjects:

تیٔ / ته، ولاړ with a masculine singular subject
تلله، ولاړه with a feminine singular subject
تلل، ولاړل with a masculine plural subject
تللې، ولاړلې with a feminine plural subject

Transitive verbs in the past tense take the ergative construction agreeing with a direct object.

There is conjugation of the verb کول with different noun objects:

کاوه، وکړ with a masculine singular object
کوله، وکړه with a feminine singular object
کول، وکړل with a masculine plural object
کولې، وکړې / وکړلې with a feminine plural object

الف	
championship, tournament (n)	اتلولي (ښ)
Atan (an Afghan national dance) (n) ~ dancer (n) perform ~ (v)	اتڼ (ن) اتڼچي (ن) ~ کول
supposition, guess (n) suppose, estimate, consider (v) be supposed, estimated, considered (v)	اټکل (ن) اټکلول (اټکلوي، اټکلاوه، اټکل کړ) اټکلېدل (اټکلېږي، اټکلېده، اټکل شو)
fulfillment (n) be fulfilled (v)	اجرا (ښ) ~ کېدل
wage, payment (n)	اجوره (ښ)
put, place, throw (v)	اچول (اچوي، اچاوه، واچاوه)
respect (n) respect (v)	احترام (ن) ~ کول
feel (v)	احساس کول
holiday (religious) (n) fasting holiday (n) sacrifice holiday (n)	اختر (ن) کوچنی ~ لوی ~
experiencing (something) (adj) experience (something)	اخته ~ کېدل
take, buy (v)	اخيستل (اخلي، اخيست، واخيست)
politeness, breeding; etiquette (n)	ادب (ن)
stop; base (n) bus stop (n)	اډه (ښ) د سروېس ~
cheap (adj)	ارزان (ارزانه، ارزانې)
value (n) apprise (v)	ارزښت (ن) ~ ورکول
need, necessity (n) have a need (v)	اړتيا (ښ) ~لرل
connection, relationship (n) in connection with Navruz	اړه (ښ) د نوروز په ~

relationship, connection (n)	اړيکی (ن)
test (v)	ازمويل (ازمويي، ازمويه، وازمويه)
exam, test (see also امتحان) (n)	ازموينه (ښ)
aspirin (n)	اسپيرين (ن)
representative (n)	استازی (ن)
rest (n) rest, relax (v)	استراحت (ن) ~ کول
use, utilize (v) use for food	استعمالول (استعمالوي، استعمالاوه، استعمال کړ) په خوراك ~
appetite (n)	اشتها (ښ)
origin (n) original goods, item (n)	اصل (ن) ~ مال (ن)
originally, in fact	اصلاً
declaration (n)	اعلاميه (ښ)
announcement; advertisement (n)	اعلان (ن)
officer (n)	افسر (ن)
pity (n)	افسوس (ن)
x-ray (n)	اکسری (ن)
exam, test (see also ازموينه) (n) take exam (v)	امتحان (ن) ~ ورکول
privilege, advantage (n) grant privilege (v)	امتياز (ن) ~ ورکول
command (n)	امر (ن)
chance, possibility (n)	امکان (ن)
reason; cause (n) because of…	امل (ن) د … له امله
pomegranate (n)	انار (ن، م، ج)
analgesic (n)	انالجين (ن)
pineapple (n)	اناناس (ن)
elect, choose (see also ټاکل) (v) be elected, be chosen (v)	انتخابول (انتخابوي، انتخاباوه، انتخاب کړ) انتخابېدل (انتخابېږي، انتخابېده، انتخاب شو)

anthropology (n)	انټروپولوجي (ښ)
transport (v) be transported (v)	انتقالول (انتقالوي، انتقالاوه، انتقال کړ) انتقالېدل (انتقالېږي، انتقالېده، انتقال شو)
antibiotic (n)	انټي بيوتيك (ن)
picture (n)	انځور (ن)
thought, opinion (n) in my opinion	اند (ن) زما په ~
amount, size (n)	اندازه (ښ)
energy (n)	انرژي (ښ)
insulin (n)	انسولين (ن)
yard (n)	انګړ (ن)
English (adj)	انګليسي / انګرېزي
grape (n)	انګور(ن، ج)
water (n) melt (v) drinking ~	اوبه (ښ،ج) ~ کېدل د څکلو ~
iron (v)	اوتو کول
high (adj)	اوچت (اوچته، اوچتې)
fire (n) light a fire (v) firework (n)	اور (ن) ~ اچول اورلوبه (ښ)
barley (n)	اوربشې / اربشې (ښ،ج)
palm (n)	اورغوی (ن)
read out (v)	اورول (اوروي، اوراوه، واوراوه)
hear; listen (v)	اورېدل[awredə́l] (اوري [áwri]، اورېده، واورېد [wā́wred])
fall (of precipitation) (v)	اورېدل[uredə́l] (اوري [úri] / اورېږي[uréẓ̌i] ، اورېده، واورېد[wúured]
listener (n)	اورېدونکی [awredúnkay] (ن)
mustard (n)	اوري [áwri]

cloud (n)	اوريځ (ښ)
flour (n) wheat ~	اوړه (ن،ج) د غنمو ~
summer (see also دوبی) (n)	اوړی (ن)
long (adj) length (n) bench (n)	اوږد (اوږده [úžda]، اوږده [úždə]، اوږدې) اوږدوالی (ن) اوږده څوکۍ
shoulder (n)	اوږه (ښ)
live (v) resident (n)	اوسېدل (اوسېږي / اوسي، اوسېده، واوسېده) اوسېدونکی (ن)
state (as in USA)	ايالت (ن)
take out, extract (v) take out (v)	ايستل (باسي، ايست، وايست) را ~(راباسي، راوايست)
seem to be, appear to be (v)	ايسېدل (ايسي، ايسېده، وايسېده)
put, put down (v)	اېښودل (ږدي، کښېښود)
liver (n)	اينه (ښ)
iodine (n)	ايودين (ن)
make fly (v)	الوزول (الوزوي، الوزاوه، والوزاوه)
	آ
climate; weather (n)	آبو هوا (ښ)
pickles (n)	آچار (ن)
etiquette (pl from ادب) (n)	آداب (ن،ج)
free (adj)	آزاد (آزاده، آزادې)
horse (n) horse-race (v)	آس (ن) ~ ځغلول (ځغلوي، ځغلاوه، وځغلاوه)
easy (adj)	آسان (آسانه، آسانې)
sky (n) blue (adj)	آسمان (ن) آسماني، آسماني رنګه
ashak (boiled ravioli) (n)	آشك (ن)

potato (see also کچالو) (n)	آلو (ن)
plum (n)	آلوچه (ښ)
preparation (n) make ~s (v)	آماده ګي (ښ) ~ نیول
ice cream (see also شیریخ) (n)	آیس کریم (ن)
	ب
wind (n) light wind, breeze (n)	باد (ن) نری ~
cucumber (n)	بادرنګ (ن)
body-building (see also د بدن ښکلا) (n)	باډي بیلډینګ (ن)
rain (n) rainy (adj); raincoat (n)	باران (ن) باراني
cheek (n)	بارخو (ن)
basketball (n)	باسکتبال (ن)
garden (see also بڼ) (n)	باغ (ن)
overcoat (n)	بالاپوښ / بالاپوش (ن)
finally	بالاخره
pillow (n)	بالښت (ن)
okra (see also بېنډۍ) (n)	بامیه (ښ)
lose (v)	بایلل (بایلي، بایلود، وبایلود)
steam; vapor (n)	بخار (ن)
tip; gift, present (n)	بخشش (ن)
forgive (v) forgiveness (n) beg forgiveness, ask pardon (v)	بخښل (بخښي، باخښه، وباخښه) بخښنه (ښ) ~ غوښتل
ugly (adj)	بدرنګه
compensation (n)	بدل (ن)
change, exchange (v)	بدلول (بدلوي، بدلاوه، بدل کړ)
body (n) beauty of the ~, ~-building (n) body parts (n)	بدن (ن) د ~ ښکلا د ~ غړی

bodily, corporal (adj) body training (n)	بدني ~ روزنه
equal; appropriate (adj)	برابر (برابره، برابرې)
part, piece (n) take part, participate (v)	برخه (ښ) ~ اخیستل
brush (n) brush (v)	برس (ن) ~ کول
on the contrary	برعکس
avalanche (see also د واورو ښویېدنه) (n)	برف کوچ (ن)
electricity; lightning bolt (see also برېښنا) (n)	برق (ن)
many-colored, partly cloudy (adj)	برګ [brag](برګه، برګې)
mustache (n)	برېت (ن)
strike (lightning) (v)	برېښېدل (برېښي، برېښېده، وبرېښېده)
attack, assault (n)	برید (ن)
victorious (adj) success, victory (n)	بریالی (بریالۍ، بریالي) بریالیتوب (ن)
attacker (n)	بریدګر (ن)
be put in the hospital (v)	بستري کېدل
accomplish, complete (v)	بشپړول (بشپړوي، بشپړاوه، بشپړ کړ)
plate (n)	بشقاب (ن)
embrace (n)	بغل (ن)
besides	بغیر
turban (n)	بګړۍ (ښ)
bill (n)	بل [bel] (ن)
another day after tomorrow	بل[bəl] ~ سبا (ښ)
but, but also	بلکه
consider; name; call (v)	بلل (بولي، باله، وباله)
garden (see also باغ) (n)	بڼ (ن)
basis; foundation (n)	بنسټ (ن)

t-shirt (n)	بنيان (ن)
shoe (n) put on shoes (v)	بوټ (ن) بوټونه په پښو کول
busy (adj)	بوخت (بوخته، بوختې)
be engaged in, be busy (v)	بوختېدل (بوختېږي، بوختېده، بوخت شو)
old man (n)	بوډا (ن)
old woman (n)	بوډۍ (ښ)
brown (adj)	بور [bor] (بوره، بورې)
granulated sugar (see also شکره) (n)	بوره (ښ)
sack (n)	بورۍ (ښ)
boxing (see also سوك وهل) (n)	بوکسینګ (ن)
bulaani (type of pie) (n) spinach ~	بولانۍ (ښ) د پالکو ~
smell (v)	بویول (بویوي، بویاوه، بوی کړ)
seedless (adj)	بې دانه
undoubtedly	بې شکه
absolutely, completely Long time no see.	بېخي ~ نه ښکارې
okra (see also بامیه) (n)	بېنډۍ (ښ)
poor, helpless (adj)	بېوزلی (ن)
without feeling, unconscious (adj)	بېهوښ (بېهوښه، بېهوښې)
badminton (n)	بیدمینټن (ن)
sleeping (adj) sleep, fall asleep (v)	بیده[bidə́] (بیده [bidá] ، بیدې) بیدېدل (بیدېږي، بیدېده، بیده شو)
hurry, be in hurry(v)	بیړه کول
international (see also نړیوال) (adj) ~ relations (n)	بین المللي ~ اړیکې

lead, take to (v)	بیول (بیایي، بیوه، بوت / بوته)
price (see also قیمت)	بیه (ښ)
پ	
footwear (n)	پاپوش (ن)
remaining (adj) stay, remain (v)	پاتې ~ کېدل
flake (of snow); puff (of smoke) (n)	پاغونده (ښ)
clean (adj) clean; dry off (v)	پاك (پاکه، پاکې) پاکول (پاکوي، پاکاوه، پاك کړ)
spinach (n)	پالك (ن)
attention (n) pay attention (v)	پام (ن) ~ کول
care; attention (n) take care; pay attention (v)	پاملرنه (ښ) ~ کول
dress (medical) (v)	پانسمان کول
leaf; sheet (of paper) (n)	پاڼه (ښ)
pants (n) jeans (n)	پتلون / پطلون (ن) کاوبايي ~
butterfly; kite (n) fly a kite (v) kite runner (n)	پتنګ (ن) ~ الوزول پتنګباز (ن)
address (n)	پته (ښ)
potato (see also کچالو) (n)	پټاټې (ښ،ج)
shawl (n)	پټو (ن)
hide (v) be hidden (v)	پټول (پټوي، پټاوه، پټ کړ) پټېدل (پټېږي، پټېده، پټ شو)
cook (v) be cooked; ripen (v)	پخول (پخوي، پخاوه، پوخ کړ) پخېدل (پخېږي، پخېده، پوخ شو)
compare (v)	پرتله کول
pants (national) (n)	پرتوګ (ن)

sneeze (v)	پرنجی وهل/ پرنجېدل (پرنجېږي، پرنجېده، وپرنجېد)
protein (n)	پروتین (ن)
last year, past year	پروسږ کال (ن)
injury, wound (n) sporting/sports ~	پرهار (ن) سپورتي ~
leave, let; abandon (v)	پرېښودل (پرېږدي، پرېښود)
wash (v)	پرېمينځل (پرېمينځي، پرېمينځه)
phase, stage (n)	پړاو (ن)
spring (n)	پسرلی (ن)
kidney (n)	پښتورګی (ن)
foot (n)	پښه (ښ)
pakol, hat (n)	پکول (ن)
time (one time, two times, etc.) (n)	پلا (ښ)
plastic (adj)	پلاستيکي
plan (n)	پلان (ن)
search for; investigate (v) search; investigation investigate (v)	پلټل (پلټي، پلاټه، وپلاټه) پلټنه (ښ) ~ کول
sell (v) seller, vendor (n) street vendor (n)	پلورل (پلوري، پلوره، وپلوره) پلورونکی (ن) ګرځنده ~
pod (n) a ~ of a red pepper	پلۍ (ښ) یوه ~ سره مرچ
walking, on foot (adj)	پلی (پلې، پلي)
fork (n)	پنجه (ښ)
cheese (n)	پنير (ن)
up, upwards lift (up) (v)	پورته ~ کول
upper; above (cited)	پورنتی(پورنتۍ،پورنتني)
nose (n)	پوزه/ پزه (ښ)

postcard (n)	پوست کارټ (ن)
skin (n)	پوستکی (ن)
peel (v)	پوستول (پوستوي، پوستاوه، پوست کړ)
clothing, wear (n)	پوښاك / پوشاك (ن)
ask (question) (v) (see also (پوښتنه کول)	پوښتل (پوښتي، پوښته، وپوښته)
question (n) ask a question; question (v)	پوښتنه (ښ) ~ کول
police, policeman (n) police station (n) traffic police (n)	پوليس (ن م،ج) د ~ خانګه د ترافيك ~
understand (v)	پوهېدل (پوهېږي، پوهېده، پوه شو)
wrestling (see also غېږ نيول) (n)	پهلواني (ښ)
injection, shot (n) give a shot (v)	پيچکاري (ښ) ~ کول
wrap (v)	پېچل (پېچي، پېچه، وپېچه)
buyer (n)	پېرودونکی (ن)
cream (n)	پېروی (ن)
century (n)	پېړۍ (ښ)
know, recognize (v)	پېژندل (پېژني، پېژانده، وپېژاند)
waiter (see also ګارسون) (n)	پېشخدمت (ن)
offer, suggest (v) (see also وړانديز کول)	پېشنهاد کول
happen, occur; run into (v)	پېښېدل (پېښېږي، پېښېده، پېښ شو)
onion (n)	پياز (ن)
cup (n)	پياله (ښ)
outstanding, strong, powerful (adj)	پياوړی (پياوړې، پياوړي)
snub-nosed (adj)	پيت پوزی

find (v) be founded, born (baby) (v)	پيدا کول پيدا کېدل
beginning (see also شروع) begin, start (v) be begun, started (v)	پيل (ن) پيلول (پيلوي، پيلاوه، پيل کړ) پيلېدل (پيلېږي، پيلېده، پيل شو)
	ت
hurry (n) in ~	تادي (ښ) په ~
pay, make payment (v)	تاديه کول
history; date (also see: تاريخ) (n) historic (adj)	تاريخ (ن) تاريخي
fresh (adj)	تازه
thunder (n)	تالنده (ښ)
be provided (v)	تامينېدل (تامينېږي، تامينېده، تامين شو)
fever (n)	تبه (ښ)
technical (adj)	تخنيکي
fulfill, complete (v) be fulfilled, completed (v)	تر سره کول تر سره کېدل
order (n) in the order	ترتيب (ن) په ~ سره
vegetables, herbs (n)	ترکاري (ښ)
thermos (n)	ترموز (ن)
repair (n) repair (v)	ترميم (ن) ترميمول (ترميموي، ترميماوه، ترميم کړ)
watercress (n)	تره تېزک (ن)
bitter (adj)	تريخ (ترخه، ترخه، ترخې)
bind; close (v)	تړل (تړي، تاړه، وتاړه)
diagnosis (n) check up, diagnose (v)	تشخيص (ن) تشخيصول (تشخيصوي، تشخيصاوه، تشخيص کړ)

explain, comment, describe (v)	تشريحول / تشريح کول (تشريحوي / تشريح کوي، تشريحاوه، تشريح کړه)
poor (adj)	تشلاسی (ن)
imagine (v)	تصور کول
describe (v)	تعريفول (تعريفوي، تعريفاوه، تعريف کړ)
educated (adj)	تعليم يافته
repeat (v)	تکرارول (تکراروي، تکراراوه، تکرار کړ)
disturbance, trouble (n)	تکليف (ن)
taekwondo (n)	تکوانډو (ښ)
cloth, piece of cloth (see also ټوکر)	تکه (ښ)
arrival, going (n)	تګ (ن)
quilt (n)	تلتك (ن)
pronunciation (n) pronounce (v) be pronounced (v)	تلفظ (ن) ~ کول ~ کېدل
go (v)	تلل [tləl](ځي، تئ/ ته، ولاړ)
weigh (v)	تلل[talál](تلي،تاله،وتاله)
hurry, rush (n) in a hurry	تلوار (ن) په ~
exercise (n)	تمرين (ن)
be held up, stand (v)	تمېدل (تمېږي، تمېده، تم شو)
salary (n)	تنخواه (ښ)
lightning bolt (n)	تندر (ن)
forehead (n)	تندی (ن)
order, arrange (v)	تنظيمول (تنظيموي، تنظيماوه، تنظيم کړ)
teenager, youngster (adj)	تنکی (تنکۍ، تنکي)
narrow; tight, small (clothing)	تنګ (تنګه، تنګې)
bread oven (n)	تنور (ن)

ball; artillery gun (n)	توپ (ن)
difference (n)	توپیر (ن)
mulberry (n) strawberry (n)	توت (ن) مځکنی ~
warm, hot (see also گرم) (adj)	تود (توده، تاوده، تودې)
heat, temperature (see also حرارت) (n)	تودوخه (ښ)
eggplant (n)	تور بانجڼ (ن)
tournament (n)	تورنمنټ (ن)
scrape, hew, plane (v)	تورل (توري، توره، وتوره)
recommend, prescribe (v)	توصیه کول
produce (v) be produced (v)	تولیدول (تولیدوي، تولیداوه، تولید کړ) تولیدېدل (تولیدېږي، تولیدېده، تولید شو)
pour (intransitive) (v)	تویېدل (تویېږي، تویېده، توی شو)
threat (n)	تهدید (ن)
past (adj) spend (v) pass, cross (v)	تېر (تېره، تېرې) تېرول (تېروي، تېراوه، تېر کړ) تېرېدل (تېرېږي، تېرېده، تېر شو)
oil (n) vegetable ~	تېل (ن، ج) نباتي ~
preparation (n) make ~ (v) prepare (v)	تیاري (ښ) ~ نیول تیارول (تیاروي، تیاراوه، تیار کړ)
scattered, dispersed (adj)	تیت و پرك (تیت و پرکه، تیت و پرکې)
ټ	
elect, chose (see also انتخابول) (v)	ټاکل (ټاکي، ټاکه، وټاکه)
swing (n) rainbow (n)	ټال (ن) د بوډۍ ~
wounded, injured (adj)	ټپي

chest (see also ځیګر) (n)	ټټر (ن)
crush (n) crush (v)	ټکر (ن) ~ کول
jump (n) jump (v)	ټوپ (ن) ~ وهل
gun, rifle (n)	ټوپك (ن)
piece (n) tear, cut to pieces(v)	ټوټه (ښ) ~ کول
cough (v)	ټوخېدل (ټوخېږي، ټوخېده، وټوخېد)
fabric, cloth, piece of cloth (see also تکه) (n)	ټوکر (ښ)
basket (n) basketball ~ (n)	ټوکرۍ (ښ) د باسکېټبال ~
group, class (n)	ټولګی (ن)
society (n) Afghan ~	ټولنه (ښ) افغاني ~
turnip (see also شلغم) (n)	ټېپر (ن)
taekwondo (n)	ټېکواندو (ښ)
tennis (n) play tennis (v)	ټېنیس/ ټېنس (ن) ~ کول
low (adj)	ټیټ (ټیټه، ټیټې)
team (see also لوبډله) (n)	ټیم (ن)
ث	
second (time) (n)	ثانیه (ښ)
stability (n)	ثبات (ن)
ج	
jacket (see also جمپر) suit (lady's)	جاکټ (ن) جاکټ لمن (ښ)
net (n)	جال (ن)
table, chart (n)	جدول (ن)
serious (adj)	جدي
socks (n)	جراپه (ښ)
surgeon (n)	جراح (ن)
flow; process (n)	جریان (ن)
body (n)	جسم (ن)

holiday (n)	جشن (ن)
high, tall (adj)	جګ (جګه، جګې)
jacket, pullover (see also جاکټ) suit (f)	جمپر (ن) جمپر لمن (ښ)
calendar (n) Gregorian ~ (n) Hijri ~ (n)	جنتري (ښ) مېلادي ~، زېږېدېزه ~ هجري ~
quality (applied to material items) (n)	جنسيت (ن)
judo (n)	جوډو / جيدو (ښ)
healthy (adj) build (v) be built (v)	جوړ (جوړه، جوړې) جوړول (جوړوي، جوړاوه، جوړ کړ) جوړېدل (جوړېږي، جوړېده، جوړ شو)
pair (n)	جوړه (ښ)
gymnasium (n)	جيمنازيوم (ن)
	چ
environment (n)	چاپېريال (ن)
checkered (adj)	چارخانه
knife (n)	چاړه (ښ)
fat (adj)	چاغ (چاغه، چاغې)
cut, slit (n)	چاك (ن)
tea (n) black ~ green ~	چای (ن) تور ~ شين ~
teapot (n)	چاينکه (ښ)
silent (adj) fall ~ (v)	چپ [čop] (چپه، چپې) چپېدل [čopedә́l] (چپېږي، چپېده، چپ شو)
umbrella (n)	چترۍ (ښ)
sauce (n) cilantro ~	چټني (ښ) ګشنيزي ~، د ګشنيزو ~
tightness (n)	چسپ (ن)
beet (n)	چغندر (ن)
stroll (n) take a ~ (v)	چکر (ن) ~ وهل

hand-washing dish (n)	چلمچي (ښ)
drive (car) (v)	چلول (چلوي، چلاوه، وچلاوه)
bargain (v)	چنه وهل
market squire (n)	چوك (ن)
violet (color) (adj)	چونيا
worm (n)	چينجی (ن)
	ځ
suicide (adj) ~ attack (n)	ځانمرګي ~ بريد
place (n) partly cloudy	ځای (ن) ځای ځای اوريځ
run (v)	ځغستل (ځغلي، ځغاست، وځغاست)
drive, make run (v)	ځغلول (ځغلوي، ځغلاوه، وځغلاوه)
time, turn (n)	ځل (ن)
shine (v)	ځلېدل (ځلېږي، ځلېده، وځلېده)
animal (see also ژوی) (n)	ځناور (ن)
forest (n)	ځنګل (ن)
answer (n) answer, give an answer (v)	ځواب (ن) ~ ورکول
young (adj); youngster (n)	ځوان (ځوانه، ځوانې)
hanging (adj)	ځوړند (ځوړنده، ځوړندې)
stare, gaze (n) stare, gaze (v)	ځير (ن) په ~ کتل
quick on the uptake, clever (adj)	ځيرك (ځيركه، ځيركې)
chest (see also ټټر) (n)	ځيګر (ن)
	څ
drop (n)	څاڅکی (ن)
veil, burqa (n)	څادرۍ (ښ)
observe (v)	څارل (څاري، څاره، وڅاره)

observation (n) medical ~	څارنه (ښ) طبي ~
branch (n)	څانګه (ښ)
sandals (n)	څپلۍ (ښ)
make clear; clarify (v) be clarified, become clear (v)	څرګندول (څرګندوي، څرګنداوه، څرګند کړ) څرګندېدل (څرګندېږي، څرګندېده، څرګند شو)
leather (adj)	څرمي
drink (n) drink (v)	څښاک (ن) څښل (څښل، وڅښل)
smoke (v)	څکول (څکوي، څکاوه، وڅکاوه)
intersection, crossroads (see also چارراهي) (n)	څلورلارې (ن)
elbow (n)	څنګل (ښ)
some more (than)	څه باندي
aside, nearby near ...	څېرمه ... ته ~
appearance, face (n)	څېره (ښ)
	ح
governor (n)	حاکم (ن)
situation; condition (n) weather condition (n)	حالت (ن) د هوا ~
definitely	حتماً
heat, temperature (see also تودوخه) (n)	حرارت (ن)
score (n)	حساب (ن)
piece, part (n)	حصه (ښ)
presence (n)	حضور (ن)
right; belonging to by law (n)	حق (ن)
folk physician (see also یوناني ډاکټر) (n)	حکیم جي (ن)
pond, swimming pool (see also ډنډ) (n)	حوض (ن)

surprised (adj) be surprised (v)	حیران (حیرانه، حیرانې) ~ پاتې کېدل
	خ
abroad (n) foreign (adj)	خارج (ن) خارجي
spotted (adj)	خال خال
empty, free (not occupied) (adj)	خالي
fitting (n)	خام کوک (ن)
whether one wishes it or not; of course	خامخا
owner (n)	خاوند (ن)
piece of news, news; awareness (n) inform (v)	خبر (ن) ~ ورکول
warning (n) warn (v)	خبرداري (ښ) ~ ورکول
word; matter (n) speak (v) talk, converse (v)	خبره (ښ) خبرې کول خبرې اترې کول
publish, print (v) be published, printed (v)	خپرول (خپروي، خپراوه، خپور کړ) خپرېدل (خپرېږي، خپرېده، خپور شو)
sad, upset (adj) become ~ (v)	خپه ~ کېدل
completion, end (n) be completed, be ended (v)	ختم (ن) ختمېدل (ختمېږي، ختمېده، ختم شو)
melon (n)	خټکی (ن)
service (n) serve (v) military service (n)	خدمت (ن) ~ کول عسکري ~
bad; destroyed, spoiled (adj) destroy (v) be destroyed, damaged (v)	خراب (خرابه، خرابې) خرابول (خرابوي، خراباوه، خراب کړ) خرابېدل (خرابېږي، خرابېده، خراب شو)

sell (v) be sold (v)	خرڅول (خرڅوي، خرڅاوه، خرڅ کړ) خرڅېدل (خرڅېږي، خرڅېده، خرڅ شو)
dates (n)	خرما (ښ)
purchase (n) make purchase (v)	خريد (ن) ~ کول
grey (adj)	خړرنګه
private (adj)	خصوصي
open; end, finish (v) be opened; ended, finished (v)	خلاصول (خلاصوي، خلاصاوه، خلاص کړ) خلاصېدل (خلاصېږي، خلاصېده، خلاص شو)
side (n) be nauseous (v)	خوا (ښ) ~ ګرځېدل
sleep (n) sleep (v)	خوب (ن) ~ کول
move, budge (v)	خوځېدل (خوځي / خوځېږي، خوځېده، وخوځېد)
sister (n)	خور (ښ)
food (n) national ~ vegetarian ~ western ~	خوراك (ن) وطني ~ نباتي ~ غربي ~
serving, portion (n)	خوراك (ن)
niece (sister's daughter) (n)	خورځه (ښ)
nephew (sister's son) (n)	خوريی (ن)
eat (v)	خوړل(خوري، خوړ، وخوړ)
pain (n)	خوږ [xwəž] (ن)
hurt (intransitive) (v)	خوږېدل (خوږېږي، خوږېده، خوږ شو)
rotten (adj)	خوسا
glad, happy (adj) happiness (n) have pleasure (v)	خوشاله خوشالي (ن) ~ کول

like, love; choose (v) be liked, chosen (v)	خوښول (خوښوي، خوښاوه، خوښ کړ) خوښېدل (خوښېږي، خوښېده، خوښ شو)
pig (see also سرکوزی) (n)	خوك (ن)
mouth (n)	خوله (ښ)
hat (n) Kandahar hat	خولۍ (ښ) کندهاري ~
tasty (adj)	خوندور (خوندوره، خوندوري)
tailor (see also ګنډونکی) tailor's shop (see also د ګنډونکي دکان)	خياط (ن) خياطي (ښ)
opinion; thought (n) in my opinion, I think	خيال (ن) زما په ~
goodness (n) well-wisher (adj)	خير (ن) خيرخواه (خيرخواهه، خيرخواهې)
	د
rainbow (see also شنه زرغونه) (n)	د بوډۍ ټال (ن)
avalanche (see also برفکوچ) (n)	د واورو ښويېدنه (ښ)
medicine, treatment (n)	دارو (ن)
such, like this; this way	داسې
court (n)	دربار (ن)
degree (n)	درجه (ښ)
pain (n) hurt (v)	درد (ن) ~ کول
eve (n)	درشل (ن)
pharmacy (n)	درملتون (ن)
treatment (n) treat (v)	درملنه (ښ) ~ کول، تر درملنې لاندې نيول
respect (n) sincerely	درناوی (ن) په درناوي
stop (v)	درېدل (درېږي، درېده، ودرېد)

suit (men's) (n)	دريشي (ښ)
tablecloth (n) spread the ~ (v)	دسترخوان (ن) ~ غوړول
gloves (see also لاسماغو) (n) boxing ~	دسکلې (ښ،ج) د بوکسينګ ~
towel; scarf, kerchief (n) napkin (n) head-scarf (n)	دسمال (ن) د لاس ~ د سر ~
steppe; semi-desert (n)	دښت (ن) / دښته (ښ)
enemy (n)	دښمن (ن)
shopkeeper (n)	دکان والا (ن)
nauseous (adj)	دلبدی (دلبدی، دلبدې)
blow, make infusion (v)	دم کول
ahead, before, earlier	دمخه
brew (tea); stew (v)	دمول (دموي، دماوه، دم کړ)
jump (v)	دنګل (دانګي، ودنګل)
continuation; duration (n) continue (v) be continued, last (v)	دوام (ن) ~ ورکول ~ کول، ~ موندل
laundry (n)	دوبي خانه (ښ)
summer (see also اوړی) (n)	دوبی (ن)
custom (n) customary, traditional (adj)	دود (ن) دودیز (دودیزه، دودیزې)
dust (n)	دوړه (ښ)
let, may	دې
diabetes (see also د شکرې ناروغي) (n)	ديابيتيس/ ديابيت (ن)
dialogue (n)	ديالوګ (ن)
	ډ
assurance (n) sure (adj) I am sure, believe	ډاډ (ن) ډاډمن (ډاډمنه، ډاډمنې) ~ يم

be afraid (v)	ډارېدل (ډارېږي، ډارېده، وډارېده / وډار شو)
doctor (n) internist (n) dentist (n) pediatrician (n) folk physician (n)	ډاکټر (ن) داخله ~ د غاښو ~ د کوچنيانو ~ يوناني ~
thick (adj)	ډبل (ډبله، ډبلې)
play, drama (n) playwright (n)	ډرامه (ښ) ~ ليکونکی (ن)
full, filled (adj) fill out (v)	ډک (ډکه، ډکې) ډکول (ډکوي، ډکاوه، ډک کړ)
pond, swimming pool (see also حوض) (n)	ډنډ (ن)
(hockey) stick, bat (n)	ډنډه (ښ)
skinny (adj)	ډنګر (ډنګره، ډنګرې)
kind, type; way (n) various	ډول (ن) ډول ډول
	ذ
flu (see also والګی) (n)	ذکام (ن)
taste (sense of elegance) (n)	ذوق (ن)
intellectual (adj)	ذهني
	ر
since (see also راهيسې)	راپدې خوا
report; forecast (n)	راپوټ / راپور (ن)
future; upcoming, approaching	راتلونکی (راتلونکې، راتلونکي)
rise, come out (sun, rainbow) (v)	راختل (راخېږي، راخاته، راوخوت)
agree, accept (v)	راضي کېدل
gather (v)	راغونډېدل (راغونډېږي، راغونډ شول (ج)
racket (n) tennis ~	راکټ، رکټ (ن) د ټېنس ~
catch; buy (v)	رانيول (رانيسي، رانيوه، راونيو)

come out, go out (flood) (v)	راوتل (راوځي، راووت)
stripped (adj)	راهدار (راهداره، راهدارې)
since (see also راپدې خوا)	راهیسې
cloth; textile (n)	رخت (ن)
be released, take off (from job) (v)	رخصتېدل (رخصتېږي، رخصتېده، رخصت شو)
drop, fall (leaves) (v)	رژېدل (رژېږي، رژېده، ورژېده)
parade (n)	رسم ګذشت (ن)
deliver; take to (v) arrive, reach (v)	رسول (رسوي، رساوه، ورساوه) رسېدل (رسېږي/ رسي، رسېده، ورسېد)
receipt (n)	رسید (ن)
truth (n)	رښتینولي (ښ)
humidity (n)	رطوبت (ن)
roll, roll down (v)	رغښتل (رغړي، رغاړه، ورغښت)
light; brightness (n)	رڼا (ښ)
colored, multi-colored; colorful (adj)	رنګین (رنګینه، رنګینې)
custom (n)	رواج (ن)
going; current (adj)	روان (روانه، روانې)
training (n) physical development (n)	روزنه (ښ) بدني ~
be accustomed, addicted (v)	روږدېدل (روږدېږي، روږدېده، روږد شو)
bright, light, turned on (adj) turn on (v)	روښان (روښانه، روښانې) ~ کول
hospital (n) health (see also صحت) (n)	روغتون (ن) روغتیا (ښ)
role (n)	رول (ن)
tomato (n)	رومي (بانجن)

behave (n)	رویه (ښ)
	ړ
become blind (v)	ړندېدل (ړندېږي، ړندېده، ړوند شو)
	ز
injury (n) minor ~	زخم (ن) سطحی ~
injured, wounded (adj)	زخمي
apricot (n)	زردالو (ن)
green; flourishing (adj) grow; flourish (v)	زرغون (زرغونه، زرغونې) زرغونېدل (زرغونېږي، زرغونېده، زرغون شو)
jewelry; goldsmith's trade (n)	زرګري (ښ)
heart (n) sincere	زړه (ن) د ~ له کومې
very, exceedingly	زښت
earthquake (n)	زلزله (ښ)
time, period (n)	زمانه (ښ)
swing (v)	زنګل (زانګي، زنګېده، وزنګېده)
knee (n)	زنګون (ن)
chin (n)	زنه (ښ)
force, strength (n) apply force (v) fight, compete (v)	زور (ن) ~ اچول ~ ازمویل
strong; powerful (adj)	زورور (زوروره، زوروري)
old (adj)	زوړ (زړه، زاړه، زړې)
son-in-law (n)	زوم (ن)
undershirt (n)	زېرپیراهني (ښ)
be born (v)	زېږېدل (زېږي، زېږېده، وزېږېد)
many, much more	زیات زیاتر
pilgrimage; tomb (n) place of pilgrimage	زیارت د ~ ځای

damage; loss; harm (n) damage, harm (v)	زيان (ن) ~ رسول
olive (n)	زيتون (ن)
cumin (n)	زيره (ښ)
	ژ
jaw (n)	ژامه (ښ)
quickly; soon quickly soon, very soon	ژر ژر ژر ژر تر ژره
cry (v)	ژړل (ژاړي، ژړل، وژړل)
rescue, protect (v) protection (n)	ژغورل (ژغوري، ژغوره، وژغوره) ژغورنه
winter (n)	ژمی (ن)
injured, wounded (adj)	ژوبل (ژوبله، ژوبلې)
life (n) live (v) alive (adj)	ژوند (ن) ~ کول ژوندی (ژوندۍ، ژوندي)
biography (n)	ژوندليك (ن)
chew (v)	ژوول (ژويي، ژووه، وژووه)
animal (see also ځناور) (n)	ژوی (ن)
yellow (adj)	ژيړ (ژيړه، ژيړې)
	ږ
hail (n)	ږلۍ (ښ)
comb (n) comb (v)	ږمنځ (ښ) ږمنځول (ږمنځوي، ږمنځاوه، ږمنځ کړ)
beard (n)	ږيره (ښ)
	س
vegetables (n)	سابه (ن،ج)
keep, protect, guard (v)	ساتل (ساتي، ساته، وساته)
guard, body guard (n)	ساتونکی (ن)
sausage (n)	ساسيج (ن)

clock (n) table clock (n) have a good time, spend time for pleasure / fun (v)	ساعت (ن) سرمېزي ~ ساعت تېري کول
centigrade (n)	سانتيګرېډ (ن)
size (n)	سايز (ن)
tomorrow day after tomorrow	سبا بل ~
cause, reason (n) therefore	سبب (ن) په دې ~
sabzi boranee (vegetable food) (n)	سبزي بوراني (ښ)
vegetarian (adj)	سبزي خوار (سبزي خواره، سبزي خوارې)
lesson (n) study (v) teach, instruct (v)	سبق (ن) ~ ويل ~ ورکول
entrust, hand over (v)	سپارل (سپاري، سپاره، وسپاره)
get on, take (bus, train, etc.), ride (v) passenger (n)	سپرېدل (سپرېږي، سپرېده، سپور شو) سپرلی (ن)
field and track events (athletics) (n)	سپك اتلېتيك
sport (n) martial arts (n)	سپورټ (ن) رزمي~
moon; Spozhmey (f name) (n)	سپوږمۍ (ښ)
dog (n)	سپی (ن)
white (adj)	سپين (سپينه، سپينې)
elderly man (n)	سپين ږيری (ن)
elderly woman (n)	سپين سرې (ښ)
appreciation letter (n)	ستاينليك (ن)
eye (n) suffer from the evil eye (v)	سترګه (ښ) ~ اخيستل
star (n)	ستوری (ن)
exhausted (adj)	ستومانه

column (n)	ستون (ن)
difficulty, issue (n)	ستونزه (ښ)
return (intransitive) (v)	ستونېدل / ستنېدل (ستونېږي، ستونېده، ستون شو)
throat (n)	ستونی (ن)
stadium (see also لوبغالی) (n)	ستېډیوم (ن)
heavy, severe (rain, wind) (adj) hardly	سخت (سخته، سختې) په سختۍ
head (n)	سر (ن)
headwater; spring; source; origin (n)	سرچینه (ښ)
plenty	سرشار (ه)
pig (see also خوك) (n)	سرکوزی (ن)
title, heading (n)	سرلیك (ن)
Red Cross (n)	سره میاشت (ښ)
become cold (v)	سړېدل (سړېږي، سړېده، سوړ شو)
current ~ year	سږ ~ کال
lung (n)	سږی (ن)
cigarette (n) smoke (v)	سګرېټ (ن) ~ څکول (څکوي، څکاوه، وڅکاوه)
salad (n) tomato ~	سلاته (ښ) بانجڼ ~
hundreds (n)	سلګونه
taste (sense of elegance) (n)	سلیقه (ښ)
straight, correct; true (adj) according to ...	سم (سمه، سمې) له ... سره ~
samosa (patty with filling) (n)	سمبوسه (ښ)
coincide (v)	سمون خوړل
tangerine (n)	سنتره (ښ)

oleaster (n)	سنځله (ښ)
song (n) sing (v) singer (n)	سندره (ښ) ~ ویل سندرغاړی (ن)
purchase (n) make purchase, shop (v)	سودا (ښ) ~ اخیستل
grill, roast (v)	سور کول
hole (n)	سوری (ن)
box, boxing (see also بوکسینګ) (v,n)	سوك وهل
peace (n)	سوله (ښ)
flood (n)	سېلاب / سېلاو (ن)
trip (n)	سیاحت (ن)
rival (n)	سیال (ن)
competition; rivalry (see also مسابقه) (n)	سیالي (ښ)
region (n) regional, local (adj) local officials	سیمه (ښ) سیمه ییز (سیمه ییزه، سیمه ییزې) ~ چارواکي
decorate (v) be decorated (v)	سینګارول (سینګاروي، سینګاراوه، سینګار کړ) سینګارېدل (سینګارېږي، ینګارېده، سینګار شو)
pneumonia (n)	سینه بغل (ن)

ش

Bravo! Well done!	شاباشې / شاباسې!
honey (n)	شات (ن)
included, contained, admitted (adj)	شامل (شامله، شاملې)
about, around; surrounding	شاو خوا (ښ)
shower (n) take a shower (v)	شاور (ن) ~ کول
dill (n)	شبت (ن)
dew (n)	شبنم (ن)

wealthy, well to do (adj)	شتمن (شتمنه، شتمنې)
juice (n) carrot ~	شربت (ن) د ګازرې ~
condition (n) under the condition of ...	شرط (ن) په دې ~
company, venture (n) trade ~	شرکت (ن) تجارتي ~
shame (n)	شرم (ن)
beginning (see also پیل) (n) begin (v)	شروع (ښ) ~ کول
chess (n) ~ board ~ piece, man	شطرنج (ن) د ~ تخته د ~ دانه
peach (n)	شفتالو (ن)
complaint (n) complain (v)	شکایت (ن) ~ کول
granulated sugar (n)	شکره (ښ)
basket (n)	شکرۍ (ښ)
shape (n) in the shape of a bow	شکل (ن) د لیندۍ په ~
turnip (see also تيپر) (n)	شلغم (ن)
north (n)	شمال (ن)
Shamla (hanging edge of turban) (n)	شمله (ښ)
number (n) a great ~	شمېر (ن) ګڼ ~
rainbow (see also د بوډۍ ټال) (n)	شنه زرغونه (ښ)
grow (intranstitive) (v)	شنه کېدل
playful; fanciful (adj) fancy-colored (adj)	شوخ (شوخه، شوخې) ~ رنګه
noise (n)	شور (ن)
enjoyment, pleasure (n)	شوق (ن)
hook-nosed (adj)	شوندك پوزی
lip (n)	شونډه (ښ)
fame (n)	شهرت (ن)

martyr (n)	شهید (ن)
milk (n) dried / powdered milk (n)	شیدې (ښ،ج) وچې ~
Shiite (n)	شیعه (ن)
green; blue (adj) clear sky; blue sky (n)	شین (شنه، شنه، شنې) ~ آسمان
	ښ
branch; twig (n)	ښاخ (ن)
city's	ښاري
beauty; attractiveness (n)	ښایست (ن)
women's, lady's	ښځینه
obvious, clear (adj) make clear, reveal (v)	ښکاره (ښ) ~ کول
appear, seem (v)	ښکارېدل (ښکارېږي، ښکارېده، ښکاره شو)
horn (n)	ښکر (ڼ)
ankle (n)	ښنګری (ن)
show (v)	ښودل (ښيي، ښوده، وښود)
soup (n)	ښوروا (ښ)
move; shake, wave (v)	ښورول (ښوروي، ښوراوه، وښوراوه)
slide (v) avalanche (see also برف کوچ) (n)	ښويېدل (ښويېږي، ښويېده، وښويېده) د واورو ښويېدنه (ښ)
glass (n)	ښيښه (ښ)
	ص
export (v) be exported (v)	صادرول (صادروي، صادراوه، صادر کړ) صادرېدل (صادرېږي، صادرېده، صادرشو)
clear (adj)	صاف (صافه، صافې)
health (see also روغتیا) (n)	صحت (ن)
box (n)	صندوق (ن)

	ض
opposite against	ضد د ... پر ضد
necessary, inevitable (adj)	ضروري
in the meantime; meanwhile	ضمناً
	ط
medicine (n)	طب (ن)
treatment (n)	طبابت (ن)
medical (adj) ~ observation (n)	طبي ~ څارنه (ښ)
folk physician (see also حکیم جي) (n)	طبیب (ن)
storm, hurricane, tornado (n)	طوفان / توپان (ن)
	ع
just, fair (adj)	عادل (عادله، عادلې)
high; perfect; outstanding (adj) perfect, great	عالي ~ ډېر
common (adj)	عام (عامه، عامې)
factor (n)	عامل (ن)
consisting of..., including ...	عبارت (عبارته، عبارتې)
phrase (n)	عبارت (ن) / عباره (ښ)
Arabic (adj)	عربي
soldier (n)	عسکر (ن)
nerve (n)	عصب (ن)
interest (n) be interested in, be fan of (v) fan, one interested in something (adj)	علاقه (ښ) ~ لرل علاقمند (علاقمنده، علاقمندې)
factors (plural from عامل) (n)	عوامل (ن، ج)
	غ
tulip (n)	غاټول (ن)

neck (n)	غاړه (ښ)
tooth (n)	غاښ (ن)
big (adj) big size	غټ (غټه، غټې) ~ سایز
food; nutriment (n) nutrition factor (n)	غذا (ښ) غذايي مواد
roll (thunder) (v)	غړنبېدل (غړنبېږي، غړنبېده، وغړنبېده)
member; part (body) (n)	غړی (ن)
voice, sound (n) call (v) speak, talk (v)	غږ (ن) ~ کول غږېدل (غږېږي، غږېده، وغږېد)
strong, powerful (adj)	غښتلی(غښتلې،غښتلي)
grains (n)	غله (ښ)
quiet (adj)	غلی (غلې، غلي)
wheat (n) ~ bread (n) tanned, swarthy (adj)	غنم (ن،ج) د غنمو ډوډۍ ~ رنګه
knot; bulb (n) a bulb of onion (n)	غوټه (ښ) یوه ~ پیاز
throw (v) shot put (v)	غورځول (غورځوي، غورځاوه، وغورځاوه) ګلوله ~
chosen; approved; selected (adj) chose; approve (v)	غوره ~ کول
dish, big plate (see also قاب) (n)	غوري
spread, unfold (v) be spread, unfolded (v)	غوړول (غوړوي، غوړاوه، وغوړاوه) غوړېدل (غوړېږي، غوړېده، وغوړېده)
fat (n) get ~ (v)	غوړي ~ اخیستل
walnut (n)	غوز (ن)
ear (n) listen (v)	غوږ (ن) ~ نیول
earring (n)	غوږوالۍ (ښ)

frustration (n) be frustrated (v)	غوسه (ښ) په ~ کېدل
want, wish (v)	غوښتل (غواړي، غوښته، وغوښت)
request (n) request (v)	غوښتنه (ښ) ~ کول
meat (n)	غوښه (ښ)
wrinkled (adj)	غونج (غونجه، غونجې)
like, similar, as	غوندي
gathering, meeting (n)	غونډه (ښ)
bull (n)	غويي (ن)
embrace (n) wrestle (v)	غېږ (ن) ~ نيول
wrestling (n)	غېږ نيونه (ښ)
ف	
differency (see also توپير) (n)	فرق (ن)
order (n) order (v)	فرمايښت /فرمايش (ن) ~ ورکول / کول
rice gruel (n)	فرني (ښ)
department store (n)	فروشگاه (ښ)
yell (v)	فرياد کول
pressure (n) blood ~	فشار (ن) د وينې ~
season; sowing, crops (n)	فصل (ن)
generosity, grace (n)	فضل (ن)
active (adj) activity (n)	فعال (فعاله، فعالې) فعاليت (ن)
verb (n)	فعل (ن)
thought (n) think (v)	فکر (ن) ~ کول
soccer (n) play soccer (v)	فوټبال (ن) ~ کول
fashionable (adj)	فېشني
turquoise (color) (adj)	فيروزه يي

fee (doctor's) (n)	فيس (ن)
percent (n)	فيصد (ن)
fixed, unchanging (adj)	فيکس(فيکسه،فيکسې)
ق	
dish, big plate (see also غوري) (n)	قاب (ن)
pilaf (n)	قابلي پلو (ن)
law (n)	قانون (ن)
accept, be in agreement with (v)	قبولول (قبولوي، قبولاوه، قبول کړ)
height (n)	قد (ن)
step (n) walk (v)	قدم (ن) ~ وهل
stationary (n)	قرطاسيه (ښ)
kind, type, category (n)	قسم (ن)
can, jar (n)	قطي (ښ)
sugar (n)	قند (ن)
qurma (fried meat and vegetables) (n)	قورمه (ښ)
coffee (n)	قهوه (ښ)
ك	
spoon (n) tea ~	کاچوغه / کاشوغه (ښ) د چای ~
work (n) work (v) use, employ (v)	کار (ن) ~ کول ~ اخيستل
subdistrict, block (n)	کارته (ښ)
card (n) greeting ~ invitation ~	کارټ (ن) د مبارکۍ ~ د بلنې ~
bowl (n)	کاسه (ښ)
enough (adj)	کافي
year (n) current ~ past ~	کال (ن) سږ ~ پروسږ ~
calorie (n)	کالوري (ښ)

succeeded, successful (adj) success (n) wish success (v)	کامیاب (کامیابه، کامیابې) کامیابي (ښ) ~ غوښتل
lettuce (n)	کاهو (ن)
fish (n)	کب (ن)
kebab (n)	کباب (ن)
kebab cook (n)	کبابي (ن)
watch, look at (v)	کتل (ګوري، کوت، وکوت)
catalogue (n)	کتلاك (ن)
view, looking through	کتنه (ښ)
potato (see also پتاته) (n)	کچالو (ن)
measure, size; level (n)	کچه (ښ)
bag (n)	کڅوړه (ښ)
pumpkin (n)	کدو (ن)
karate (n)	کراټې / کاراټې (ښ)
quiet, calm (adj) quietly, calmly; lower; slowly	کرار کرار کرار
jacket (n)	کرتۍ (ښ)
line (n)	کرښه (ښ)
plant (v)	کرل (کري، کاره، وکاره)
cabbage (n)	کرم (ن)
agriculture (n)	کرهنه (ښ)
cricket (sport) (n)	کریکټ (ن)
person (n) businessman (n)	کس (ن) کاروباري ~
kishmish (type of grapes and raisins) (n)	کشمش (ن)
planted field, crop (n)	کښت (ن)
pull, draw (v) pull out	کښل (کاږي، کېښ، وکېښ) را~
put, put down (perfective from ایښودل) (v)	کېښودل (کېښږدي، کېښود)

sit down (v)	کښېنستل (کښېني، کښېناست)
plant; set down (v)	کښېنول / کېنول (کښېنوي، کښېناوه)
club (n)	کلپ (ن)
cookie (n)	کلچه (ښ)
hard; firm; strong (adj)	کلك (کلکه، کلکې)
village (n)	کلی (ن)
notebook calendar, calendar (n)	کلیز(ن) / کلیزه (ښ)
church (n)	کلیسا (ښ)
villager, villagers (n) village-man (n)	کلیوال کلیوال سړی
pharmacist (n)	کمپوډر (ن)
waist (n) belt (n)	کمر (ن) کمربند (ن)
weak (n)	کمزوری (کمزورې، کمزوري)
shirt (n)	کمیس (ن)
concert (n)	کنسرټ (ن)
ice (n)	کنګل (ن)
mountain pass (n)	کوتل (ن)
butter (see also مسکه) (n)	کوچ (ن)
childhood (n)	کوچنیتوب (ن)
house (n) homeless (adj)	کور (ن) بې کوره
jacket	کورتۍ / کرتۍ (ښ)
internal, domestic, family civil war (n)	کورنی (کورنۍ، کورني) کورنۍ جګړه
jug (n)	کوزه
get down; land (plane) (v)	کوزېدل (کوزېږي، کوزېده، کوزشو)
try, make an effort (see also هڅه کول) (v)	کوښښ کول
do (v)	کول (کوي، کاوه، کړ/وکړ)

deaf (adj)	کوڼ (کڼه، کاڼه، کڼې)
become; occur, take place (v)	کېدل (کېږي، کېده، شو / وشو)
cake (n)	کېک (ن)
banana (n)	کېله (ښ)
story, tale (n)	کیسه (ښ)
	گ
waiter (see also پېشخدمت) (n)	گارسون (ن)
carrot (n)	گازره (ښ)
neighbor (n)	گاونډی (ن)
gain; win (v)	گټل (گټي، گاټه، وگاټه)
benefit, profit (n) use, gain benefit (v)	گټه (ښ) ~ اخیستل
mixed (adj) together; mixed	گډ (گډه، گډې) په گډه سره
participation (n) participate (v)	گډون (ن) ~ کول
expensive; dear (adj)	گران (گرانه، گرانې)
take stroll, walk; turn (v) be nauseous	گرځېدل(گرځي/گرځېږي، گرځېده،وگرځېده) خوا ~
whirlwind (n)	گردباد (ن)
round, a person with a round face (n)	گردی
warm, hot (see also تود) (adj)	گرم (گرمه، گرمې)
cilantro (n)	گشنیز (ن)
turned off (adj) turn off (v)	گل (گله، گلې) ~ کول
cauliflower (n)	گلپي (ښ)
patterned, multi-colored (adj)	گلدار (گلداره، گلدارې)
cannonball, shot (n) shot put (v)	گلوله ~ غورځول
capacity; space (n)	گنجایش (ن)
chives (n)	گندنه (ښ)

sew (v) tailor (see also خیاط) tailor's shop (see also خیاطي)	گنډل (گنډي، گانډه، وگانډه) گنډونکی (ن) د گنډونکي دکان (ن)
consider; count, count up (v)	گڼل (گڼي، وگانه)
threat (n)	گواښ (ن)
finger (n) thumb (n)	گوته (ښ) بټه ~
grave (n)	گور (ن)
corner; nook (n)	گوښه (ښ)
goal (sport) (n) make a ~ (v)	گول (ن) ~ کول/ وهل
pill, tablet (n)	گولۍ (ښ)
suspicion; supposition (n) suppose; assume (v)	گومان (ن) ~ کول
belly, stomach (see also نس) (n)	گېډه (ښ)
bunch (n)	گېډۍ (ښ)
glass (for drink); cherry (n)	گیلاس (ن)
	ل
disappeared, not found (adj)	لادرکه
instruction, leadership (n) lead, conduct; give directions (v)	لارښوونه (ښ) ~ کول
rubber (n)	لاستیك / لاشتیك (ن)
signature (n) sign (v)	لاسلیك (ن) ~ کول
gloves (see also دسکلې) (n)	لاسماغو (ن)
swim, bathe (v)	لامبو وهل
cause, reason (n)	لامل/ له امل (ن)
following, below (adj)	لاندینی (لاندینې، لاندیني)
dairy (n)	لبنیات (ن، ج)
seek, search for (v)	لټول (لټوي، لټاوه، ولټاوه)

ancient; antique (adj) (see also پخوانی) ancient times (n)	لرغونی (لرغوني، لرغوني) لرغوني زمانه
stick; firewood; wood (n)	لرگی (ن)
have (v)	لرل (لري، لاره، درلود / ولاره)
range, row (n)	لړ (ن)
scorpion (n)	لړم (ن)
fog, mist (n) foggy (adj)	لړه (ښ) لړجن (لړجنه، لړجنې)
little, few (see also کم) at least	لږ ~ تر لږه
sleeve (n)	لستونی (ن)
similar to as	لکه لکه څنگه چې
touch; blow (wind) (v)	لگېدل (لگېږي، لگېده، ولگېد)
bath (see also لمبېدل)	لمبل(لامبي،لمبل،ولمبل)
bath (see also لمبل)	لمبېدل (لمبېږي، لمبېده، ولمبېده)
sun (n) sunny (adj)	لمر (ن) لمریز (لمریزه، لمریزې)
skirt; the lower edge (of)	لمن / لمنه (ښ)
prayer (n) pray (v)	لمونځ (ن) ~ کول
short (adj) shorten (v) in short	لنډ(لنډه، لنډې) لنډول (لنډوي، لنډاوه، لنډ کړ) لنډه دا چې
short (person) (n)	لنډی (ن)
turban (see also بگړی، لونگۍ)	لنگوټه (ښ)
team (see also تیم) (n)	لوبډله (ښ)
player, athlete (n)	لوبغاړی (ن)
stadium (see also ستېډیوم) (n)	لوبغالی (ن)

play; game (n) play (v)	لوبه (ښ) لوبې کول
bean (n)	لوبیا (ښ)
high (adj) rise, increase, go up (v)	لوړ[lwaṛ] (لوړه، لوړې) لوړېدل (لوړېږي، لوړېده، لوړ شو)
lesson, reading, learning (n) read (v) reading, reading through (n)	لوست (ن) لوستل (لولي، لوست، ولوست) لوستنه (ښ)
wet, moist (adj)	لوند (لنده، لانده، لندې)
turban (see also بگړی، لنگوټه)	لونگۍ (ښ)
fall, drop, decrease (v)	لوېدل (لوېږي، لوېده، ولوېد)
span (n)	لوېشت (ښ)
send (v)	لېږل (لېږي، لېږه، ولېږه)
see (v) sightseeing (n)	لیدل (ویني، لیده، ولید) د لیدلو وړ ځای
list (n)	لیست (ن)
write (v) writer (n) writer; literate (n)	لیکل (لیکي، لیکه، ولیکه) لیکوال (ن) لیکونکی (ن)
lemon (n)	لیمو (ن)
bow (n)	لیندۍ (ښ)
	م
broken (adj) break; crumble (v) break (intransitive) (v) defeat, win (v) be defeated, lose (v)	مات (ماته، ماتې) ماتول (ماتوي، مات کړ) ماتېدل(ماتېږي، مات‌شو) ماتې ورکول ماتې خوړل
orange (n)	مالټه (ښ)
salt (n) salt cellar, salt shaker (n) salty (adj)	مالگه (ښ) مالگنی (ن) مالگین (مالگینه، مالگینې)
official; officer (n)	مامور (ن)

administration (n) police ~	ماموريت (ن) د پوليس ~
wife (n)	ماندينه (ښ)
fight, struggle (n)	مبارزه (ښ)
congratulation (n) congratulate (v) ~ card (n)	مبارکي (ښ) ~ ويل د مبارکۍ کارټ
specialist (n)	متخصص (ن)
text (n)	متن (ن)
positive; plus (adj)	مثبت (مثبته، مثبتې)
for example	مثلاً
attractiveness, popularity (n) be popular	محبوبيت (ن) ~ لرل
careful (adj)	محتاط (محتاطه، محتاطې)
respected, honorable (adj)	محترم (محترمه، محترمې)
face; page (n)	مخ (ن)
religious (adj)	مذهبي
ceremony (n)	مراسم (ن، ج)
respect; care (n) respect (v)	مراعات (ن) ~ کول
jam (n)	مربا (ښ)
jar (n)	مرتبان (ن)
pepper (n) black ~ red ~ sweet ~	مرچ (ن، ج) تور ~ سره ~ دولمه ~
pepper-pot (n)	مرچداني (ښ)
help (n) help (v)	مرسته (ښ) ~ کول
humid (adj)	مرطوب(مرطوبه،مرطوبې)
center (n)	مرکز (ن)
interview (n) interview (v)	مرکه (ښ) ~ کول
patient (n)	مريض (ن)

die (v)	مړ کېدل
die, pass away (v)	مړل (مړي، مړ، مړ شو)
temperament (n)	مزاج (ن)
taste; pleasure (n) tasty (see also خوندور)	مزه (ښ) مزه دار (مزه داره، مزه دارې)
competition (see also سيالي) (n) sporting competition (n)	مسابقه (ښ) سپورتي ~
equal (adj)	مساوي
return (v)	مسترد کول
yogurt (n)	مستې (ښ، ج)
butter (see also کوچ) (n)	مسکه (ښ)
customer (n)	مشتري (ن)
make clear, indicate (v)	مشخص کول
exercise (n) exercise, practice, drill (v)	مشق (ن) ~ کول
challenging, difficult (adj)	مشکل (مشکله، مشکلې)
subject (of study); essay (n)	مضمون (ن)
education (n)	معارف (ن، ج)
examination, check-up (n) examine (v)	معاينه (ښ) ~ کول
doctor's office (n)	معاينه خانه (ښ)
mild, moderate (v)	معتدل(معتدله،معتدلې)
mineral (adj) mineral substances (n)	معدني معدني مواد (ن، ج)
pardon, forgiveness (n) beg pardon, ask forgiveness (v)	معذرت (ن) ~ غوښتل
information (n)	معلومات (ن، ج)
show up, appear, become known (v)	معلومېدل (معلومېږي، معلومېده، معلوم شو)
meaning (n)	معني / معنا (ښ)
lost (see also ورك) (adj)	مفقود (مفقوده، مفقودې)

article (n)	مقاله (ښ)
position (n)	مقام (ن)
tomb (n)	مقبره (ښ)
amount (n)	مقدار (ن)
hire, appoint (v)	مقرر کول
mikrorayon (a city subdistrict in Kabul) (n)	مکروریان (ن)
macaroni (n)	مکروني (ښ)
waist, small of the back (n)	ملا [mlā] (ښ)
guilty (n)	ملامت(ملامته، ملامتې)
radish (n) red radish (n)	ملۍ (ښ) سره ~
national (adj) ~ Anthem ~ team, all-star team	ملي ~ سرود ~ لوبډله/ تیم
raisin (n)	ممیز (ن)
sources (pl from منبع) (n)	منابع
appropriate (adj)	مناسب(مناسبه، مناسبې)
connection, relation; attitude (n) in regard to the holiday	مناسبت (ن) د جشن په ~
source (n)	منبع (ښ)
selected (adj) all-star team (n)	منتخب(منتخبه،منتخبې) ~ تیم / لوبډله
stewed dumpling (n)	منتو (ن)
running (n) run (v)	منډه (ښ) ~ وهل
officer (n)	منصبدار (ن)
minus; negative (adj)	منفي
accept (v)	منل (مني، مانه، ومانه)
apple (n)	منه (ښ)
fall, autumn (n)	منی (ن)
existing; available, present, on hand (adj)	موجود (موجوده، موجودې)
model (n)	مودل (ن)
term; period (n)	موده (ښ)

fashion (n)	موډ او فیشن
high boot (n)	موزه (ښ)
season (n)	موسم (ن)
theme; topic (n)	موضوع (ښ)
find (v)	موندل (مومي، مونده، وموند)
mastery, skill (n)	مهارت (ن)
time (n) now, nowadays, currently	مهال (ن) اوس ~
kindness, graciousness; not at all (n)	مهرباني (ښ)
husband (n)	مېړه (ن)
ewe (n)	مېږه (ښ)
party; hospitality (n)	مېلمستیا (ښ)
guest; customer (n) newborn (n) reception, party; hospitality (n)	مېلمه (ن) نوی ~ مېلمستیا (ښ)
picnic, party; festival (n) picnic area, rest area (n)	مېله (ښ) مېلې ځای (ن)
menu (n)	مېنو (ښ)
month; moon (n)	میاشت (ښ)
average; medium (adj)	میانه
area, sports ground; game, set, part (n)	میدان (ن)
middle (n) appear, emerge (v)	مینځ (ن) رامینځ ته کېدل
wash (v)	مینځل (مینځي، مینځه، ومینځه)
fan (n)	مینه وال (ن، م، ج)

ن

unexpected; unexpectedly (see also ناګهانه)	ناڅاپه
sour orange (n) orange (color) (adj)	نارنج (ن) نارنجي

sickness, illness (n) mental disability (n) diabetes (n)	ناروغي (ن) عصبي ~ د شکرې ~
cry, shout (v)	نارې وهل
breakfast (n) have breakfast (v)	ناری (ن) ~ کول
men's; masculine (adj)	نارینه
tender; delicate (adj)	نازك (نازکه، نازکې)
pear (n)	ناك (ن)
failed (adj)	ناکام (ناکامه، ناکامې)
unexpected; unexpectedly (see also ناڅاپه)	ناګهانه
herbal (adj) vegetarian food (n)	نباتي ~ خوراکونه
result (n)	نتیجه (ښ)
girl (n)	نجلۍ / جنۍ (ښ)
dance (n)	نڅا (ښ)
cotton (adj)	نخي
softness (n) gently	نرمي (ښ) په نرمۍ سره
thin, narrow (adj) light wind, breeze (n)	نری (نرۍ، نري) ~ باد
world (n) international, worldwide (see also (بین المللي (adj) international day (n)	نړۍ (ښ) نړیوال (نړیواله، نړیوالې) ~ ورځ
stomach, belly (see also ګېډه) (n)	نس (ن)
prescription (n)	نسخه (ښ)
brown (see also بور)	نسواري
intoxication (n) narcotics (n)	نشه (ښ) ~ يي توکي
match (v)	نښلول (نښلوي، نښلاوه، ونښلاوه)
sign (n) mark (v)	نښه (ښ) ~ کول

look (n) evil eye (n)	نظر (ن) بد ~
cash; ready on hand ready cash (n)	نغد (نغده، نغدې) نغدې پیسې (ښ،ج)
celebrate (v)	نمانځل / لمانځل (نمانځي،نمانځه،ونمانځه)
spectacle; show (n) watch, view (v) viewer, spectator (n)	ننداره (ښ) ~ کول ننداړچي (ن)
present, of today	نننی
enter, come in (v)	ننوتل (ننوځي، ننووت)
green onion (n)	نوش پیاز (ن)
name (n); navel (n) name, call; designate (v) be named, called; designated (v)	نوم (ن) نومول (نوموي، نوماوه، ونوماوه) نومېدل (نومېږي، نومېده، ونومېده)
score (n) top, outstanding	نومره (ښ) لومړۍ ~
mentioned (person) (adj)	نوموړی (نوموړې، نوموړي)
no	نه
date (n)	نېټه (ښ)
necktie (n)	نېکټايي (ښ)
sapling, young tree (n) plant a sapling (v)	نیالګی (ن) ~ کېنول
shorts, short pants	نیکر (ن)
take, seize (v)	نیول (نیسي، نیوه، ونیو)
	و
wedding (n) get married (male) (v) get married (female) (v)	واده (ن) ~ کول ~ کېدل
valley (n)	وادي (ښ)
time (see also ځل)	وار
profit (n)	واره (ښ)
vest (n)	واسکټ (ن)

flu (see also ذکام) (n) catch flu (v)	والګی (ن) ~ نیول
by the name of Allah (oath); well (introductory word in colloquial)	والله
volleyball (n) play ~ (v)	واليبال (ن) ~ کول
snow (n)	واوره (ښ)
exit, leave (v)	وتل (وځي، ووت، ووت)
dry (adj) plain bread (n)	وچ (وچه، وچې) وچه ډوډۍ (ښ)
growth (n) grow (v)	وده (ښ) ~ کول
similar, alike similarity (n)	ورته[wárta] ورته والی (ن)
to him, her, them	ورته[wərta]
newspaper (n)	ورځپاڼه (ښ)
sport, exercise (n) exercise (v) martial art (n)	ورزش (ن) ~ کول رزمي ~
athlete (see also لوبغاړی) (n)	ورزشکار (ن)
lost (see also مفقود) (adj)	ورك (ورکه، ورکې)
give (v)	ورکول (ورکوي، ورکاوه، ورکړ)
eyebrow (n)	وروځه (ښ)
last, final (adj)	وروستی (وروستۍ، وروستي)
rice (n)	وريجي (ښ، ج)
suggestion; proposal suggest; propose (v)	وړانديز (ن) ~ کول
ahead, in front of offer, present (v)	وړاندي ~ کول
carry, bear (v)	وړل (وړي، ووړ، يووړ)
a day before yesterday (n)	وړمه ورځ (ښ)
kindergarten (n)	وړوکتون (ن)

small (adj); kid (n)	وړوکی (وړوکې، وړوکي)
woolen (adj)	وړين (وړينه، وړينې)
ministry (n)	وزارت (ن)
free (not busy) (adj)	وزګار (وزګاره، وزګارې)
Wuzloba (also Buzkashi), the goat game (n)	وزلوبه (ښ)
weight (n) gain weight (v) lift weights, weightlifting (v)	وزن (ن) ~ اخيستل ~ پورته کول
minister, secretary (US) (n) Minister for Foreign Affairs, Secretary of State (US)	وزير (ن) د بهرنيو چارو ~
kill; murder (v)	وژل (وژني، واژه، وواژه)
weapon (n) firearms (n)	وسله (ښ) توده ~
wushu (sport) (n)	وشو / ويشو (ن)
homeland, fatherland (n)	وطن (ن)
daily work, job; obligation (n)	وظيفه (ښ)
pass away, die (v)	وفات کېدل
prevention (n)	وقايه (ښ)
people (n) civilians (n)	وګړي (ن،ج) ولسي ~
people, folk (n) people's, folk (adj) folktale, legend (n) folk medicine (n)	ولس (ن) ولسي ~ خبره ~ طب
district (n)	ولسوالي (ښ)
Why?	ولي؟
tree; stature (n)	ونه (ښ)
beat (v)	وهل (وهي، واهه، وواهه)
fear (n)	وېره / بېره (ښ)
divide; distribute (v)	وېشل (وېشي، وېشه، ووېشه)

pride, honor (n) in honor of ...	ویاړ (ن) د ... په ~
vitamin (n)	ویتامین (ن)
shoot (v) ~ an arrow, do archery	ویشتل (ولي، ویشته، وویشت) غشي ~
say, talk (v)	ویل (وایي، وایه، ووایه)
blood (n)	وینه (ښ)
speaker (n)	ویونکی (ن)
	ه
Hello?	هالو؟
Hijri (adj) Hijri solar calendar (n) Hijri lunar calendar (n)	هجري ~ لمریزه جنتري ~ قمري جنتري
effort (n) try, make an effort (see also کوښښ کول) (v)	هڅه (ښ) ~ کول
greeting, welcoming (n) greet, welcome, meet (v)	هرکلی (ن) ~ کول
egg (n)	هګۍ (ښ)
such, in the same manner	همداسې
colleague (n)	همکار (ن)
always; permanently	همېشه
mirror (n)	هنداره (ښ)
watermelon (n)	هندوانه (ښ)
garlic (n)	هوږه (ښ)
antelope (n)	هوسۍ (ښ)
forget (v) be forgotten	هېرول (هېروي، هېراوه، هېر کړ) هېرېدل (هېرېږي، هېرېده، هېر شو)
cardamom (n) ~ mixed (adj)	هېل (ن) هېلداره
helicopter (n)	هېلیکوپټر (ن)
fellow countryman (n)	هېوادوال (ن،م،ج)

hope (n) hope; request (v) be hope; be requested (v)	هیله (ښ) ~ لرل ~ کېدل
	ی
memory (n) I remember	یاد (ن) زما په ~ دئ
mentioning, reminding (n) mention (v)	یادونه (ن) ~ کول
dress shirt (n)	یخنقاق (ن)
that is, namely	یعني
identical, the same	یو شانه
alone; only not only	یوازي/ یواځي نه ~
one-color (adj)	یورنګه
uniform (n)	یونیفرم (ن)

APPENDIX D: ENGLISH-PASHTO GLOSSARY

A	
abandon (v)	پرېښودل (پرېږدي، پرېښود)
above (cited)	پورتنی (پورتنۍ، پورتنني)
abroad (n)	بهر، خارج (ن)
accept (v)	منل (مني، مانه، ومانه)، قبولول (قبولوي، قبولاوه، قبول کړ)
accomplish (v)	بشپړول (بشپړوي، بشپړاوه، بشپړ کړ)
active (adj)	فعال (فعاله، فعالې)
activity (n)	فعالیت (ن)
address (n)	پته (ښ)
administration (n)	ماموریت (ن)
advertisement (n)	اعلان (ن)
agree (v)	راضي کېدل
agriculture (n)	کرهنه (ښ)
alike	ورته
alive (adj)	ژوندی (ژوندۍ، ژوندي)
all-star team (n)	منتخب ټیم / لوبډله
always	تل، همېشه
amount (n)	مقدار (ن)
analgesic (n)	انالجین (ن)
ancient	لرغونی (لرغونې، لرغوني)، پخوانی (پخوانۍ، پخواني)
animal (n)	ژوی، څناور (ن)
ankle (n)	ښنګری (ن)
announcement (n)	اعلان (ن)
another	بل
answer (n) answer (v)	ځواب (ن) ~ ورکول

antelope (n)	هوسۍ (ښ)
anthropology (n)	انتروپولوجي (ښ)
antibiotic (n)	انتي بیوتیك (ن)
appear (v)	ښکارېدل (ښکارېږي، ښکارېده، ښکاره شو)، معلومېدل (معلومېږي، معلومېده، معلوم شو)
appearance (n)	څېره (ښ)
appetite (n)	اشتها (ښ)
apple (n)	مڼه (ښ)
apprise (v)	ارزښت ورکول
appropriate (adj)	مناسب (مناسبه، مناسبې)
apricot (n)	زردالو (ن)
area (n)	میدان (ن)
around	شاو خوا (ښ)، چاپېریال (ن)
arrival (n)	راتګ (ن)
arrive (v)	رسول (رسوي، رساوه، ورساوه)
article (n)	مقاله (ښ)
aside	څېرمه
ask (question) (v)	پوښتنه کول، پوښتل (پوښتي، پوښته، وپوښته)
aspirin (n)	اسپیرین (ن)
assurance (n)	ډاډ (ن)
athlete (n)	ورزشکار، لوبغاړی (ن)
attack (n) attack (v)	برید (ن)، حمله (ښ) ~ کول
attacker (n)	بریدګر (ن)
autumn (n)	منی (ن)
avalanche (n)	برف کوچ (ن)، د واورو ښویېدنه (ښ)
average (adj)	میانه

B

badminton (n)	بیدمینټن (ن)
bag (n)	کڅوړه (ښ)
ball (n)	توپ (ن)
banana (n)	کېله (ښ)
bargain (v)	چنه وهل
barley (n)	اوربشي / اربشي (ښ،ج)
base (n)	اډه (ښ)
basis (n)	بنسټ (ن)
basket (n)	ټوکرۍ (ښ)، شکرۍ (ښ)
basketball (n) ~ basket (n)	باسکتبال (ن) د ~ ټوکرۍ (ښ)
be accustomed (v)	روږدېدل (روږدېږي، روږدېده، روږد شو)
be addicted (v)	روږدېدل (روږدېږي، روږدېده، روږد شو)
be afraid (v)	ډارېدل (ډارېږي، ډارېده، وډارېده / وډار شو)
be begun (v)	پیلېدل (پیلېږي، پیلېده، پیل شو)
be born (v)	زېږېدل (زېږي، زېږېده، وزېږېد)
be built (v)	جوړېدل (جوړېږي، جوړېده، جوړ شو)
be busy (v)	بوختېدل (بوختېږي، بوختېده، بوخت شو)
be chosen (v)	انتخابېدل (انتخابېږي، انتخابېده، انتخاب شو)
be clarified (v)	څرګندېدل (څرګندېږي، څرګندېده، څرګند شو)
be completed (v)	ختمېدل (ختمېږي، ختمېده، ختم شو)
be continued (v)	دوام کول، دوام موندل
be cooked (v)	پخېدل (پخېږي، پخېده، پوخ شو)
be decorated (v)	سینګارېدل(سینګارېږي، سینګارېده، سینګار شو)

be defeated (v)	ماتي خوړل
be destroyed (v)	خرابېدل (خرابېږي، خرابېده، خراب شو)
be elected (v)	انتخابېدل (انتخابېږي، انتخابېده، انتخاب شو)
be exported (v)	صادرېدل (صادرېږي، صادرېده، صادرشو)
be forgotten (v)	هېرېدل (هېرېږي، هېرېده، هېر شو)
be founded (v)	پیدا کېدل
be fulfilled (v)	تر سره کېدل، اجرا کېدل
be hidden (v)	پټېدل (پټېږي، پټېده، پټ شو)
be in a hurry (v)	بیړه کول
be liked (v)	خوښېدل (خوښېږي، خوښېده، خوښ شو)
be named (v)	نومېدل (نومېږي، نومېده، ونومېده)
be nauseous (v)	خوا ګرځېدل
be opened (v)	خلاصېدل (خلاصېږي، خلاصېده، خلاص شو)
be popular (v)	محبوبیت لرل
be produced (v)	تولیدېدل (تولیدېږي، تولیدېده، تولید شو)
be pronounced (v)	تلفظ کېدل
be provided (v)	تامینېدل (تامینېږي، تامینېده، تامین شو)
be published (v)	خپرېدل (خپرېږي، خپرېده، خپور شو)
be put in the hospital (v)	بستري کېدل
be released (from job) (v)	رخصتېدل (رخصتېږي، رخصتېده، رخصت شو)
be sold (v)	خرڅېدل (خرڅېږي، خرڅېده، خرڅ شو)
be spread (v)	غوړېدل(غوړېږي، غوړېده، وغوړېده)

be supposed	اټکلېدل (اټکلېږي، اټکلېده، اټکل شو)
be surprised (v)	حیران پاتې کېدل
be transported (v)	انتقالېدل (انتقالېږي، انتقالېده، انتقال شو)
bean (n)	لوبیا (ښ)
beard (n)	ږیره (ښ)
beat (v)	وهل (وهي، واهه، وواهه)
beauty (n)	ښایست (ن)
because of...	د ... له امله
become (v)	کېدل (کېږي، کېده، شو / وشو)
become blind (v)	ړندېدل (ړندېږي، ړندېده، ړوند شو)
become cold (v)	سړېدل (سړېږي، سړېده، سوړ شو)
beet (n)	چغندر (ن)
begin (v)	پیلول (پیلوي، پیلاوه، پیل کړ)، شروع کول
beginning (n)	پیل، شروع (ن)
behave (n)	رویه (ښ)
belt (n)	کمربند (ن)
bench (n)	اوږده څوکۍ (ښ)
benefit (n)	ګټه (ښ)
besides	پرته، بغیر
big (adj)	غټ (غټه، غټې)
bill (n)	بل (ن)
bind (v)	تړل (تړي، تاړه، وتاړه)
biography (n)	ژوندلیك (ن)
bitter (adj)	تریخ (ترخه[tərxá]، ترخه[tərxə́]، ترخې)
block (subdistrict) (n)	کارته (ښ)
blood (n)	وینه (ښ)
blow (wind) (v)	لګېدل (لګېږي، لګېده، ولګېد)

blue (adj)	شین (شنه، شنه، شنې)، آسماني، آسماني رنګه
body (n)	بدن، جسم (ن)
body guard (n)	ساتونکی (ن)
body parts (n)	د بدن غړي (ن، ج)
body training (n)	بدني روزنه
body-building (n)	د بدن ښکلا، باډي بیلډینګ (ن)
bow (n)	لیندۍ (ښ)
bowl (n)	کاسه (ښ)
box (n)	صندوق (ن)
boxing (n)	سوك وهل، بوکسینګ (ن)
branch (n)	څانګه (ښ)، ښاخ (ن)
Bravo!	شاباشې / شاباسې!، آفرین!
bread (n) plain ~ (n) ~ oven (n)	ډوډۍ (ښ) وچه ~ (ښ) تنور (ن)
break (transitive) (v) ~ (intransitive) (v	ماتول (ماتوي، ماتاوه، مات کړ) ماتېدل (ماتېږي، ماتېده، مات شو)
breakfast (n) have ~ (v)	ناری (ن) ~ کول
breeze (n)	نری باد (ن)
brew (tea) (v)	دمول (دموي، دماوه، دم کړ)
bright (adj)	روښان (روښانه، روښانې)
broken (adj)	مات (ماته، ماتې)
brown (adj)	بور (بوره، بورې)، نسواري
brush (n) brush (v)	برس (ن) ~ کول
build (v)	جوړول (جوړوي، جوړاوه، جوړ کړ)
bull (n)	غويی (ن)
bunch (n)	ګېډۍ (ښ)

bus stop (n)	د سروېس اډه
businessman (n)	کاروباري کس (ن)
busy (adj)	بوخت (بوخته، بوختې)
but also	بلکه
butter (n)	مسکه، کوچ (ن)
butterfly (n)	پتنګ (ن)
buy (v)	اخيستل (اخلي، اخيست، واخيست)
buyer (n)	پېرودونکی (ن)
C	
cabbage (n)	کرم (ن)
cake (n)	کېك (ن)
calendar (n) Gregorian ~ (n) Hijri ~ (n)	جنتري (ښ) مېلادي ~، زېږېدېزه ~ هجري ~
call (v)	غږ کول
calorie (n)	کالوري (ښ)
can (n)	قطي (ښ)
card (n) greeting ~ invitation ~	کارټ (ن) د مبارکۍ ~ د بلنې ~
cardamom (n)	هېل (ن)
careful (adj)	محتاط (محتاطه، محتاطې)
carrot (n)	ګازره (ښ)
carry (v)	وړل (وړي، ووړ، يووړ)
cash	نغد (نغده، نغدې)، نغدې پيسې (ښ، ج)
catalogue (n)	کتلاك (ن)
catch (v)	رانيول (رانيسي، رانيوه، راونيو)
cauliflower (n)	ګلپي (ښ)
cause (n)	لامل/ له امل، سبب (ن)
celebrate (v)	نمانځل / لمانځل (نمانځي، نمانځه، ونمانځه)
center (n)	مرکز (ن)
centigrade (n)	سانتيګرېډ (ن)
century (n)	پېړۍ (ښ)
ceremony (n)	مراسم (ن، ج)
challenging (adj)	مشکل(مشکله،مشکلې)
championship (n)	اتلولي (ښ)
chance (n)	امکان (ن)
change (v)	بدلول (بدلوي، بدلاوه، بدل کړ)
chart (n)	جدول (ن)
cheap (adj)	ارزان (ارزانه، ارزانې)
check up (medical) (v)	معاينه کول
checkered (adj)	چارخانه
cheek (n)	بارخو (ن)
cheese (n)	پنير (ن)
cherry (n)	ګيلاس (ن)
chess (n) ~ board ~ piece, man	شطرنج (ن) د ~ تخته د ~ دانه
chest (n)	ټټر، ځيګر (ن)
chew (v)	ژوول (ژويي، ژووه، وژووه)
childhood (n)	کوچنيتوب (ن)
chin (n)	زنه (ښ)
chives (n)	ګندنه (ښ)
chose (v)	ټاکل (ټاکي، ټاکه، وټاکه)، انتخابول (انتخابوي، انتخاباوه، انتخاب کړ)، غوره کول
church (n)	کليسا (ښ)
cigarette (n)	سګرېټ (ن)
cilantro (n)	ګشنيز (ن)
city's	ښاري
civil war (n)	کورنۍ جګړه
civilians (n)	ولسي وګړي (ن،ج)

clarify (v)	څرګندول (څرګندوي، څرګنداوه، څرګند کړ)
clean (adj)	پاك (پاکه، پاکې)
clean (v)	پاکول (پاکوي، پاکاوه، پاك کړ)
clear (sky) (adj)	صاف (صافه، صافې)
climate (n)	آبو هوا (ښ)
clock (n)	ساعت (ن)
close (v)	تړل (تړي، تاړه، وتاړه)
cloth (n)	ټوکر(ن)، تکه (ښ)، رخت (ن)
clothing (n)	پوښاك / پوشاك (ن)
cloud (n)	اوريځ (ښ)
club (n)	کلپ (ن)
coffee (n)	قهوه (ښ)
coincide (v)	سمون خوړل
colleague (n)	همکار (ن)
colorful (adj)	رنګين(رنګينه، رنګينې)
column (n)	ستون (ن)
comb (n) comb (v)	ږمنځ (ښ) ږمنځول (ږمنځوي، ږمنځاوه، ږمنځ کړ)
come out (flood) (v)	راوتل (راوځي، راووت)
command (n)	امر (ن)
comment (v)	تشريحول / تشريح کول (تشريحوي / تشريح کوي، تشريحاوه، تشريح کړه)
common (adj)	عام (عامه، عامې)
company (n)	شرکت (ن)
compare (v)	پرتله کول
compensation (n)	بدل (ن)
competition (n) sporting ~ (n)	سيالي، مسابقه (ښ) سپورتي ~
complaint (n) complain (v)	شکايت (ن) ~ کول
completely	بېخي
concert (n)	کنسرت (ن)
condition (n) weather ~ (n)	حالت (ن)؛ شرط (ن) د هوا حالت
congratulation (n) ~ card (n) congratulate (v)	مبارکي (ښ) د ~ کارټ ~ ويل
connection (n) in ~ with Navruz	اړه (ښ)، مناسبت (ن) د نوروز په ~
consider (v)	ګڼل (ګڼي، ګاڼه، وګاڼه)، بلل (بولي، باله، وباله)
consisting of...	عبارت (عبارته، عبارتې)
contained (adj)	شامل (شامله، شاملې)
continuation (n)	دوام (ن)
continue (v)	دوام ورکول
converse (v)	خبرې اترې کول
cook (v)	پخول (پخوي، پخاوه، پوخ کړ)
cookie (n)	کلچه (ښ)
corner (n)	ګوښه (ښ)
cotton (adj)	نخي
cough (v)	ټوخېدل (ټوخېږي، ټوخېده، وټوخېده)
court (n)	دربار (ن)
cream (n)	پېروی (ن)
cricket (sport) (n)	کريکټ (ن)
crop (planted field) (n)	کښت، فصل (ن)
crossroads (n)	څلورلارې (ن)، چارراهي (ښ)
crush (n) crush (v)	ټکر (ن) ~ کول
cry (v)	ژړل (ژاړي، ژړل، وژړل)
cucumber (n)	بادرنګ (ن)
cumin (n)	زيره (ښ)

cup (n)	پیاله (ښ)
current (adj)	روان (روانه، روانې)، سږ
currently	اوس مهال
custom (n)	دود، رواج (ن)، عنعنه (ښ)
customary (adj)	دودېز (دودېزه، دودېزې)، عنعنوي
customer (n)	مشتري (ن)
cut in pieces (v)	ټوټه کول
D	
dairy (n)	لبنیات (ن، ج)
damage (n) damage (v)	زیان (ن) ~ رسول
dance (n)	نڅا (ښ)
date (n)	تاریخ (ن)، نېټه (ښ)
dates (n)	خرما (ښ)
day after tomorrow	بل سبا (ښ)
deaf (adj)	کوڼ (کڼه، کاڼه، کڼې)
dear (adj)	ګران (ګرانه، ګرانې)
declaration (n)	اعلامیه (ښ)
decorate (v)	سینګارول (سینګاروي، سینګاراوه، سینګار کړ)
defeat (v)	ماتې ورکول
definitely	حتماً
degree (n)	درجه (ښ)
delicate (adj)	نازك (نازکه، نازکې)
deliver (v)	رسول (رسوي، رساوه، ورساوه)
dentist (n)	د غاښو ډاکټر (ن)
department store (n)	فروشګاه (ښ)
describe (v)	تعریفول (تعریفوي، تعریفاوه، تعریف کړ)
destroy (v)	خرابول (خرابوي، خراباوه، خراب کړ)
destroyed (adj)	خراب (خرابه، خرابې)

dew (n)	شبنم (ن)
diabetes (n)	دیابېتیس/ دیابېت (ن)، د شکرې ناروغي (ښ)
diagnose (v)	تشخیصول (تشخیصوي، تشخیصاوه، تشخیص کړ)
diagnosis (n)	تشخیص (ن)
dialogue (n)	خبرې اترې (ښ، ج)، دیالوګ (ن)
die (v)	مړل (مري، مړ، ومړ/ مړ شو)، مړ کېدل، وفات کېدل
difference (n)	توپیر، فرق (ن)
difficult (adj)	مشکل (مشکله، مشکلې)
dill (n)	شبت (ن)
disappeared (adj)	لادرکه
dish (big plate) (n)	غوري، قاب
distribute (v)	وېشل (وېشي، وېشه، ووېشه)
district (n)	ولسوالي (ښ)
disturbance (n)	تکلیف (ن)
divide (v)	وېشل (وېشي، وېشه، ووېشه)
do (v)	کول (کوي، کاوه، کړ/ وکړ)
doctor (n)	ډاکټر (ن)
dog (n)	سپی (ن)
domestic	کورنی (کورنۍ، کورني)
dress (medical) (v)	پانسمان کول
dress shirt (n)	یخنقاق (ن)
drink (n) drink (v)	څښاك (ن) څکل (څکل، وڅکل)
drive (car) (v)	چلول (چلوي، چلاوه، وچلاوه)
drive (bicycle) (v)	ځغلول (ځغلوي، ځغلاوه، وځغلاوه)

drop (n)	څاڅکی (ن)
dry (adj)	وچ (وچه، وچې)
dumpling (n)	منتو (ن)
dust (n)	دوړه (ښ)
E	
ear (n)	غوږ (ن)
earlier	دمخه، وختي، وخته
earring (n)	غوږوالۍ (ښ)
earthquake (n)	زلزله (ښ)
easy (adj)	آسان (آسانه، آسانې)
eat (v)	خوړل(خوري، خوړ، وخوړ)
educated (adj)	تعليم يافته
education (n)	معارف (ن، ج)
egg (n)	هګۍ (ښ)
eggplant (n)	تور بانجن (ن)
elbow (n)	څنګل (ښ)
elderly man (n)	سپين ږيری (ن)
elderly woman (n)	سپين سرې (ښ)
elect (v)	ټاکل (ټاکي، ټاکه، وټاکه)، انتخابول (انتخابوي، انتخاباوه، انتخاب کړ)
electricity (n)	برېښنا (ښ)، برق (ن)
embrace (n)	غېږ، بغل (ن)
emerge (v)	رامينځ ته کېدل
employ (v)	کار اخيستل
empty (adj)	خالي
end (n)	ختم (ن)
enemy (n)	دښمن (ن)
energy (n)	انرژي (ښ)
English (adj)	انګليسي / انګرېزي
enjoyment (n)	شوق (ن)
enough (adj)	کافي
enter (v)	ننوتل (ننوځي، ننووت)

environment (n)	چاپېريال (ن)
equal (adj)	برابر (برابره، برابرې)، مساوي
etiquette (n)	ادب، آداب (ن،ج)
eve (n)	درشل (ن)
ewe (n)	مېږه (ښ)
exam (n)	ازموينه (ښ)، امتحان (ن)
examination (medical) (n)	معاينه (ښ)
exchange (v)	بدلول (بدلوي، بدلاوه، بدل کړ)
exercise (n) exercise (v)	تمرين، مشق (ن) ~ کول
exercise (sport) (v)	ورزش کول
exhausted (adj)	ستومانه
existing (adj)	موجود (موجوده، موجودې)
exit (v)	وتل (وځي، ووت، وووت)
expensive (adj)	ګران (ګرانه، ګرانې)
experience (something) (v)	اخته کېدل
explain (v)	تشريحول / تشريح کول (تشريحوي / تشريح کوي، تشريحاوه، تشريح کړه)
export (v)	صادرول (صادروي، صادراوه، صادر کړ)
eye (n)	سترګه (ښ)
eyebrow (n)	وروځه (ښ)
F	
face (n)	مخ (ن)
factor(s) (n)	عامل، عوامل (ن، ج)
failed (adj)	ناکام (ناکامه، ناکامې)
fall (leaves) (v)	رژېدل (رژېږي، رژېده، ورژېده)

fall (of precipitation) (v)	اورېدل (اوري [úri] / اورېږي[uréži]، اورېده[uredə̆]، واورېد[wúured]
fall (season) (n)	منی (ن)
fall (v)	لوېدل (لوېږي، لوېده، ولوېد)
fame (n)	شهرت (ن)
fan (n)	مينه وال (ن، م، ج)، علاقمند (علاقمنده، علاقمندې)
fashionable (adj)	فېشني
fashion (n)	موډ او فېشن
fasting holiday (n)	کوچنی اختر
fat (adj)	چاغ (چاغه، چاغې)
fat (n) get ~ (v)	غوړي ~ اخيستل
fatherland (n)	وطن (ن)
fear (n)	وېره / بېره (ښ)
fee (doctor's) (n)	فيس (ن)
feel (v)	احساس کول
fellow countryman (n)	هېوادوال (ن،م،ج)
festival (n)	مېله (ښ)
fever (n)	تبه (ښ)
few	لږ، کم
field and track events (athletics) (n)	سپک اتلېتيک
fill out (v)	ډکول (ډکوي، ډکاوه، ډک کړ)
finally	بالاخره
find (v)	موندل (مومي، مونده، وموند)، پيدا کول
finger (n) thumb (n)	ګوته (ښ) ~ بټه
fire (n)	اور (ن)
firearms (n)	توده وسله (ښ)

firework (n)	اورلوبه (ښ)
firm (adj)	کلك (کلکه، کلکې)
fish (n)	کب (ن)
fitting (n)	خام کوك (ن)
fixed (unchanging) (adj)	فيکس (فيکسه، فيکسې)
flake (of snow) (n)	پاغونده (ښ)
flood (n)	سېلاب / سېلاو (ن)
flour (n) wheat ~	اوړه (ن،ج) د غنمو ~
flow (n)	جريان (ن)
flu (n)	والګی، ذکام (ن)
fly (v) ~ a kite (v)	الوزول پتنګ ~
fog (n)	لړه (ښ)
foggy (adj)	لړجن (لړجنه، لړجنې)
folk physician (n)	حکيم جي، يوناني ډاکټر، طبيب (ن)
following (adj)	لاندينی (لانديني، لانديني)
food (n)	ډوډۍ (ښ)، خوراك (ن)، غذا (ښ)
foot (n)	پښه (ښ)
footwear (n)	پاپوش (ن)
for example	مثلاً
force (n)	زور (ن)
forecast (n)	د هوا د حالاتو راپوټ (ن)
forehead (n)	تندی (ن)
foreign (adj)	بهرني، خارجي، باندیني
forest (n)	ځنګل (ن)
forget (v)	هېرول (هېروي، هېراوه، هېر کړ)
forgive (v)	بخښل (بخښي، باخښه، وباخښه)
forgiveness (n) beg ~ (v)	بخښنه (ښ) ~ غوښتل

fork (n)	پنجه (ښ)
free (having freedom) (adj)	آزاد (آزاده، آزادې)
free (not busy) (adj)	وزګار (وزګاره، وزګارې)
free (not occupied) (adj)	خالي
fresh (adj)	تازه
frustration (n)	غوسه / غصه (ښ)
fulfill (v)	تر سره کول
full (adj)	ډك (ډکه، ډکې)
future	راتلونکی (راتلونکې، راتلونکي)
G	
gain (v)	ګټل (ګټي، ګاټه، وګاټه)
game (n)	لوبه (ښ)
game (part of play) (n)	میدان (ن)
garden (n)	بڼ، باغ (ن)
garlic (n)	هوږه (ښ)
gather (intransitive) (v)	راغونډېدل (راغونډېږي، راغونډ شول (ج)
gathering (n)	غونډه (ښ)
generosity (n)	فضل (ن)
gently	په نرمۍ سره
get down (v)	کوزېدل (کوزېږي، کوزېده، کوزشو)
get on (bus, train, etc.) (v)	سپرېدل (سپرېږي، سپرېده، سپور شو)
girl (n)	نجلۍ / جنۍ (ښ)
give (v)	ورکول (ورکوي، ورکاوه، ورکړ)
glad (adj)	خوشاله
glass (for drink) (n)	ګیلاس (ن)
glass (n)	ښیښه (ښ)
gloves (n) boxing ~	دسکلې (ښ،ج)، لاسماغو (ن) د بوکسینګ ~

go (v)	تلل (ځي، تئ/ ته، ولاړ)
goal (sport) (n) make a ~ (v)	ګول (ن) ~ کول
goodness (n)	خیر (ن)
governor (n)	والي، حاکم (ن)
grains (n)	غله (ښ)
grape (n)	انګور(ن، ج)
grave (n)	ګور (ن)
green (adj)	شین (شنه، شنه، شنې)، زرغون (زرغونه، زرغونې)
grey (adj)	خړرنګه
grill (v)	سور کول
group (class) (n)	ټولګی (ن)
grow (v)	شنه کېدل، زرغونېدل (زرغونېږي، زرغونېده، زرغون شو)، وده کول
guest (n)	مېلمه (ن)
guilty (n)	ملامت (ملامته، ملامتې)
gun (n)	ټوپك (ن)
gymnasium (n)	جیمنازیوم (ن)
H	
hail (n)	ږلۍ (ښ)
hand over (v)	سپارل (سپاري، سپاره، وسپاره)
hand-washing dish (n)	چلمچي (ښ)
hanging (adj)	ځوړند (ځوړنده، ځوړندې)
happiness (n)	خوشالي (ن)
hard (adj)	کلك (کلکه، کلکې)
hardly	په سختۍ
hat (n)	خولۍ (ښ)
have (v)	لرل (لري، لاره، درلود / ولاره)
head (n)	سر (ن)
heading (n)	سرليك (ن)

head-scarf (n)	د سر دسمال (ن)
health (n)	روغتیا ، صحت (ښ)
healthy (adj)	جوړ (جوړه، جوړې)
hear (v)	اورېدل (اوري[áwri] ، اورېده [awredə́]، واورېد[wā̃wred])
heart (n)	زړه (ن)
heat (n)	تودوخه (ښ)، حرارت (ن)
heavy (rain, wind) (adj)	سخت (سخته، سختې)
height (n)	قد (ن)
helicopter (n)	هېلیکوپټر (ن)
Hello?	هالو؟
help (n) help (v)	مرسته (ښ) ~ کول
hide (v)	پټول (پټوي، پټاوه، پټ کړ)
high (adj)	جګ (جګه، جګې)، لوړ (لوړه، لوړې)، اوچت (اوچته، اوچتې)، عالي
high boot (n)	موزه (ښ)
hire (v)	مقرر کول
historic (adj)	تاریخي
history (n)	تاریخ (ن)
hockey stick (n)	ډنډه (ښ)
hole (n)	سوری (ن)
holiday (n)	جشن (ن)، اختر (ن)
homeless (adj)	بې کوره
honey (n)	شات (ن)
hook-nosed (adj)	شوندك پوزی
hope (n) hope (v	هیله (ښ) ~ لرل / کول
horn (n)	ښکر (ڼ)
horse (n) horse-race (v)	آس (ن) ~ څغلول (څغلوي، څغلا وه، وڅغلا وه)
hospital (n)	روغتون (ن)

hospitality (n)	مېلمستیا (ښ)
hot (adj)	تود (توده، تاوده، تودې)، ګرم (ګرمه، ګرمې)
house (n)	کور (ن)
humid (adj)	مرطوب (مرطوبه، مرطوبې)
humidity (n)	رطوبت (ن)
hundreds (n)	سلګونه
hurry (n) in ~	تادي (ښ)، تلوار (ن)، بیړه (ښ) په ~
hurt (v)	خوږېدل (خوږېږي، خوږېده، خوږ شو)، درد کول
husband (n)	مېړه (ن)
	I
ice (n)	کنګل (ن)
ice cream (n)	شیریخ، آیس کریم (ن)
identical	یو شانه
illness (n)	ناروغي ، ناروغتیا (ښ)
imagine (v)	تصور کول
in short	لنډه دا چې
included (adj)	شامل (شامله، شاملې)
inform (v)	خبر ورکول
information (n)	معلومات (ن، ج)
injured (adj)	ټپي، زخمي، ژوبل (ژوبله، ژوبلې)
injury (n) minor ~	زخم (ن) سطحی ~
instruction (n)	لارښوونه (ښ)
insulin (n)	انسولین (ن)
intellectual (adj)	ذهني
interest (n)	علاقه (ښ)
international (adj) ~ relations (n)	نړیوال (نړیواله، نړیوالې)، بین المللي ~ اړیکې

English-Pashto Glossary 303

internist (n)	داخله ډاکټر (ن)
intersection (n)	څلورلارې (ن)، چارراهي (ښ)
interview (n) interview (v)	مرکه (ښ) ~ کول
intoxication (n)	نشه (ښ)
investigate (v)	پلټل (پلټي، پلاټه، وپلاټه)، پلټنه کول
investigation (n)	پلټنه (ښ)
iodine (n)	ايودين (ن)
iron (v)	اوتو کول
J	
jacket	کورتۍ / کرتۍ (ښ)، جاکټ، جمپر (ن)
jam (n)	مربا (ښ)
jar (n)	مرتبان (ن)، قطي (ښ)
jaw (n)	ژامه (ښ)
jeans (n)	کاوبايي پتلون (ن)
jewelry (n)	زرګري (ښ)
job (n)	وظيفه (ښ)
judo (n)	جوډو / جيډو (ښ)
jug (n)	کوزه
juice (n)	شربت (ن)
jump (n) jump (v)	ټوپ (ن) ~ وهل، دنګل (دانګي، ودنګل)
just (adj)	عادل (عادله، عادلې)
K	
karate (n)	کراټې / کاراټې (ښ)
kebab (n)	کباب (ن)
kebab cook (n)	کبابي (ن)
keep (v)	ساتل (ساتي، ساته، وساته)
kid (n)	وړوکی (وړوکې، وړوکي)، ماشوم (ن)

kidney (n)	پښتورګی (ن)
kill (v)	وژل (وژني، واژه، وواژه)
kind (n)	ډول، قسم (ن)
kindergarten (n)	وړوکتون (ن)
kindness (n)	مهرباني (ښ)
kite (n)	پتنګ (ن)
knee (n)	زنګون (ن)
knife (n)	چاړه (ښ)
knot (n)	غوټه (ښ)
L	
land (airplane) (v)	کوزېدل (کوزېږي، کوزېده، کوزشو)
last (adj)	وروستی (وروستۍ، وروستي)
laundry (n)	دوبي خانه (ښ)
law (n)	قانون (ن)
lead (take to) (v)	بيول (بيايي، بيوه، بوت)
leaf (n)	پاڼه (ښ)
leather (adj)	څرمي، چرمي
lemon (n)	ليمو (ن)
length (n)	اوږدوالی (ن)
lesson (n)	سبق ، لوست، درس (ن)
let (v)	پرېښودل (پرېږدي، پرېښود)
let (may)	دي
lettuce (n)	کاهو (ن)
level (n)	کچه (ښ)
life (n)	ژوند (ن)
lift (up) (v)	پورته کول
light (brightness) (n)	رڼا (ښ)
lightning bolt (n)	تندر (ن)، برېښنا (ښ)، برق (ن)
like (similar)	غوندي

like (v)	خوښول (خوښوي، خوښاوه، خوښ کړ)
line (n)	کرښه (ښ)
lip (n)	شونډه (ښ)
list (n)	لیست (ن)
listen (v)	غوږ نیول
listener (n)	اورېدونکی (ن)
little	لږ، کم
live (v)	اوسېدل (اوسېږي / اوسي، اوسېده، واوسېده)، ژوند کول
liver (n)	اینه (ښ)
long (adj)	اوږد (اوږده [úžda]، اوږده [úždə]، اوږدې ([úžde]
look (n)	نظر (ن)
lose (be defeated) (v)	بایلل (بایلي، بایلود، وبایلود)، ماتې خوړل
lost (adj)	ورك (ورکه، ورکې)، مفقود (مفقوده، مفقودې)
low (adj)	ټیټ (ټیټه، ټیټې)
lung (n)	سږی (ن)
	M
macaroni (n)	مکروني (ښ)
make fly (v)	الوزول (الوزوي، الوزاوه، والوزاوه)
make infusion (v)	دم کول
make payment (v)	تادیه کول
many	ډېر، زیات
mark (v)	نښه کول
market squire (n)	چوك (ن)
marry (male) (v) ~ (female) (v)	واده کول واده کېدل
martial arts (n)	رزمي ورزش، رزمي سپورټ (ن)

martyr (n)	شهید (ن)
masculine (adj)	نارینه
match (v)	نښلول (نښلوي، نښلاوه، ونښلاوه)
meaning (n)	معنيٍ / معنا (ښ)
meanwhile	ضمناً
meat (n)	غوښه (ښ)
medical (adj) ~ observation (n)	طبي ~ څارنه (ښ)
medicine (n)	طب (ن)
medicine (treatment) (n)	دارو (ن)، درملنه (ښ)
medium (adj)	میانه
melon (n)	خټکی (ن)
melt (v)	اوبه کېدل
member (n)	غړی (ن)
memory (n)	یاد (ن)
men's (adj)	نارینه
mention (v)	یادونه کول
mentioned (person) (adj)	نوموړی (نوموړې، نوموړي)
menu (n)	مېنو (ښ)
middle (n)	مینځ (ن)
mild (v)	معتدل(معتدله،معتدلې)
milk (n) powdered ~ (n)	شیدې (ښ، ج) وچې ~
mineral (adj) ~ substances (n)	معدني ~ مواد (ن، ج)
minister (n)	وزیر (ن)
ministry (n)	وزارت (ن)
minus (for temperature) (adj)	منفي
mirror (n)	هنداره (ښ)
mixed (adj)	ګډ (ګډه، ګډې)
model (n)	مودل (ن)

month (n)	میاشت (ښ)
moon (n)	سپوږمۍ (ښ)
more	زیاتر
mountain pass (n)	کوتل (ن)
mouth (n)	خوله (ښ)
move (intransitive) (v)	خوځېدل (خوځي / خوځېږي، خوځېده، وخوځېد)
move (shake) (v)	ښورول (ښوروي، ښوراوه، وښوراوه)
mulberry (n)	توت (ن)
murder (v)	وژل (وژني، واژه، وواژه)
mustache (n)	بریت (ن)
mustard (n)	اوري [áwri]
N	
name (n) **name (v)**	نوم (ن) نومول (نوموي، نوماوه، ونوماوه)
napkin (n)	د لاس دسمال (ن)
narcotics (n)	نشه يي توکي (ن، ج)
narrow (adj)	تنګ (تنګه، تنګې)، نری (نرۍ، نري)
national (adj) **~ Anthem** **~ team**	ملي ~ سرود ~ لوبډله/ ټیم
nauseous (adj)	دلبدی (دلبدۍ، دلبدي)
navel (n)	نوم (ن)
necessary (adj)	ضروري
neck (n)	غاړه (ښ)
necktie (n)	نېکټايي (ښ)
need (n) **have a ~ (v)**	اړتیا (ښ) ~لرل
negative (adj)	منفي
neighbor (n)	ګاونډی (ن)
nephew (sister's son) (n)	خوریی (ن)
nerve (n)	عصب (ن)

net (n)	جال (ن)
news (n)	خبرونه (ن)
newspaper (n)	ورځپانه (ښ)
niece (sister's daughter) (n)	خورځه (ښ)
no	نه
noise (n)	شور (ن)
north (n)	شمال (ن)
nose (n)	پوزه، پزه (ښ)
notebook calendar (n)	کلیز(ن) / کلیزه (ښ)
number (n)	شمېر (ن)، نمبر (ن)
nutriment (n) **nutrition factor (n)**	غذا (ښ) غذايي مواد
O	
observation (n) **medical ~**	څارنه (ښ) طبي ~
observe (v)	څارل (څاري، څاره، وڅاره)
obvious (adj)	ښکاره (ښ)
occur (v)	پېښېدل (پېښېږي، پېښېده، پېښ شو)
of course	خامخا
offer (v)	وړاندي کول
officer (military) (n)	افسر، منصبدار (ن)
officer (official) (n)	مامور (ن)
oil (n) **vegetable ~**	تېل (ن، ج) نباتي ~
okra (n)	بامیه، بېنډۍ (ښ)
old (adj)	زوړ (زړه، زاړه، زړې)
old man (n)	بوډا (ن)
old woman (n)	بوډۍ (ښ)
oleaster (n)	سنځله (ښ)
olive (n)	زیتون (ن)
on the contrary	برعکس
one-color (adj)	یورنګه

onion (n) green ~	پیاز (ن) نوش پیاز (ن)
only	یوازي/ یواځي
open (v)	خلاصول (خلاصوي، خلاصاوه، خلاص کړ)
opinion (n) in my ~	اند، خیال (ن) زما په ~
opposite	ضد
orange (color) (adj)	نارنجي
orange (n)	مالته (ښ)
order (n) order (v)	فرمایښت /فرمایش (ن) ~ ورکول / کول
order (sequence) (n) in the ~ order (v)	ترتیب (ن) په ~ سره تنظیمول (تنظیموي، تنظیماوه، تنظیم کړ)
origin (n) original item (n)	اصل (ن) اصلِ مال (ن)
originally	اصلاً
outstanding (adj)	پیاوړی (پیاوړې، پیاوړي)
overcoat (n)	بالاپوښ / بالاپوش (ن)
owner (n)	خاوند (ن)
P	
pediatrician (n)	د کوچنیانو ډاکټر (ن)
page (n)	مخ (ن)
pain (n)	خوږ، درد (ن)
pair (n)	جوړه (ښ)
palm (n)	اورغوی (ن)
pants (n)	پتلون / پطلون، پرتوګ (ن)
parade (n)	رسم ګذشت (ن)
pardon (n) beg ~ (v)	معذرت (ن) ~ غوښتل
part (of the game) (n)	میدان (ن)
part (of something) (n)	حصه، برخه، ټوټه (ښ)
participate (v)	ګډون کول، برخه اخیستل
partly cloudy (adj)	ځای ځای اوریځ، برګ (برګه، برګې)
party (n)	مېلمستیا، مېله (ښ)
pass (by) (v)	تېرېدل (تېرېږي، تېرېده، تېر شو)
pass away (v)	وفات کېدل
passenger (n)	سپرلی (ن)
past (adj)	تېر (تېره، تېرې)
past year	پروسږ کال (ن)
patient (n)	مریض، ناروغ (ن)
patterned (adj)	ګلدار (ګلداره، ګلدارې)
pay attention (v)	پام کول
peace (n)	سوله (ښ)
peach (n)	شفتالو (ن)
pear (n)	ناك (ن)
peel (v)	پوستول (پوستوي، پوستاوه، پوست کړ)
people (n)	وګړي (ن،ج)، ولس (ن)، خلك (ن،ج)
pepper (n) black ~ red ~ sweet ~	مرچ (ن، ج) تور ~ سره ~ دولمه ~
pepper-pot (n)	مرچداني (ښ)
percent (n)	فیصد (ن)، سلنه
perfect (great) (adj)	ډېر عالي
period (n)	زمانه، موده (ښ)
person (n)	کس (ن)
pharmacist (n)	کمپوډر (ن)
pharmacy (n)	درملتون (ن)
phase (n)	پړاو (ن)
phrase (n)	عبارت (ن) / عباره (ښ)
physical development (n)	بدني روزنه (ښ)
pickles (n)	آچار (ن)

picnic (n)	مېله (ښ)
picture (n)	عکس، انځور (ن)
piece (n)	ټوټه (ښ)، دانه (ښ)
pig (n)	سرکوزی، خوك (ن)
pilaf (n)	قابلي پلو (ن)
pilgrimage (n)	زيارت
pill (n)	ګولۍ (ښ)
pillow (n)	بالښت (ن)
pineapple (n)	اناناس (ن)
pity (n)	افسوس (ن)
place (n)	ځای (ن)
plan (n)	پلان (ن)
plane (v)	توږل (توږي، توږه، وتوږه)
plant (v)	کرل (کري، کاره، وکاره)، کښېنول / کېنول (کښېنوي، کښېناوه)
plastic (adj)	پلاستيکي
plate (n)	بشقاب (ن)
play (n) **play (v)**	لوبه (ښ) لوبې کول
play (drama) (n)	ډرامه (ښ)
player (n)	لوبغاړی (ن)
playful (adj)	شوخ (شوخه، شوخې)
playwright (n)	ډرامه ليکونکی (ن)
plenty	ډېر زيات، سرشار(ه)
plum (n)	آلوچه (ښ)
plus (for temperature) (adj)	مثبت (مثبته، مثبتې)
pneumonia (n)	سينه بغل (ن)
pod (n) **a ~ of a red pepper**	پلۍ (ښ) يوه ~ سره مرچ
police (n) **police station (n)**	پوليس (ن) د پوليس ثانګه (ښ)
policeman (n)	پوليس (ن، م،ج)

pomegranate (n)	انار (ن، م، ج)
pond (n)	ډنډ، حوض (ن)
poor (adj)	تشلاسی، بېوزلی (ن)
popularity (n)	محبوبيت (ن)
position (n)	مقام (ن)
positive (adj)	مثبت (مثبته، مثبتې)
postcard (n)	پوست کارټ (ن)
potato (n)	کچالو(ن) ، آلو(ن)، پټاټې (ښ،ج)
pour (intransitive) (v)	تويېدل (تويېږي، تويېده، توی شو)
powerful (adj)	زورور (زوروره، زورورې)
prayer (n) **pray (v)**	لمونځ (ن) ~ کول
preparation (n) **make ~s (v)**	تياري، آماده ګي (ښ) ~ نيول، کول
prepare (v)	تيارول (تياروي، تياراوه، تيار کړ)
prescription (n)	نسخه (ښ)
presence (n)	حضور (ن)
present (of today)	ننني
pressure (n) **blood ~**	فشار (ن) د وينې ~
prevention (n)	وقايه (ښ)
price (n)	بيه (ښ)، قيمت (ن)
pride (n)	وياړ (ن)
private (adj)	خصوصي
privilege (n) **grant ~ (v)**	امتياز (ن) ~ ورکول
process (n)	جريان (ن)
produce (v)	توليدول (توليدوي، توليداوه، توليد کړ)
profit (n)	ګټه، واره (ښ)
pronunciation (n) **pronounce (v)**	تلفظ (ن) ~ کول
protein (n)	پروتين (ن)

publish (v)	خپرول (خپروي، خپراوه، خپور کړ)
pull (v)	کښل (کاږي، کېښ، وکېښ)
pull out (v)	را کښل (را کاږي، را کېښ)، را ایستل (راباسي، راوایست)
pumpkin (n)	کدو (ن)
purchase (n) make ~ (v)	خرید (ن)، سودا (ښ) خرید کول، سودا اخیستل
put (v)	اچول (اچوي، اچاوه، واچاوه)
put down (v)	ایښودل (ږدي، کېښېښود)
put on shoes (v)	بوټونه په پښو کول
Q	
quality (applied to material items) (n)	جنسیت (ن)
quality (applied to non-material items) (n)	کیفیت (ن)
quick on the uptake (adj)	ځیرك (ځیرکه، ځیرکې)
quickly	ژر ژر، ژر تر ژره
quiet (adj) quietly	غلی (غلې، غلي)، کرار کرار کرار
quilt (n)	تلتك (ن)
R	
racket (n) tennis ~	راکټ، رکټ (ن) د ټېنس ~
radish (n) red ~ (n)	ملۍ (ښ) سره ~
rain (n)	باران (ن)
rainbow (n)	د بوډۍ ټال (ن)، شنه زرغونه (ښ)
raincoat (n)	باراني (ښ)
rainy (adj)	باراني
raisin (n)	ممیز (ن)

range (n)	لړ (ن)
reach (v)	رسېدل (رسېږي/ رسي، رسېده، ورسېد)
read (v)	لوستل (لولي، لوست، ولوست)
read out (v)	اورول (اوروي، اوراوه، واوراوه)
reading (reading through) (n)	لوستنه (ښ)
receipt (n)	رسید (ن)
reception (n)	مېلمستیا (ښ)
recognize (v)	پېژندل (پېژني، پېژانده، وپېژاند)
recommend (v)	توصیه کول
Red Cross (n)	سره میاشت (ښ)
region (n) regional (adj)	سیمه (ښ) سیمه ییز (سیمه ییزه، سیمه ییزې)
relationship	خپلوي (ښ)؛ اړیکی (ن)
religious (adj)	مذهبي
remain (v)	پاتې کېدل
repair (n) repair (v)	ترمیم (ن) ترمیمول (ترمیموي، ترمیماوه، ترمیم کړ)
repeat (v)	تکرارول (تکراروي، تکراراوه، تکرار کړ)
report (n)	راپوټ (ن)
representative (n)	استازی (ن)
request (n) request (v)	غوښتنه (ښ) ~ کول
rescue (v)	ژغورل (ژغوري، ژغاره، وژغوره)
resident (n)	اوسېدونکی (ن)
respect (n) respect (v)	درناوی (ن)، احترام ~ کول
respected (adj)	محترم (محترمه، محترمې)

rest (n) rest (v)	استراحت (ن) ~ کول
result (n)	نتيجه (ښ)
return (give back) (v)	مسترد کول
return (intransitive) (v)	ستونېدل / ستنېدل (ستونېږي، ستونېده، ستون شو)
rice (n)	وريجې (ښ، ج)
rice gruel (n)	فرني (ښ)
right (law) (n)	حق (ن)
ripen (v)	پخېدل (پخېږي، پخېده، پوخ شو)
rise (go up) (v)	لوړېدل (لوړېږي، لوړېده، لوړ شو)
rise (sun, rainbow) (v)	راختل (راخېږي، راخاته، راوخوت)
rival (n)	سيال (ن)
role (n)	رول (ن)
roll (thunder) (v)	غړنبېدل (غړنبېږي، غړنبېده، وغړنبېده)
roll down (v)	رغښتل (رغړي، رغاړه، ورغښت)
rotten (adj)	خوسا
rubber (n)	لاستيك / لاشتيك (ن)
run (v)	ځغستل (ځغلي، ځغاست، وځغاست)، منډه وهل
S	
sack (n)	بورۍ (ښ)
sacrifice holiday (n)	لوی اختر
sad (adj) become ~ (v)	خپه ~ کېدل
salad (n)	سلاته (ښ)
salary (n)	تنخواه (ښ)
salt (n) ~ cellar (n) salty (adj)	مالګه (ښ) مالګنی (ن) مالګين(مالګينه،مالګينې)

sandals (n)	څپلۍ (ښ)
sapling (n)	نيالګی (ن)
sauce (n)	چټني (ښ)
sausage (n)	ساسيج (ن)
say (v)	ويل (وايي، وايه، ووايه)
scattered (adj)	تيت و پرك (تيت و پركې)
score (n)	نومره (ښ)، حساب (ن)
scorpion (n)	لړم (ن)
season (n)	فصل (ن)، موسم (ن)
second (time) (n)	ثانيه (ښ)
see (v)	ليدل (ويني، وليد)
seedless (adj)	بې دانه
seek (v)	لټول (لټوي، لټاوه، ولټاوه)
seem (v)	ښکارېدل (ښکارېږي، ښکارېده، ښکاره شو)
seem to be (v)	ايسېدل (ايسي، ايسېده، وايسېده)
selected (adj)	منتخب (منتخبه، منتخبې)
sell (v)	پلورل (پلوري، پلوره، وپلوره)، خرڅول (خرڅوي، خرڅاوه، خرڅ کړ)
send (v)	لېږل (لېږي، لېږه، ولېږه)
serious (adj)	جدي
service (n) serve (v) military ~ (n)	خدمت (ن) ~ کول عسکري ~
serving (portion) (n)	خوراك (ن)
sew (v)	ګنډل (ګنډي، ګانډه، وګانډه)
shame (n)	شرم (ن)
shape (n)	شکل (ن)
shawl (n)	پټو (ن)
sheet (of paper) (n)	پاڼه (ښ)
Shiite (n)	شيعه (ن)

shine (v)	ځلېدل (ځلېږي، ځلېده، وځلېده)
shirt (n)	کمیس (ن)
shoe (n)	بوټ (ن)
shoot (v)	ویشتل (ولي، ویشته، وویشت)
shop (n) ~ keeper (n)	دکان (ن) دکان والا (ن)
short (adj)	لنډ (لنډه، لنډې)
short (person) (n)	لنډی (ن)
shorten (v)	لنډول (لنډوي، لنډاوه، لنډ کړ)
shorts (short pants)	نیکر (ن)
shot (injection) (n) give a ~ (v)	پیچکاري (ښ) ~ کول
shot put (v)	ګلوله غورځول
shoulder (n)	اوږه (ښ)
shout (v)	نارې وهل
show (v)	ښودل (ښیي، ښوده، وښود)
shower (n) take a ~ (v)	شاور (ن) ~ کول
sickness (n)	ناروغي، ناروغتیا (ښ)
sightseeing (n)	د لیدلو وړ ځای
sign (n)	نښه (ښ)
signature (n) sign (v)	لاسلیك (ن) ~ کول
silent (adj) fall ~ (v)	چپ [čop](چپه، چپې) چپېدل (چپېږي، چپېده، چپ شو)
similar to	لکه
similarity (n)	ورته والی (ن)
since	راهیسې، راپدې خوا
sincere	د زړه له کومې
sincerely	په درناوي
sing (v)	سندره ویل
singer (n)	سندرغاړی (ن)

sister (n)	خور (ښ)
sit down (v)	کښېنستل (کښېني، کښېناست)
size (n)	سایز (ن)، اندازه (ښ)
skill (n)	مهارت (ن)
skin (n)	پوستکی (ن)
skinny (adj)	ډنګر (ډنګره، ډنګرې)
skirt	لمن / لمنه (ښ)
sky (n)	آسمان (ن)
sleep (n) sleep (v)	خوب (ن) ~ کول، بیدېدل (بیدېږي، بیدېده، بیده شو)
sleeping (adj)	بیده[bidə́] (بیده [bidə́] ، بیدې)
sleeve (n)	لستوڼی (ن)
slide (v)	ښویېدل (ښویېږي، ښویېده، وښویېده)
slit (n)	چاك (ن)
slowly	ورو ورو، کرار کرار
small (adj)	وړوکی (وړوکې، وړوکي)
small (clothing)	تنګ (تنګه، تنګې)
smell (v)	بویول (بویوي، بویاوه، بوی کړ)
smoke (cigarette) (v)	سګرېټ څکول (څکوي، څکاوه، وڅکاوه)
sneeze (v)	پرنجی وهل/ پرنجېدل (پرنجېږي، پرنجېده، وپرنجېد)
snow (n)	واوره (ښ)
snub-nosed (adj)	پیت پوزی
soccer (n) play~ (v)	فوټبال (ن) ~ کول
society (n)	ټولنه (ښ)
socks (n)	جراپه (ښ)

English-Pashto Glossary 311

softness (n)	نرمي (ښ)
soldier (n)	عسکر (ن)
some more (than)	څه باندي
song (n)	سندره (ښ)
son-in-law (n)	زوم (ن)
soon	ژر، ژر تر ژره
sound (n)	غږ (ن)
soup (n)	ښوروا (ښ)
sour orange (n)	نارنج (ن)
source (n)	سرچینه، منبع (ښ)
space (n)	ګنجایش (ن)
span (n)	لوېشت (ښ)
speak (v)	خبري کول، غږېدل (غږېږي، غږېده، وغږېد)
speaker (n)	ویونکی، ویاند (ن)
specialist (n)	متخصص (ن)
spectacle (show) (n)	ننداره (ښ)
spectator (n)	نندارچي (ن)
spend (time) (v)	تېرول (تېروي، تېراوه، تېر کړ)
spinach (n)	پالك (ن)
spoon (n) tea ~	کاچوغه / کاشوغه (ښ) د چای ~
sport (n) ~ing injury (n)	ورزش، سپورټ (ن) سپورټي پرهار (ن)
spotted (adj)	خال خال
spread (v) ~ the tablecloth (v)	غوړول (غوړوي، غوړاوه، وغوړاوه) دسترخوان ~
spring (n)	پسرلی (ن)
squire (n)	میدان (ن)
stability (n)	ثبات (ن)
stadium (n)	لوبغالی، ستډیوم (ن)
stand (v)	تمېدل (تمېږي، تمېده، تم شو)

star (n)	ستوری (ن)
stare (n) stare (v)	ځیر (ن) په ~ کتل
state (as in USA)	ایالت (ن)
stationary (n)	قرطاسیه (ښ)
stature (figure) (n)	ونه (ښ)
stay (v)	پاتې کېدل
steam (n)	بخار (ن)
step (n)	قدم (ن)
steppe (n)	دښت (ن)
stick (n)	لرګی (ن)
stomach (n)	ګېډه (ښ)، نس (ن)
stop (v)	درېدل (درېږي، درېده، ودرېد)
storm (n)	طوفان (ن)
story (n)	کیسه (ښ)
straight (adj)	سم (سمه، سمې)
strawberry (n)	مځکنی توت (ن)
strike (lightning) (v)	برېښېدل (برېښي، برېښېده، وبرېښېده)
stripped (adj)	راهدار (راهداره، راهدارې)
stroll (n) take a ~ (v)	چکر (ن) ~ وهل
strong (adj)	غښتلی (غښتلې، غښتلي)، پیاوړی (پیاوړې، پیاوړي)
struggle (n)	مبارزه (ښ)
study (v)	سبق ویل
subject (of study) (n)	مضمون (ن)
succeeded (adj)	کامیاب (کامیابه، کامیابې)
success (n)	بریالیتوب (ن)، کامیابي (ښ)
such	داسې

sugar (n) ~ granulated (n)	قند (ن) شکره (ښ)
suggestion (n) suggest (v)	وړاندیز، پیشنهاد (ن) ~ کول
suicide (adj) ~ attack (n)	ځانمرګي ~ برید
suit (lady's)	جاکت لمن (ښ)
suit (men's) (n)	دریشي (ښ)
summer (n)	اوړی، دوبی (ن)
sun (n) sunny (adj)	لمر (ن) لمریز (لمریزه، لمریزې)
suppose (v)	اټکلول (اټکلوي، اټکلاوه، اټکل کړ)، ګومان کول
sure (adj)	ډاډمن (ډاډمنه، ډاډمنې)
surgeon (n)	جراح (ن)
surprised (adj)	حیران (حیرانه، حیرانې)
surrounding	شاوخوا (ښ)
swim (v)	لمبل / لمبېدل (لامبي، لمبېده، ولمبل/ ولمبېده)، لامبو وهل
swimming pool (n)	حوض، ډنډ (ن)
swing (n) swing (v)	ټال (ن) زنګل (زانګي، زنګېده، وزنګېده)
T	
table clock (n)	سرمېزي ساعت (ن)
tablecloth (n)	دسترخوان (ن)
tablet (n)	ګولۍ (ښ)
taekwondo (n)	تېکوانډو، تکوانډو (ښ)
tailor ~ 's shop	ګنډونکی، خیاط (ن) د ګنډونکي دکان (ن)، خیاطي (ښ)
take (v)	اخیستل (اخلي، اخیست، واخیست)، نیول (نیسي، نیوه، ونیو)
take an exam (v)	امتحان ورکول
take care	پاملرنه کول
take out (v)	ایستل (باسي، ایست، وایست)
talk (v)	غږېدل (غږېږي، غږېده، وغږېد)، خبرې کول
tall (adj)	جګ (جګه، جګې)، لوړ (لوړه، لوړې)
tangerine (n)	سنتره (ښ)
tanned (adj)	غنم رنګه
taste (n)	مزه (ښ)، خوند (ن)
taste (sense of elegance) (n)	سلیقه (ښ)، ذوق (ن)
tasty (adj)	خوندور (خوندوره، خوندورې)، مزه دار (مزه داره، مزه دارې)
tea (n) black ~ green ~	چای (ن) تور ~ شین ~
teach (v)	سبق / درس ورکول
team (n)	لوبډله، ټیم (ن)
teapot (n)	چاینکه (ښ)
technical (adj)	تخنیکي
teenager (adj)	تنکی (تنکۍ، تنکي)
temperament (n)	مزاج (ن)
temperature (n)	تودوخه (ښ)، حرارت (ن)
tender (adj)	نازك (نازکه، نازکې)
tennis (n) play ~ (v) ~ racket (n)	ټېنس / ټېنیس (ن) ~ کول د ~ راکټ (ن)
term (n)	موده (ښ)
test (n) test (v)	ازموینه (ښ)، امتحان (ن) ازمویل (ازمویي، ازمویه، وازمویه)، امتحان اخیستل
text (n)	متن (ن)
that is	یعني
theme (n)	موضوع (ښ)

therefore	نو ځکه، په دې سبب
thermos (n)	ترموز (ن)
thick (adj)	ډبل (ډبله، ډبلې)
thin (adj)	نرى (نرى، نري)
think (v)	فکر کول
thought (n)	فکر، خيال (ن)
threat (n)	ګواښ، تهديد (ن)
throat (n)	ستونى (ن)
throw (v)	غورځول (غورځوي، غورځاوه، وغورځاوه)
thunder (n)	تالنده (ښ)
tightness (n)	چسپ (ن)
time (n)	وخت، مهال (ن)
time (one time, two times, etc.) (n)	ځل (ن)، وار (ن)، پلا (ښ)
tip (n)	بخشش (ن)
together	په ګډه سره، سره يو ځاى
tomato (n)	رومي (بانجڼ)
tomb (n)	مقبره (ښ)
tomorrow	سبا
tooth (n)	غاښ (ن)
topic (n)	موضوع (ښ)
touch (v)	لګېدل (لګېږي، لګېده، ولګېد)
tournament (n)	تورنمنټ (ن)
towel (n)	دسمال (ن)
traditional (adj)	دودېز (دودېزه، دودېزې)، سنتي، عنعنوي
traffic (n)	ترافيک (ن)
training (n)	روزنه (ښ)
transport (v)	انتقالول (انتقالوي، انتقالاوه، انتقال کړ)
treat (v)	درملنه کول، تر درملنې لاندې نيول
treatment (n)	طبابت (ن)

tree (n)	ونه (ښ)
trip (n)	سفر، سياحت (ن)
trouble (n)	تکليف (ن)
truth (n)	ربښتينولي (ښ)، ربښتيا (ښ)
try (v)	هڅه کول، کوښښ کول
t-shirt (n)	بنيان (ن)
tulip (n)	غاټول (ن)
turban	پګړۍ، لنګوټه، لونګۍ (ښ)
turn (intransitive) (v)	ګرځېدل (ګرځي، ګرځېده، وګرځېده)
turn off (v)	ګل کول
turn on (v)	روښانه کول
turnip (n)	ټېپر، شلغم (ن)
turquoise (color) (adj)	فيروزه يي
type (n)	ډول، قسم (ن)
U	
ugly (adj)	بدرنګه
umbrella (n)	چترۍ (ښ)
unconscious (adj)	بېهوښ(بېهوښه،بېهوښې)
undershirt (n)	زېرپيراهني (ښ)
undoubtedly	بې شکه
unexpectedly	ناڅاپه، ناګهانه
uniform (n)	يونيفرم (ن)
upcoming	راتلونکى (راتلونکې، راتلونکي)
use (v)	کارول (کاروي، کاراوه، وکاراوه)، استعمالول (استعمالوي، استعمالاوه، استعمال کړ)
V	
valley (n)	وادي، دره (ښ)
value (n)	ارزښت (ن)

various	ډول ډول، راز راز، قسم قسم
vegetables (n)	ترکاري (ښ)، سابه (ن،ج)، سبزيجات
vegetarian (n) ~ food (n)	سبزي خوار (سبزي خواره، سبزي خوارې) نباتي خوراك (ن)
veil (n)	څادرۍ (ښ)
verb (n)	فعل (ن)
very (exceedingly)	زښت
vest (n)	واسکټ (ن)
victorious (adj)	بريالی (بريالۍ، بريالي)
victory (n)	بريالیتوب، بری (ن)
view (looking through)	کتنه (ښ)
village (n)	کلی (ن)
villager (n)	کليوال
violet (color) (adj)	چونيا
vitamin (n)	ويتامين (ن)
voice (n)	غږ (ن)
volleyball (n)	واليبال (ن)
W	
wage (n)	اجوره (ښ)
waist (n)	ملا (ښ)، کمر (ن)
waiter (n)	پېشخدمت، ګارسون (ن)
walk (v)	قدم وهل، ګرځېدل (ګرځي، ګرځېده، وګرځېد)
walking (on foot) (adj)	پلی (پلې، پلي)
walnut (n)	غوز (ن)
want (v)	غوښتل (غواړي، غوښته، وغوښت)
warm (adj)	تود (توده، تاوده، تودې)، ګرم (ګرمه، ګرمې)
warning (n) warn (v)	خبرداري (ښ) ~ ورکول

wash (v)	مينځل (مينځي، مينځه، ومينځه)، پرېمينځل (پرېمينځي، پرېمينځه)
watch (look at) (v)	کتل (ګوري، کوت، وکوت)
water (n) drinking ~	اوبه (ښ،ج) د څکلو ~
watercress (n)	تره تېزك (ن)
watermelon (n)	هندوانه (ښ)
weak (n)	کمزوری (کمزورې، کمزوري)
wealthy (adj)	شتمن (شتمنه، شتمنې)
weapon (n)	وسله (ښ)
weather (n)	آبو هوا (ښ)
wedding (n)	واده (ن)
weigh (v)	تلل[taləl] (تلي، تاله، وتاله)
weight (n) ~lifting (v)	وزن (ن) ~ پورته کول
welcome (v)	هرکلی کول
well-wisher (adj)	خيرخواه (خيرخواهه، خيرخواهې)
wet (adj)	لوند (لنده، لانده، لندې)
wheat (n)	غنم (ن،ج)
whether one wishes it or not	خامخا
whirlwind (n)	ګردباد (ن)
white (adj)	سپين (سپينه، سپينې)
why?	ولې؟
wife (n)	ماندينه، ښځه، ماينه (ښ)
win (v)	ګټل (ګټي، ګاټه، وګاټه)
wind (n)	باد (ن)
winter (n)	ژمی (ن)
wish (v)	غوښتل (غواړي، غوښته، وغوښت)
women's	ښځينه

woolen (adj)	وړین (وړینه، وړینې)
work (n) work (v) employ (v)	کار (ن) ~ کول ~ اخیستل
world (n)	نړۍ (ښ)
worldwide (adj)	نړیوال (نړیواله، نړیوالې)، بین المللي
worm (n)	چینجی (ن)
wounded (adj)	ټپي، زخمي، ژوبل (ژوبله، ژوبلې)
wrap (v)	پېچل (پېچي، پېچه، وپېچه)
wrestle (v)	غېږ نیول
wrestling (n)	غېږ نیونه (ښ)، غېږ نیول
wrinkled (adj)	غونج (غونجه، غونجې)
write (v)	لیکل (لیکي، لیکه، ولیکه)
writer (n)	لیکوال (ن)
wushu (sport) (n)	وشو / ویشو (ن)
X	
x-ray (n)	اکسری (ن)
Y	
yard (n)	انګړ (ن)
year (n) current ~ past ~	کال (ن) سږ ~ پروسږ ~
yell (v)	فریاد کول
yellow (adj)	ژیړ (ژیړه، ژیړې)
yogurt (n)	مستې (ښ، ج)
young (adj)	ځوان (ځوانه، ځوانې)

Index of grammar terms, topics and language functions

CPSIA information can be obtained
at www.ICGtesting.com
Printed in the USA
BVHW091802210821
614134BV00003B/8

9 781589 017740